2014 年海南省社会科学专项重点课题 HNSK(ZD)D05

海南地方史研究丛书

屯昌史

李安斌　卢俊霖 ◎ 著

社会科学文献出版社
SOCIAL SCIENCES ACADEMIC PRESS (CHINA)

编写说明

由于地理环境和历史移民的原因，海南岛内有沿海平原地区和中部丘陵山区，有经济先发地区和后发地区，有汉族聚集地区和少数民族聚集地区，是一个宏观上多元文化共存而微观上文化个性相当鲜明的祖国宝岛。在构建面向 21 世纪的"海上丝绸之路"的今天，在开发建设海南国际旅游岛、打造有国际竞争力的旅游胜地的今天，加强对海南地域文化的研究，继承海南传统，弘扬海南精神，具有相当重要的价值。唯其如此，在顺利完成了国家"211 工程"项目"海南历史文化与黎族研究"之后，海南省历史文化研究基地暨海南大学海南历史文化研究基地，就邀请了海南大学和海南省博物馆 20 位长期从事海南历史文化研究的学术同仁，成立了编委会，启动了"海南地方史研究丛书"项目。

值得庆幸的是，在项目进展的过程中，我们得到了海南大学的关怀和支持，学校为项目提供了工作经费和出版经费；也得到了海南省社会科学界联合会的鼓励和支持，批准该项目为"2014 年海南省社会科学专项重点课题"；还得到了著名学者周伟民教授的理解和支持，周教授以其 20 多年来在海南历史文化方面的学术功力，于百忙之中拨冗为《海南地方史研究丛书》写下了精辟的序言。

凡此种种支持，一并致谢！

《海南地方史研究丛书》编委会

序

周伟民

苏轼初贬海南时写诗，结句说："他年谁作舆地志，海南万里真吾乡。"① 所谓舆地志，是指古代以记载一个区域内的范围、户口、特产、风俗等为内容的描述著作。

这里贡献给读者的 20 卷本的《海南地方史研究丛书》，就其辖地范围、治理措施、经济发展、文化教育、移民与族群分布、社会风俗、宗教信仰等七大类别内容来看，的确带有舆地志的某些性质。但本丛书是研究性著作，在研究旨趣、写作体例、叙述方法、学术规范、观念运用以及对历史文献和考古资料的处理等许多方面，又与古代的舆地志完全不同。

海南岛的历史，是以大陆移民为主体，结合黎、苗、回族和明清以后东南亚乃至欧美新嵌入的异族因素，彼此交融、相互渗透而形成的。在整个历史进程中，地理环境对于形塑海南历史的特殊性，起着至关重要的作用。

海南岛孤悬海外，远离中原的政治中心。长期以来，中原地区的战乱都没有波及海南岛，加上封建统治者对海南的管辖时紧时松，松动的时期比较长，使得海南长时间政治稳定，而且有相对的独立性。宋代苏

---

① 《吾谪海南，子由雷州，被命即行，了不相知，至梧乃闻其尚在藤也，旦夕当追及，作此诗示之》，《苏轼诗集》第 7 册，中华书局，1982，第 2243 页。

轼和明代丘濬，都论述过中原因战乱而大批汉族移民自北向南而到海南岛来居住的移民潮。因为海南的社会相对安定，移民在此发展，有些成为海南岛的大家族并形成不同地域的不同风貌。

独特的地理环境，民族的迁徙，贬官的到来以及南洋的影响，使海南逐渐形成了以热带、海洋为主要特色的文化风格，其中，以黎族文化、海洋文化、华侨文化、贬官和中原移民文化为主体，建构出海南多元文化，在中国文化多元一体的格局中独具特色。

第一是黎族文化。

黎族族群是最早迁徙到海南的族群，而与岭南地区的骆越族在文化上有许多共同的特征。例如在黎族的聚居地，最大的社会组织是"峒"，峒由若干村落组成，每一个村落都有自己的标识，村落内的黎民住宅都是干栏式的茅草屋。他们密集而居、相依相助，形成非常牢固的生存体系以及社会组织——"合亩制"。在村落都有村规民约，全峒则有峒规民约。现代法学称之为"习惯法"，是全村、全峒的行为准则；每个村落内部的事情，一般由各户的家长聚集在一起共同商议处理。而在众多家长中会有几名年长者，他们经验丰富、明晓事理且行事公正，很受人们尊重。人们称之为"长老"。长老对外还可以代表村落处理公务。峒的事务则由代表各村落的长老组成长老会来处理。

第二是海洋文化。

海南岛在南海中。明太祖将海南岛称为"南溟奇甸"；丘濬读明太祖的"敕"文后写出《南溟奇甸赋》。但作为土生土长的海南大知识分子，却感叹"而甸之所以为奇也，容有所不能详！"为什么呢？

海南岛儋耳等地的居民，以在南海捞取珠玑、玳瑁等海产品谋生，并将产品集中运到广州出售。南海上光怪陆离的宝藏，都是陆上所没有的。这些居民以辛勤的劳作，创造了极其灿烂的海洋物质文明。

汉代，张骞出使西域，开通了中国和西亚之间一条横贯亚洲内陆的交通线。这条陆路交通线，史称"陆上丝绸之路"。但由于西方对中国的丝绸、瓷器和香料等商品需求量日增，而陆路运输运量少、速度慢，途中还有各种政治的、经济的麻烦；由于当时造船和航海技术的提高，于是出现运量大、速度快，也相对安全的海上航线。这条航线由广东徐闻出发（后来，广州取代徐闻，福建泉州超越广州），途经海南岛直到阿拉伯国家、北非乃至欧洲，史称"海上丝绸之路"。

对于海南岛来说，海上丝绸之路有两条航路（海道），古老的一条是秦汉时期经过多次航海试验以后在《汉书·地理志》中总结的，唐代贾耽《皇华四达记》中所记载的"广州通海夷道"，这条航路自徐闻开航后即穿过海南岛北部的琼州海峡，到今天的北部湾，航行到越南占城，然后再沿海岸线往南航行。对海南来说，这是西航线。

因为古代海航，由于船只及航海知识的限制，大多都避开了南海的西沙群岛。这是不得已的航路。这条西航线是传统的航线。向达甚至认为其一直延续使用到明代。①

与西航线相对应的是东航线。因为中国经济中心逐渐南移，到了唐代"开元盛世"的中期，特别是宋代，陶瓷、丝绸等关系到政府财用的经济资源，逐渐集中到江苏、浙江、江西和福建等地。产品要外销，通往南海的远洋贸易货船，比原先的吨位大得多。这样一来，西航线实在不划算。再加上宋代航海的罗盘、水密隔舱、链式铰接舵等航海新技术的推广，南海中的西沙群岛的险阻是可以克服的。于是西航线式微是必然的！

不论是古老的西航线还是宋代的东航线，海南岛在海上丝绸之路中的地位十分重要，是海路上的桥头堡、中转站及补给站，对海上丝路的发展和演变都发挥了相当大的作用。同时，海上丝路对海南岛的发展也有很大的贡献。它促进了海南的海路航行，同时也让海南的造船业、船舶修理业发展壮大；在促进海南商贸发展的同时，也带来海南诸多城镇的骑楼建筑，改变城市的面貌，促进海南农业的发展；向海南移民而产生移民文化，向海外移民产生融通中外的华侨文化。

海南之于海上丝绸之路的重要性及其海洋文化，在海南渔民独创的"更路簿"文化中可见一斑。

---

① 向达校注《两种海道针·序》，中华书局，2000，第9~10页。

"更路簿"是在海南岛由渔民创造的、形成于郑和七下西洋之前的明代初年，盛行于明清民国时期，是渔民到南海捕捞时必备的航海手册，有的老船长不用本子而是用脑子熟记。机动船代替风帆船、卫星导航及海图普及以后，它进入了历史博物馆。

"更路簿"的内容，包括南海海区的划分、渔船开航的起点和到达的目的地、航向（针路）、航线、航程、风浪、海底状况、岛礁名称及方位、海岸地形地貌等。每条更路在一般情况下所用的针路和更数大体一致，而在不同风向、风速及海况不同的时候，使用不同的针路等都有具体文字记录。可以说，"更路簿"是渔民在南海航行时的经典和指南书，是渔民世代在南海航行时用血汗甚至生命换来的集体智慧的结晶，是几百年来渔民在南海捕捞的实践经验总结，又反过来用于指导南海捕捞活动的实践。

明清及民国时期，风帆时代的渔船在南海航行时依靠"更路簿"指引，结合船长、火长、大工等的航海经验，战风斗浪，创造了许多可歌可泣的纪录！而从政治及文化层面看，"更路簿"的意义和价值，更加重要。

"更路簿"所展现的这种海洋文化，实实在在地批驳了黑格尔在《历史哲学》中的错误。黑格尔说，中国靠近海洋，但却"无法分享到海洋带给人们的文明"，海洋"对他们的文化没有带来什么影响"。又说，在中国，海洋只是陆地的"中断"与"天限"。黑格尔这些论述，起码是不知道中国自明初以来，即拥有600多年历史的风帆时代的船长和渔民群体所体现的海洋文化；深一层来说，他的立论出发点是认定中国只有农耕的"黄色文明"，即只有农耕文化而没有海洋文化！这是黑格尔偏见的悲哀！①

第三是移民文化。

海南岛是移民岛。移民文化涵盖两个内容：一是从大陆向海南岛迁移的多民族移民文化；二是海南人向国际迁移而构成的融汇中外的华侨

①　参看周伟民、唐玲玲《南海天书——海南渔民"更路簿"文化诠释》，昆仑出版社，2015，第5页。

文化。

黎族是最早迁移到海南岛的族群。黎族在海南岛对于土地的利用和作物的栽培方式，构成了黎族早期的基本文化景观。黎族在相当长的历史时期内，是以"采集"、"种山栏稻"和"牛踩田种水稻"三种方式并辅以狩猎和捕捞获得生活资料的。黎族长期保留了以独木器具，制陶，纺、染、织、绣技艺，茅草房和文身等为代表的生活文化和崇尚自然的饮食习俗，并因此享誉民族之林。

苗族迁移到海南岛，大约是在明代万历年间，他们从广西作为士兵被朝廷征调到海南后落籍。他们的语言被称为"苗话"，属汉藏语系苗瑶语族一种，像黎族一样，没有本民族的文字。苗族文化以色彩庄重、做工精致的服饰，富有民族特色的饮食以及蜡染、刺绣手艺等著称。

回族是唐宋元时期穆斯林在海南的后裔，包括以波斯及阿拉伯人为主体的蕃人和信奉伊斯兰教的越南古占城区域的居民，主要聚居于三亚凤凰镇的回辉和回新两个村，人口大约 8000 人，操回辉话。他们以别具一格的民族服饰、古朴典雅具有伊斯兰风格的居所、恪守伊斯兰教规的饮食习俗、具有悠久历史的典型的民族风情，绽放于天涯海角。

"临高语族"在春秋战国时期继黎族先民迁徙到海南岛。

"临高语族"是指散落在海南岛北部，东起南渡江，西讫临高县的新盈港，南以琼山县的遵潭、澄迈县的白莲和儋州的南丰为界，包括临高全县和儋州、澄迈、琼山及海口市郊的一部分地区——这个地区在地域上连成一片，使用汉藏语系侗泰语族壮泰语支的一种语言——临高语的族群。从语言、社会、风俗习惯等方面来看，他们显然是海南岛上的一个少数民族，人口约 50 万。

"仡隆语族"是指在昌化江下游南北两岸约 400 平方千米区域里的约 10 万讲仡隆语的居民。

汉族移民，大抵是两部分人，一部分像苏轼说的"自汉末至五代，中原避乱之人多家于此，今衣冠礼乐，盖班班然矣"。[①] 除避乱人家以

---

① 《伏波将军庙碑》，《苏轼文集》第 2 册，第 505 页。

外，也还有受委派到海南任职、戍边或经商、旅游而落籍的。另一部分则是贬官，著名者如唐代因"二王八司马"事件而贬至海南的宰相韦执谊，唐文宗、武宗两朝宰相李德裕，北宋开国宰相卢多逊等。许多贬官的后裔落籍海南，子孙繁衍、支派绵长。

汉族移民文化的特点显著，诸如各宗祖的祠庙文化、家谱文化、碑刻的牌坊文化、兴办书院学校的教育文化以及丰富多彩的方言文化等，富有地方特色和民族特色。

因此可以说，岛内多民族的移民文化，是黎、苗、回、汉等多个民族世代积累和交流融汇的历史结晶。

第四是华侨文化。

华侨是指定居外国的中国公民。"华侨"一词源于 1883 年郑观应上李鸿章的呈文有"南洋各埠有华侨"的说法。此后，华侨一词被广泛使用。

作为一种文化类型，与其他文化的品格不一样。它是由某种地方文化人为移植到另一个地方，与当地文化嫁接起来，成为一种有本根文化基因，又吸收当地异质文化而形成的一种融通中外的跨文化、跨地域的新的文化系统。

以海南华侨文化在马来西亚为例，它的载体是海南在大马的华侨和马来西亚海南会馆联合会及其下属的分会等会馆组织。海南华侨在马来西亚谋生、发展，但他们的根又在海南。他们都保留海南话，在会馆和海南人群体里的交流语言是海南话，有与本土海南一样的习俗、伦理道德和价值取向。但同时，他们又深受马来西亚文化的浸润、感染，并接受马来西亚的文化，吸收其中异质文化因子，转换成自身的文化因素。如咖啡，马来人的喜爱甚于海南人。大马的海南人学习马来人咖啡的做法，加以改良，成为有海南味的咖啡。这样看来，海南的华侨文化，具有海南和国外两个源头，处于两种文化的边缘，故有特殊性。同时，对海南来说，又是海南文化系统在海外的延续和空间占用。如在马来西亚，有海南人群体和海南人居住的地域，即是海南文化的一部分。

在海南岛华侨集中的地方，在许多方面都具有明显的中外文化融合的品格。显著的如聚落建筑，海口、文昌、琼海、万宁等四个侨乡市，许多街道具有南洋建筑风格，是华侨文化的象征；还有中西合璧的华侨豪宅，是东方艺术精华和西洋建筑样式的巧妙融合。这些让海南城乡建筑大放异彩的景观，是海南宝贵的文化遗产。就海口来说，2007 年 3 月，荣膺中国"国家历史文化名城"称号，一个重要因素就是拥有这片南洋风格的骑楼建筑群。

海南的侨乡，不仅是建筑，其他如语言文字、习俗、服饰乃至行为方式、思维理念等方面，都深刻地烙上了外来文化的印记。

最后，还要简明地说说这套丛书的基本目标。

海南岛解放以后，实行新的行政建制，在比较长的时期内，全岛一般可分为汉区、少数民族聚居区和农垦区三大块。对各个行政建制区域的历史和社会风貌，除了地方志和一般性的文字介绍外，一直缺乏全面叙述。现在，20 卷本《海南地方史研究丛书》的出版，可以看作对 20 个叙述单位所做的一次社会经济文化的全面普查，将各个叙述单位的历史进程、特点、亮点及其形成的原因等做出分析和概括，目的是让读者清晰地看到这 20 个叙述单位的特征并自觉地保护这些地域特征的多样性，借以促进海南省更好更快地整体发展。

这套丛书是研究性著作，编委会经过认真的研究、讨论，确立撰写规范时，即以学术性、现实性、可读性三者的统一定为目标。

希望能在"现代大国的文化解释力"命题的统领下，让这套丛书以现代性意识和创新方法激活海南岛长久以来内蕴的活力，使它能够生动活泼地感动读者，让海南省人民在接受中国中原文化的凝聚力、辐射力影响的同时，极大地释放出我们边远海岛的"边缘活力"。

2015 年国庆节于
海南大学图书馆三楼工作室

目　录

绪论 屯昌地域文化及其历史阶段

历史的编纂基于对一系列连贯的历史事件的陈述，任何一个历史事件的发生都离不开时间、地点、人物三大要素；如果将这三要素投射到更大的叙述空间中，则分别对应着年代、地域、民族。年代的划分体现在全书的章节安排中，民族间文化的交融则贯穿于每个历史阶段的叙述，而全书的开始则需要对屯昌史的发生圈定一个叙述范围。

一 区划与区域：屯昌概念的追溯

屯昌县位于海南岛中部偏北（北纬 19°08′~19°37′，东经 109°45′~110°15′），地处五指山北麓、南渡江南岸，是由琼北台地进入五指山区的咽喉地带。县境南北长 55 公里，东西宽 52 公里，总面积达 1231.5 平方公里。如今的屯昌县东与定安县、琼海市接壤，南与琼中黎族苗族自治县相依，西北以南渡江为界与澄迈县毗邻。县城屯昌镇坐落于该县中心，居于海榆中线 86 公里处，是海南省纵贯南北、横跨东西的交通枢纽，其地理位置的重要性可用"十字打开"来形容（见图 0-1）。

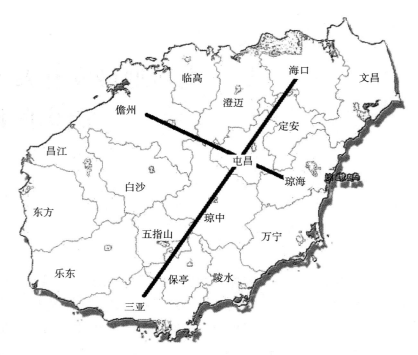

图 0 – 1　屯昌县在海南岛位置

说明：屯昌与定安的行政区域界线长度为 93.8 公里，与琼海的界线为 53
公里，与琼中的界线为 78.6 公里，与澄迈的界线为 81.1 公里。

资料来源：笔者手绘。

（一）屯昌县的建置与沿革

屯昌县由于位于海南中部山区，开发较迟，直至 1948 年 4 月 1 日，
真正具有行政区划意义的屯昌——其前身新民县——才在国共内战的硝
烟中浴火而生。

1948 年 2 月 21 日，中共琼崖区委二次执委会决定在琼山、澄
迈、定安三县交界处建立新民县，县治所在今南坤孔葵头村，将原
澄迈县二区（除加乐乡外）所属各乡及琼山特别行政区各乡划归新
民县管辖。同时，新民县下属各乡又分为两个区：第一区包括松涛、
林加、南坤、藤寨、岭肚、黄岭（含大同）；第二区包括西坡（西
昌、坡尾）、石北（石浮、北雁）、新海（新兴、海军）以及附辖新

吴、瑞溪、长安、新竹。① 4 月 1 日，新民县民主政府正式在南坤孔葵头村成立。新民县工作委员会书记张光兴，县长符孟雄，组织部长李科史，宣传部长兼财政科长韩光，民政科长符实。县政府成立县人民武装中队，定名"英工队"，又称"县大队"，首任队长陈大章。1952 年，因与辽宁省新民县重名，始改称屯昌县。

《屯昌文史》第 1 辑收录了李科史的两篇回忆录：《新民县——屯昌县在斗争中诞生》（以下简称《新民县》）、《屯昌县组织机构简况（一）》（以下简称《屯昌县》）。两相参照，我们可以了解到新民县诞生前十年的区划演变历程。

1939 年到 1940 年间，澄迈二区的管辖范围：新吴、新兴、新竹、石浮、北雁、加乐等 6 个乡。振山区的范围：西昌、坡尾、海军、原琼六区的大同、黄岭、南坤、藤寨、岭肚等 8 个乡（此据《屯昌县》）。

1941 年初，澄二区与振山区合并为二区（此据《屯昌县》）。

1942 年夏，成立澄、琼、定边区党委、政府（此据《新民县》，《屯昌县》称 1943 年夏）。

1943 年 11 月，取消澄、琼、定边区党委、政府，重新成立澄迈县委县政府。澄迈县二区管辖西坡、新兴、大同、海军、石北、黄肚、藤南、长安、瑞溪、新兴、新竹等 11 个乡（此据《屯昌县》，《新民县》称下辖海军、新兴、西坡、石北等 4 个乡，差别较大）。

1944 年，新兴、海军合成新海乡（此据《新民县》，《屯昌县》称新兴、大同、海军等 3 个乡合成新海乡）。

1946 年 2 月，成立澄、琼联区委，3 个月后取消。管辖西昌、坡尾、北雁、石浮、海军、新兴、大同、屯昌、黄岭、岭肚、藤寨、南坤、松涛、林加、新吴、新竹、长安、瑞溪等 18 个小乡。其中有乡、保、甲长建制的乡是石北乡、西坡乡、新海乡、黄肚乡、藤南乡（此

---

① 关于新民县成立初期下属行政单位，各文献记录不一，有两区、三区之别。据时任组织部长李科史口述为三区（见屯昌县政协文史组编《屯昌文史》第 1 辑，1986，第 13 页）；《中共屯昌县党史大事记》（第 89 页）和《屯昌县志》（第 68 页）记为两区，且各区辖乡略有出入难以考证，此处遵循《屯昌县志》的说法。而所谓第三区，《中共屯昌县党史大事记》（第 93 页）记为 1948 年 9 月所置。

据《屯昌县》)。

1948 年 2 月，新民县诞生，下设三个区：一区黄岭、屯昌、大同3 个乡；二区西坡、石北、新海、长安、瑞溪、新吴 6 个乡；三区南坤、藤寨、岭肚、松涛、林加 5 个乡（此据《屯昌县》，《新民县》两次提及此事，第二次提及时与此全同，第一次提及时却与此说法有明显出入）。

1950 年 6 月，定西特别区划归新民县，分设四个区。原二区的坡尾、石北、瑞溪、新吴划归澄迈县，西昌、新海划归新民县（此处综合了二文）。①

自新民县成立以来，屯昌县境又经过了一系列较大变动。

1949 年，新民县与定西特别区范围，东至定安县的九所、龙塘、石壁，南至琼中县的思河、新市、加营、黎母山以及白沙县的香加、小水，西至南渡江，北至定安县的新竹，澄迈县的新吴、石浮、海军、西昌墟，共辖 769 个村，面积 2266 平方公里。

1955 年 10 月，澄迈县西坡乡的西昌墟、仁教上村、仁教下村、合格、牛路头、大坡、南阳园、双冠岭、水浸、夏水、加横、里仁、里仁新村、茶根山、挑盐坡、南熙、大坡、寮山、庆云、合格墩、美才园、珠宝坡、上品园、龙江墩、上岭、新村、大武、大颜、老村园、三畔、水潮、旧村、加令坡、书芳园、美玉园、新村、土龙、芙蓉、深昌、南田、茶根、木棉朗、西昌园、加浩、新安、坡口、芽石园、加乐坡、南味、加棒等村划归屯昌县管辖，屯昌县增加面积 131.16 平方公里，全县面积达 2397.16 平方公里。

1956 年 12 月，溪西、腰子、大保、南利、榕木、大木、南老、加里、松涛、干埇、新林、鸭坡、加章、黄罗、岭门、新子、大坡等划归琼中县管辖，屯昌县面积减少 1215.16 平方公里，仅存 1182 平方公里。

1957 年 3 月 2 日，南坤、石岭、中长、石雷等划给琼中县管辖，减少面积 253.5 平方公里。此时，屯昌县面积为 928.5 平方公里。

---

① 详见李科史《新民县——屯昌县在斗争中诞生》、《屯昌县组织机构简况（一）》，屯昌县政协文史组编《屯昌文史》第 1 辑，第 8~16 页。

1958 年定安县的忟、东风大队并入屯昌，增加面积 76.3 平方公里。9 月，屯昌县成立人民公社，实行政社合一。全县有东风（屯郊）、超美（中建）、长征（新兴、新竹、大同）、钢铁（南吕、乌坡、枫木）、八一（藤寨、黄岭）5 个人民公社。公社下设枫木、乌坡、黄岭、藤寨、新兴、大同、屯昌、西昌、屯昌镇等管理区。12 月 1 日，屯昌、定安两县合并，称定昌县。县委、县政府机关驻屯昌镇。县长叶寿山，副县长李积才、王俊才、吴爱英（女）、李遵元。县委书记陈克攻，副书记叶寿山、叶佐平、莫逊、张书来、吴强、陈维良、王霞立，定昌县后于 1961 年裁除。

1961 年 11 月，琼中县的南坤、南老、石雷、石岭、中长、大曲等大队先后并入屯昌县，增加面积 226.7 平方公里，全县面积达 1231.5 平方公里。

1974 年 4 月，从南吕公社①划出关朗、马朗大队，从屯昌公社划出南台、海株、白石、高朗、加买大队成立坡心公社。此后，屯昌县县境稳定无变。

为了更加直观，我们可以画这样一个示意图（见图 0－2）：

图 0－2　屯昌县建置沿革示意图

资料来源：屯昌县志编纂委员会编《屯昌县志》，方志出版社，2007，第 1 页。

由图 0－2 可知，屯昌县在新中国成立前后经历了一次从无到有、不断调整的过程。从严格意义上来说，屯昌县的历史只能从 1948 年新民县的成立算起，如果以"屯昌"二字追溯历史，也只能上溯到明清时期的屯昌墟，然而我们的叙述远不止此。

新民县的产生及其所属区划分合绝非仅仅是政治衡量的结果，同时

---

①　南吕镇为屯昌县下辖行政区，位于县境南部，距县城 15 公里。在古代方志中，"南吕"或记作"南间"，除引文外，本书正文统一采用"南吕"一称。

也综合了对地缘文化的考虑。

就传世文献看，元代中央政府曾经大量起用屯昌地方人士作为土官："王观留，南闾人，授县丞。钟翼，西厢人，由吏员授主簿。曾观张，光螺人，授巡检。王观悬，光螺人，授巡检。王徽猷，光螺人。"① 说明至少从元代起，屯昌地区便与中央经略发生联系。就民俗文化看，纪念冼夫人的军坡节②在屯昌境内村镇广为盛行，我们可以推断冼夫人的部队从海北登陆曾经取道屯昌，由此进入五指山区，一路南下，平息黎族叛乱。就出土文物看，屯昌地区的文化和海南岛整个文化史保持同步：

> 吉安新石器遗址　位于吉安西北约 0.5 公里，1957 年海财区文物普查队采集到舟形石斧 2 件，残石器 2 件，夹沙粗陶（里胎、红表里）1 片，瓷片（唐宋时代）3 片（黄、蓝、绿各 1 片），瓷器提梁 1 件，已严重风化。遗址范围南北长约 22 米，东西宽约 17 米，部分地段被雨水严重冲刷。③

甚至我们可以说，早在宋元时期，作为地域概念的屯昌地区便以"熟黎文化圈"的身份被确定。所以，1948 年以前的屯昌是地理概念中的屯昌，要梳理屯昌历史的来龙去脉，必须从这一边界文化的发生、发展来展开论述。

（二）　地域概念的追溯

如同西方史研究者习惯于用"希腊"一词指称涵盖今天希腊共和国在内的广大地中海东北部地区一样，历史上的屯昌也只是一个并不严格的地域概念，它包括如今琼山、澄迈、定安三县边境地界，有着与三县极其相似的地域文化。直至 1948 年屯昌县前身新民县建立，屯昌这一地

---

① （清）张文豹纂修，梁廷佐同修《康熙定安县志》卷二《秩官》，海南出版社，2006，第116 页。

② 军坡节也叫闹军坡、发军坡、吃军坡、公期、婆期、军期，是海南东部、北部地区规模最大的祭祀节日之一，集中于每年农历正月到三月之间举行，主要祭祀对象为南陈时期平定海南黎乱的冼夫人。祭祀中最主要的行军仪式，据传由当年冼夫人排兵演练演化而来。

③ 屯昌县地方志编纂委员会编《屯昌县志》，第 583 页。

域概念才正式以行政区划的"身份"被确定下来，并由此这一地域文化完成从隐性到显性的转化。

西汉，采用州、郡、县三级制。汉武帝平南越后，设珠崖郡、儋耳郡，隶属交州。汉元鼎六年（前 111）置儋耳郡，海南岛自此并入中央版图。珠崖郡下设毒冒、苟中（澄迈县前身）、紫贝（文昌县前身）、朱卢、曋都、临振六县；儋耳郡下设至来、九龙、儋耳三县。

三国吴，交州朱崖郡，下设徐闻、珠官、朱卢三县。

东晋，交州合浦郡，下设合浦、珠官、朱崖、新安、徐闻五县。

南朝宋，越州合浦郡，下设徐闻、朱卢二县。

南朝齐，因循旧置。

南朝梁，崖州。

南朝陈，崖州珠崖郡。

隋代，精简建制，采用郡、县制。朱崖郡，下设澄迈、颜卢、武德（610 年改名舍城）三县。儋耳郡，下设毗善、义伦、吉安、昌化、感恩五县。临振郡下设宁远、延德、临振、陵水四县。

唐代，采用道、州（郡）、县制。继承隋代设下的崖州，增设琼州（一度改琼山郡）、万安州（一度改万安郡、万全郡）、振州（一度改延德郡）、儋州（一度改昌化郡）。崖州下设舍城、澄迈、颜罗（由颜城县改名）、文昌（由平昌县改名）四县。琼州下设琼山（639 年析琼山县，置曾口、颜罗、容琼三县）、曾口、临高（由临机县改名）、乐会、容琼五县。万安州下设万安（一度改万全县）、博辽、陵水、富云四县。振州下设宁远、延德、吉阳、落屯、临川五县。儋州下设义伦、洛场、昌化、感恩、富罗、临高六县。

五代至宋，采用路、州（郡）、县制。广南西路下设琼州、万安军、崖州（后改朱崖军、吉阳军）、昌化军（后改南宁军）。琼州下设琼山、文昌、乐会、澄迈、临高五县。万安军下设万宁、陵水二县。崖州下设吉阳、宁远、通远、延德（后改延德军）四县。昌化军下设宜伦、昌化、感恩、镇宁（同时置镇州）四县。

元代，采用省、道、路制。湖广等处行中书省所属海北海南道宣慰司，下辖乾宁军民安抚司、万安军、吉阳军、南宁军。万安军下设万宁、陵水二县。吉阳军下设宁远县。南宁军下设宜伦、昌化、感恩三县。乾宁军民安抚司下设琼山、澄迈、临高、文昌、定安（后改南建州）、会同、乐会七县。

明代，采用省、府（州）、县制。广东布政司琼州府下设崖州（今三亚市）、儋州（今儋县）、万州（今万宁县）三州，琼山、定安、文昌、会同（今琼海县）、乐会（今属琼海县）、陵水、感恩（今东方县）、昌化、临高、澄迈十县。明代乡里制度较为完善，县以下大抵十里为一都，以都统堡，以堡统图，以图统甲。

清袭明制。①

从海南岛历代建置沿革中可以发现，唐宋时期，屯昌县境隶属于琼山县；元明清一直到民国年间，屯昌县境分属澄迈、琼山、定安三县管辖，处于三县"三不管"的交界地带，而这也是屯昌县最终得以产生的地缘因素。

二　自然环境与屯昌文化

在文化地理学学者眼中，区域环境不仅参与了人类文化的建构，环境的异同同时也是产生文化变异的关键。本节从地域内的自然特征入手剖析地域环境影响下的屯昌文化特性，以实践历史学的主要议题"从研究人周遭的环境到环境中的人"。② 需要阐明的是，我们只是为屯昌文化提供一个观察视角，而非陷入"环境决定论"。

（一）　地缘因素对屯昌文化的影响

首先是山地文化。

---

① 详见李勃《海南岛历代建置沿革考》，海南出版社、南方出版社，2008。明初海南还设有宜伦（隶儋州）、宁远（隶崖州）、万宁（隶万州）三县，于正统四年（1439）并入本州，三州十县始成定制。

② 〔英〕劳伦斯·斯通：《历史叙述的复兴：对一种新的老历史的反省》，古伟瀛译，陈恒、耿相新编《新史学》第 4 辑，大象出版社，2005，第 26 页。

　　屯昌县处于低山丘陵地带，丘陵约占85%，平原台地和山区占15%，素有"八山一水一田"之称。山岭多在四周边境，一岭连一岭，一山接一山，把大小丘陵紧紧围住。县境内共有9座低山（见表0-1）。

表0-1　屯昌境内低山概况一览

单位：米

山名	海拔	地理位置	备注
鸡咀岭	786	位于县境西部；坐落于南坤镇境内。	鸡咀岭山脉第一高峰
鸡口岭	687	位于鸡咀岭的西面；坐落于南坤镇境内。	鸡咀岭山脉第二高峰
黄竹岭	600	位于鸡咀岭的东北部；坐落于黄岭乡境内。	鸡咀岭山脉第三高峰
双顶岭	563	位于鸡咀岭和黄竹岭之间，雷公滩水库北面；坐落于南坤镇境内。	鸡咀岭山脉第四高峰
南吕岭	765	位于县东南，与琼海县交界；坐落于南吕镇境内。	南吕岭山脉第一高峰
门头岭	617	位于南吕岭北边；坐落于南吕镇境内。	南吕岭山脉第二高峰
禄马岭	501	位于县东南，与琼海县交界；坐落于南吕镇境内。	
东岭	507	位于深坡岭北边，与新海水库相邻；坐落于南吕镇境内。	
深坡岭	520	位于县北，地靠新昌水库；坐落于西昌乡境内。	

　　注：据《屯昌县志》，在南吕岭的南部有打鼓岭、九宛岭；北部有大坡岭、大平岭；东部有红公塘岭。全县境内共有高丘56座，低丘41座。

　　资料来源：屯昌县地方志编纂委员会编《屯昌县志》，第105～106页。

　　从屯昌地区早期遗址的分布可以看出，屯昌先民多择址于山坡台地处，往往选择倚"峒"建屋的山居方式。各峒土壤肥沃，利于耕种；而大大小小的峒又较为集中地散布在岛内放射状河流的源头及沿岸，生产、生活用水十分便利。

流经屯昌境内的河流主要有南渡江、龙州河、南坤河、西昌河、青梯河、卜南溪、南淀河等，多属南渡江水系。以鸡咀岭－尖岭为分水岭，分成东部的龙州河水系和西部的南渡江水系；鸡咀岭、南岭、里佳、南吕岭一线以南，属万泉河支流青梯河水系。三支水系以鸡咀岭为交汇点，三面分流。除了南渡江干流龙州河外，其余河流短小、河面狭窄，河床割切较深，流线弯曲，落差较大，河水蕴藏能量丰富。在地理与水文的综合影响下，屯昌地区形成以农耕为主、兼及渔猎的生产传统。正因如此，屯昌地区表现出迥异于海南岛沿海文化的山地文化。《海南岛志》一书曾这样记道：

> 如琼山、文昌、澄迈、琼东、定安、乐会、万宁、陵水等县，以地偏岛之东北，接近大陆交通，风气开通较早，其民富冒险，务进取，南洋各岛多其足迹。如儋县、临高、昌江、感恩、崖县等县，地偏岛之西南，离中土较远，中梗五指山，黎汉错杂，交通既阻，教育亦遂落后。[①]

这一极具张力的结构差异，与重洋之外的希腊具有诸多类型意义的共性特征：

> 希腊是个多样化的地区。地中海式地形和亚高山地形只相隔几英里；肥沃的平原与荒秃的山地相交错；许多富有冒险精神的水手与贸易商社区就与内陆从事农业的乡民为邻，后者根本不知道大海商业，既传统又保守，甚至与小麦和牲口同样传统、保守。[②]

山地文化最显著的特点是"封闭性"和"独立性"。山地文化的封闭性特点，一方面强化了黎族社团的凝聚力和向心力，这种本身以"血缘"为纽带的"家峒同构"关系，在山地的环境中得到了毫无异议的认

---

① （民国）陈铭枢总纂，曾蹇主编《海南岛志》，海南出版社，2004，第125页。
② 〔英〕基托：《希腊人》，徐卫翔、黄韬译，上海人民出版社，1998，第29～30页。

可；另一方面，黎族社团的"封闭性"一定程度上阻碍了其与汉族文化的充分交流，在汉黎之间的经济交往中，黎族族群往往以一个被动的姿态参与汉黎间的商贸活动。

此外，文化上的"封闭性"对屯昌地区生态资源的保护也起到了一定的作用。民国时期，国民党将领黄强将军在经由龙塘前往屯昌的路上曾有如下感慨：

> 前路丘陵起伏，路线蜿蜒，冈上古松数十株，龙鳞苍翠。余在琼崖东北沿海一带，遍索不获，今于腹地见之，诚出意外。然内地如文昌嘉积澄迈等处均无所睹，独此数十株，大俱数围，足征年代久远。此树近数十年无新栽者，若再遭斧斤，种当灭绝。因饬当地团董妥加保护，并随时蓄养松林。①

所以说，山地文化的"封闭性"一方面制约着屯昌地区的经济发展；另一方面对屯昌的生态环境也起到了一定的保护作用，当然，所谓的"保护"还应和"刀耕火种"的耕作方式区别开。

其次，就大环境看，屯昌地区还具有边缘文化。

海南岛远踞南海，在地理意义、战略意义、经济意义、文化意义等方面，都是中国最典型的边疆代表。② 这一性质使得封建王朝对海南的经略多半采取"冷处理"的办法，汉黎分治，结果形成了海南岛由里而外的生黎、熟黎、州县人民三级圈层族群分布结构。其中，"熟黎"文化既是连接汉黎文化的"纽带文化"，又是汉黎文化的"边缘文化"，屯昌地处中部过渡地段，正是熟黎文化的典型地区，因而具有"文化边疆"的典型性。

从族群构成来看，熟黎除了正在接受或已经"汉化"的黎族人外，还包括湖广、福建以及各州县的流民、破产的闽商、脱籍的军人：

> 熟黎多湖广、福建之奸民也，狡悍祸贼，外虽供赋于官，而阴

---

① （民国）黄强：《五指山问黎记》，商务印书馆，1928，第3页。
② 详见闫广林《海南岛文化根性研究》，社会科学文献出版社，2013，第203~207页。

结生黎以侵省地，邀掠行旅、居民，官吏经由村峒，多舍其家。①

省民之负罪者，多遁逃归之……闽商值风飘荡，赍货陷没，多入黎地耕种之。②

熟黎本南、恩、藤、梧、高、化诸州人，多王、符二姓。其先世因从征至此，利其山水田地，创为村峒，以先入者为峒首，同入共力者为头目。父死子继，夫亡妇主。亦多闽广亡命杂居其中。有纳粮当差之峒。有纳粮不当差之峒。③

这群被称为熟黎的汉人有个共同点，即都是主流社会边缘化的人群。越是处于边缘的族群自我认同感就越强烈，族群意识也越凸显。"熟黎"族群的意识产生之后，便不断在与"他者"的社会交际中强化，逐渐形成了族群内部的向心力，也就是一种身份认同、文化认同，并通过一系列的习惯来约束和维系这一认同：

一个群体的"族群意识"一旦产生，即会在本群体与他族的交往过程中不断明确和强化本族群的边界，并且努力推动以本族群为单位的集体政治、经济、文化甚至军事行为。在一个多民族社会里，在族群之间的交往互动过程中，"族群"会逐步成为具有特定经济或政治利益的群体单元，并会在此基础上产生某种内部的"自身动力"，族群的个别成员和领袖们也可能会通过动员族群的集体行为来为自身争取这些利益。④

在熟黎族群中，这种维系族群认同的行为表现为对汉黎文化的双重认同：既不完全认同汉文化，也不完全认同黎族文化。

---

① （宋）周去非著，杨武泉校注《岭外代答校注》卷二《外国门上》，中华书局，1999，第70页。

② （宋）赵汝适：《诸蕃志》卷下，中华书局，1985，第43页。

③ （清）明谊修，张岳崧纂《道光琼州府志》卷二〇《海黎志》，海南出版社，2006，第842页。

④ 马戎：《试论"族群"意识》，《西北民族研究》2003年第3期。

最后，在与汉文化接触的过程中，屯昌地区还产生了农商文化。

屯昌是海南岛沿海到中部山地的交界地段，自身地理区位优越，明清时期大量出现的墟市亦可证明屯昌地区本身处于商业枢纽的位置。但是，由于山地文化的影响，屯昌地区长时间满足于从"家的自给自足"到"村的自给自足"再到"峒的自给自足"三重自足的自然经济模式。直到明清时期汉族移民大量涌入，促成了岛内的社会分工，商品经济才始见产生。

然而，屯昌地区的商业文化本质上属于东方的农商文化，与西方扩张式的商业文化略有不同。西方的商业文化造就了西方社会平等、创新两大性格，商品经济靠市场竞争，竞争的理想状态是尽可能排除特权的干扰，因而产生了平等思想；在平等竞争的前提下，赢得竞争的主要手段是靠商品的创新，即所谓"物以稀为贵"，砺就了创新意识。屯昌地区的农商文化则不同，他们仍以农业作为生存之本，商贸活动间或发生而非常态，因而谈不上特权与平等；商贸活动主要基于汉黎间的互通有无，因而谈不上产品创新问题。但这种商贸往来却对屯昌境内的熟黎族群影响甚大，发生于贸易层面的沟通与交流不仅使他们在经济活动中获利，同时在文化上改变了他们文化根性中"封闭"的山地性格，成为黎族族群的"先行者"。直到清末民初，汉黎之间的交流仍需依靠熟黎族群才能完成：

> 自南丰入黎地必改雇黎夫。据洪君范卿云，黎中路多峻岭，黎夫不能任重，肩舆须雇四夫乃能抬。每担只能挑三十斤。入黎米可就地买食，水亦可饮，无须用沙漏，此沙桶可无须带行。原来行李二挑，可改作三挑：备钱随路发夫作一挑；备蔬菜油盐自食，及咸鱼于叶用以赏黎总营哨官当作一挑；又从人太单，须添勇四名，又局派通黎语者一名，当另雇一夫挑从人行李。从之。共托雇黎夫十名。①

----

① （清）胡传：《游历琼州黎峒行程日记》，引自〔德〕史图博著《海南岛民族志》，中国科学院广州民族研究所编印，1964，第351页。

屯昌地区所表现出的商业文化不带有西方商业文化所特有的侵略式特性，也谈不上创新精神，他们关注的是从封闭的山地环境中走出去，去学习借鉴先进的文明方式。特别是明清以来，随着屯昌地区与外部汉文化的接触加深，"走出去"意识更加明显。《屯昌县民间文学三套集成》① 一书收录了海瑞幼年迁居的故事，大意为海瑞以小盘难盛大鱼为喻，暗示父亲"小村容不得大人材"，于是，为了儿子的前途，海瑞一家举家迁往琼州府。这则故事是否发生在海瑞身上很值得怀疑，因为海瑞四岁便丧父，后与母亲迁往琼山县，相依为命。除去"海瑞"这一箭垛式人物，我们可以看出，这则故事在屯昌地区广为流传，反映了当时人们对屯昌相对封闭落后的人文氛围的反思，故事深层结构中暗含的"走出去"意识十分明显。

屯昌地区这种"性格内敛"的农商文化，与海南岛所谓的海洋文化有相当程度的内通性。闫广林曾指出，不同于西方发展出的扩张式商业文化，海南岛所谓的海洋文化实际上是根源于大陆农业思维惯性的"蓝色农业文化"：

> 由于大陆文化的持续而深刻的同化和影响，位于广府区域的海南岛海洋文化，既不同于该区域商业贸易性的海洋文化，也不同于江浙区域以加工贸易为主题的海洋文化，更不同于西方语境中那种因为资源问题而形成的殖民扩张性质的海洋文化，而属于一种内陆性的农业文化，蓝色的农业文化。②

进取而不冒险，扩张而不入侵，生根而不殖民，屯昌地区的农商文化，正好可以视作海南岛涉洋而外的侨民的发展模式，其内在的文化根性则是"蓝色的农业文化"。

---

① 《屯昌县民间文学三套集成》由屯昌县县委宣传部、县文化局组织成立的民间文学三套集领导小组编印而成，该机构成立于1987年3月，共采集民间传说129篇，民歌1100多首，谚语1131条。经整理，收入故事37篇，民歌600多首，谚语302条。引自屯昌县志编纂委员会编《屯昌县志》，第560页。

② 闫广林：《海南岛文化根性研究》，第38~39页。

（二）气候环境对屯昌文化的影响

除了地理因素外，气候特征同样也对屯昌文化有所影响。

由于属热带季风气候，加上地处中部山区北缘，屯昌光、热、水充足，无霜期 350 天以上，日照达 1990～2100 小时，太阳总辐射量 124.7 千卡/平方厘米，平均雨量 1960～2400 毫米，一年四季花木繁茂，适合热带作物生长。

屯昌县年平均气温为 23.5℃，最高年平均气温 28.3℃，最低年平均气温 20.3℃，地区差异不大。全年最冷期在 12 月 25 日至翌年的 1 月 15 日，候均温 16.6℃～16.7℃，之后候均温逐渐上升，至 6 月 15 日上升到 28℃～29℃。全年的最热期在 7 月 11 日～8 月 5 日，此时期候均温在 28.4℃～28.9℃。9 月 1 日起，候均温逐渐下降。区域内雨量充沛，空气湿度大，年均降雨量最多的年份 2563 毫米，最少的年份 1000 毫米。有 80% 的年份降雨量在 1800 毫米以上，年雨日 100 天以上，西南部和东南部山区比其他地区雨量和雨日多，年雨日 160～185 天。

优越的自然环境使当地人只需要付出少量的劳动便能得到丰厚的回报，他们意识不到自身生产方式的落后，逐渐地养成了所谓的"惰耕"情绪。明人王士衡曾以屯昌南吕峒的耕作方式为例，谈论当地人耕田不施粪肥，"只见人懒、不闻土懒"的"惰耕"状态：

> 天下江浙等处，一年三遍耕田。山东耘麦多至七遍。若我南间一峒，百姓每熟耘一二遍，禾皆倍收。今我附近乡人，全不知耘为何事，间有知者亦仅耘得一遍，田间野草反多于苗。苏松去处，终年备办粪土，家积人粪如惜金玉。春间夏间，常常浇灌其田。民苗一亩，纳粮一斗八升，且曰"苏松熟，天下足"。今本处全然不复以粪为事，其视人粪轻弃如土。夫农卤莽而种之，天亦卤莽而报之。①

---

① （明）王士衡：《劝谕乡里种麦文》，引自（明）唐胄《正德琼台志》卷八《土产上》，海南出版社，2006，第 156 页。

屯昌先民所占的各峒土壤肥沃，物候条件极佳，物产丰美，非常适宜耕种。但是，他们不懂耕耘，不施粪肥，"夫农卤莽而种之，天亦卤莽而报之"，原本可以倍收的土地，却成了草反多于苗的"荒田"。当然，把这种状况直接归咎为"人懒"，少不了批评者自身带有的主观情绪。其实，我们还应该联系屯昌地区山地文化的性格来看待这种"惰耕"现象。从优越的自然气候条件中我们可以看到，屯昌地区即使仅凭简单的耕种已经可以满足自身内部需求，其"惰耕"根本原因是缺乏一个比较的对象。没有比较就没有心理落差，也就不能直接感知汉族生产方式的优越性。那么，导致这种缺乏比较的重要因素，就是山地文化的封闭状态。

尽管屯昌地区气候条件优越，适宜农耕，但降雨和光照不均，夏秋台风暴雨，冬春干旱和冷空气威胁，都对农业不利。首先是每年的"烂冬"天气。每年十月中旬至十一月底，阴雨连绵五六天以上，民间称为"烂冬"。由于屯昌县地处海南岛中部偏北部内陆，地势南高北低。在这种地形地势的影响下，冬季冷空气南下时堆积在山间盆地和峡谷里，造成连绵阴雨，气温较低。这样的低温"烂冬"天气常使稻谷发芽腐烂，亦会影响收成。还可能出现霜冻、虫灾等现象，尤其是每年出现的寒潮，直接影响农业生产。

其次是春季的干旱影响。在每年三四月间，冬夏季风的转换季节，由于冷空气的前锋仅到达湛江一带，对屯昌县尚无影响，但受南海高压控制，天气晴朗少雨，常出现干旱，故而民间有"春有十年九旱"的说法。《屯昌县志》数据显示，从永乐元年（1403）至咸丰十年（1860）的457年中，发生旱灾的年份共115年。1861年至2000年，发生旱灾的年份共41年。据史载，干旱最为严重的一次发生在道光四年（1824），屯昌地区连续17个月干旱，水稻失收，杂粮断绝。①

再次，是夏秋季节台风天气和水涝灾害的影响。夏秋季节，屯昌地区常处在高热高压的南缘，台风、雨量较多。台风季节发生在 5 ~

11月，主要集中于 8 ~ 10 月，此间是水稻抽穗扬花和成熟期，因此台风对农作物危害极大。由于受到热带低压和台风天气的影响，夏季雨量和雨日较多，县境内一些平原、洼地来不及排水，因而造成水灾。

总之，屯昌地区气候特征体现为春干旱，夏湿热，秋多台风，冬有阴雨。值得我们深思的是，既然屯昌地区也频受自然灾害威胁，那么早期的屯昌居民为什么没有产生危机意识？

事实上，黎族生产方式的落后，与海南的物候条件以及开发进程有内在的逻辑关系。综合屯昌地区的历史特征，我们可以看出，时人化解自然危机的方式非常具有地域特点。首先是屯昌地区可供物质资源丰富，可以有效缓解自然灾害造成的食物紧缺的困境。一则是有大量的野生物产可供采摘，二则气候条件可使一年多产，上述灾害多是季节性的，而非全年性灾害，灾害影响可以靠时间的推移自主补偿。

其次是屯昌地区物质资源需求不大。由于海南开发迟缓，原住民人口稀少，据宋代《元丰九域志》统计，元丰三年（1080）全岛仅有10366 户，以当时广南西路每户 4.36 口折算，计有 44760 人，人口密度为 0.31 人/平方公里，[1] 而且海南岛人口集中于环岛州县，或者是中部山区，屯昌处于中间地段，常住人口更是少之又少，对物资的需求并不大，也可能缓解自然危机。宋人赵适汝的《诸蕃志》中也有类似表达："虽无富民，而俗尚俭约，故无茕独，凶年不见丐者。"[2] 原本轻松安逸的耕作方式已经可以满足自身的生活需要，即使偶有天灾，也有丰富的野生物产作为补偿，本身不存在粮食紧张的局面。正如纳·福斯特《论当前粮价昂贵的原因》一文所讨论：

> 对于一个民族来说，最大的不幸莫过于他们所居住的地方天然就能出产大部分生活资料和食物，而气候又使人几乎不必为穿和住

---

① 详见司徒尚纪《海南岛历史上土地开发研究》，海南人民出版社，1987，第 92 页。

② （宋）赵汝适：《诸蕃志》卷下，第 41 页。

担忧……当然也可能有另一方面的极端。投入劳动不能带来任何结果的土地，同不投入任何劳动就能出产丰富产品的土地是一样坏的。[①]

所以，在没有生存压力的环境下，很难产生出忧患意识，忧患意识的淡薄也很难促使生产方式的转变与进化——尤其是将简便的耕作程序复杂化。由此可见，所谓"惰耕"，并非屯昌地区的特有现象，而是优越的自然环境诱发的文化"通病"。

三 族群结构与屯昌文化

族群的流动与迁徙改变着族群的地理边界，族群的互动与互渗则改变着地域的文化空间。屯昌文化并不是单一的、同质的文化，随着不同族群的进入，屯昌文化由单一走向多元，由同质走向异质，并在历史的冲突与融合中由对抗走向融合。

（一）屯昌的族群结构

共时地看，屯昌县属于典型的以汉民族为主的多民族聚居区。汉族为屯昌族群结构的主体，其次是黎族和苗族，另有其他少数民族杂居其间，屯昌县民族结构见表0-2。

表0-2 屯昌县三次人口普查民族结构

单位：人

1953 年第一次人口普查统计

汉族	黎族	苗族	瑶族	总人口
81116	6129	2473	1	89719
90.41%	6.94%	2.65%	—	100%

---

① 〔英〕纳萨涅尔·福斯特：《论当前粮价昂贵的原因》，引自《马克思恩格斯全集》第23卷，人民出版社，1972，第561页。

1990 年第四次人口普查统计

汉族	黎族	苗族	壮族	瑶族	土家族	其他	总人口
217622	11635	7349	3070	207	51	76	240010
90.66%	4.85%	3.06%	1.28%	0.085%	0.02%	0.03%	100%

2000 年第五次人口普查统计

汉族	黎族	苗族	壮族	瑶族	土家族	其他	总人口
225667	12371	8749	3733	283	136	182	251121
89.47%	4.9%	3.46%	1.48%	0.11%	0.05%	0.07%	100%

注：

1. 黎族人口减少主要受行政区域变动的影响。

2. 第四次人口普查统计中，其他民族包括京族、藏族、高山族、满族、侗族、畲族、彝族、毛南族等。

3. 第五次人口普查统计中，其他民族包括蒙古族、布依族、满族、回族、彝族、朝鲜族、侗族、维吾尔族、藏族、土族、京族、傣族、亿佬族、哈尼族、白族、傈僳族、高山族、毛南族、裕固族。

资料来源：屯昌县志编纂委员会编《屯昌县志》，第 130 页。

历史地看，黎族无疑是屯昌地区最早的主人，万余年以前黎族先民就已迁入海南，差不多同一时期，黎族先民扎根屯昌地区（详见第二章）。而后，汉、苗族群向屯昌地区自发性移民间或发生，最大规模的移民出现在明清时期，成批汉族移民因"避难"等原因迁居屯昌，屯昌地区的民族结构大为改动；苗兵也以屯军的形式大批落籍屯昌。新中国成立后，随着海南岛的发展以及热带农垦事业的起步，大批外来人口涌入屯昌，包括国家分配的干部、农垦工人、疏散人口、知识青年、越南难侨、外来经商者等，其中一些少数民族则因之进入屯昌县，丰富了屯昌地区的民族文化。当然，少数民族杂居对文化形态没有产生决定性影响，对屯昌文化生活影响较大的还是汉、黎、苗三族。

（二）　苗族的迁入问题

先说海南岛苗族的来源问题。

现有关于海南岛苗族来源的确切记载，可见于清代志书中，如《光绪崖州志》中记载：

> 又有一种曰苗黎，凡数百家，常徙移于东西黎境姑偷郎、抱扛之间，性最恭顺。时出城市贸易，从无滋事。盖前明时，剿平罗活、抱由二峒，建乐定营，调广西苗兵防守，号为药弩手。后营汛废，子孙散居山谷，仍以苗名，至今犹善用药弩。[①]

志书所记"剿平罗活、抱由二峒"一事发生于明万历四十一年（1613），是一次规模较大的黎族叛乱，据《万历琼州府志》引《崖志》所述，此次平乱后，这些苗兵药弩手以屯田为名，留守海南：

> 乐定营屯田。（据《崖志》，四十二年征平罗活贼，奉文清丈黎田一百一十九顷四十二亩零，该参将何斌臣议，将三十顷与广西药弩三百名为屯田，每名十亩，岁抵月粮二两四钱存田。）[②]

由此看来，屯昌地区的苗民大抵是明代从广西征调而来，而后落籍海南岛的这些苗兵的后裔。这是关于苗族移民的确切记载。

另据学者考证，海南岛的苗族也有可能是广西瑶族的后裔，登岛后与当地人混居。由于广西瑶族的迁徙属自发性移民，且时间较早，其具体的迁入时间与原因无从得知。[③]

此外，还需注意的是，现有学者将苗族族源推至"狼兵"，并将"狼兵"至琼时间断为苗族落籍海南的时间，[④] 这一观点笔者以为过于武断。

从来源上看，将"狼兵"认定为"苗兵"的观点最早见于王兴瑞先

---

① （清）钟元棣创修，张嶲等纂修《光绪崖州志》卷一三《黎防志》，海南出版社，2006，第331页。

② （明）蔡光前等纂修《万历琼州府志》卷七《兵防志》，海南出版社，2003，第354~355页。

③ 参见（民国）王兴瑞《海南岛苗人的来源》，《西南边疆》1939年第6期；黄友贤、黄仁昌《海南苗族研究》，海南出版社、南方出版社，2008，第6~7页。

④ 详见张朔人《明代海南文化研究》，社会科学文献出版社，2013，第403~404页。

生《海南岛之苗人》一书中，他断想："其他地方，有所谓'狼目''打手'及'狼土兵'等名称，想也指的这些苗人，……"① 值得注意的是，在另一篇文章中，王先生旋即否认了这一看法："这里所说的'狼目''狼土兵'等，作者起初以为就是琼州府志等书中的广西苗民（即瑶兵），但最近偶番皇清职贡图，于卷四有云：'灵山县僮人，本广西狼兵……灵山县的僮人本是广西的狼兵，并不能因此便断定调来海南的'狼目'、'狼土兵'便一定是广西的僮人。"② 在这篇文章中，王兴瑞先生根据语言调查材料，对之前认为"狼土兵"即"苗兵"的判断有所修正。

从类型学上看，自罗香林《狼兵狼田考》一文起，不乏学者关注"狼兵"问题，③ 这些论著几乎没有论及"狼兵"与苗族的关系，单认为海南的"狼兵"就是"苗兵"多有不妥。

从文本上看，认为"狼兵"即"苗兵"的观点，实际上是将《万历琼州府志》卷八"命总兵王鸣鹤督各路官兵，并西粤狼兵，云集征剿"与卷七"将三十顷与广西药弩三百名为屯田"④ 整合而一，再与张岳崧《道光琼州府志》中"盖前明时剿平罗活峒叛黎，建乐安城，调广西苗兵防守，号为药弩手"⑤ 一句对比所得，其间的概念距离可想而知。其次，嘉靖二十八年（1549）那燕叛乱时，郑廷鹄上疏言道："臣生长其方，见闻颇确，今日黎患，非九千兵可办。若添调俍土官兵，兼召募打手，共集数万众，一鼓而四面攻之，然后可克耳。"⑥ 类似史料记载还有很多，这里动辄逾万的土狼兵，为何战后只剩"广西药弩三百名"？再

① （民国）王兴瑞：《海南岛之苗人》，广州珠海大学编辑委员会，1948，第 2 页。
② （民国）王兴瑞：《海南岛苗人的来源》，《西南边疆》1939 年第 6 期。
③ 参见（民国）罗香林《狼兵狼田考》，《广州学报》1948 年第 2 期；卢仲维《浅论广西"狼兵"》，《广西师院学报》1981 年第 2 期；邓小飞《狼兵狼人刍议》，《中央民族大学学报》2002 年第 2 期。
④ （明）蔡光前等纂修《万历琼州府志》卷八《海黎志》，第 431 页；同书卷七《兵防志》，第 355 页。
⑤ （清）明谊修，张岳崧纂《道光琼州府志》卷二〇《海黎志》，第 855 页。
⑥ 《明实录·世宗实录》卷三五一，唐启翠辑点《明清〈实录〉中的海南》，海南出版社，2006，第 65 页。

者，现存《万历琼州府志》卷八《海黎志》对此事的记载，本身文字错乱，间杂王佐、唐胄平黎言论，实非善本。

所以，笔者倾于保守地认为，狼兵可能含有苗人，但不能说狼兵就是苗兵，更不能完全将狼兵入琼时间等同于苗兵入琼时间；其次，苗人入琼时间当以史料为准，既有史料，却加臆测，多有不当。

再说苗族对屯昌地区文化的影响。海南岛的苗族本身是一个勤勉的族群，被誉为"不朽的拓荒者"，据《崖州志》记载：

> 又有一种曰苗黎，凡数百家，常徙移于东西黎境姑偷郎、抱扛之间，性最恭顺。时出城市贸易，从无滋事。……辫发衣履与民人同，惟妇女黎装。皆能升木如猱。不供赋税，不耕平土，仅伐岭为园，以种山稻（黎人仿之）。一年一徙，岭茂复归。死则火化，或悬树杪风化。善制毒药着弩末，射物，虽不见血亦死。兼有邪术，能以符法制伏人禽，最为生熟黎岐所畏服（参《府志》）。①

因为他们后于汉、黎两族入琼，所以好的耕地几乎被占光，他们只能将"无产"者文化植根于荒山之中，而且靠租赁黎人占领的土地耕植维生。在经济上，苗人和黎人是佃户与地主的关系，他们需要向黎首缴纳租金，甚至供给没有酬报的力役，② 在生产上，苗族人种植山兰稻的生产方式对黎族的耕种方式产生重大影响。

由于苗族人性情恭顺，从不滋事，和历史上的黎、苗对立相比，他们落籍琼岛后并未和当地黎族发生摩擦。从苗族入琼的原因上看，苗人是被征调到海南岛，为的是帮助官府平灭黎乱，可想而知，黎、苗两族从一开始就互为敌对，无法产生好感。王兴瑞先生通过对海南岛苗族的调查则认为："黎、苗都是同样没有历史的民族，这种历史上的冲突，是不会遗留在他们后代人的记忆中的，所以据作者的观察，黎、苗之间的冲突，与其说是起于历史的原因，无宁说是起于经济上的原因——土

---

① （清）钟元棣创修，张嶲等纂修《光绪崖州志》卷一三《黎防志》，第331页。

② 详见闫广林《海南岛文化根性研究》，第96～101页。

地关系，尤为恰当。"① 所以，后期的黎苗关系虽不融洽，但也不至于决裂。

（三） 汉族的移民与影响

汉文化的进入对整个海南岛的文化结构无疑是一次巨大的调整，大量汉族移民进入海南岛有两大意义：一是中原的先进文化、生产力以及大量劳动力涌入海南，为海南的发展提供动力，并促进社会分化；二是伴随移民开发，封建统治者的统治力在海南得到进一步扩散与强化。隋唐以降，海南重归中央统治，汉族移民海南的热潮随之愈烈，至明清而大盛，其移民原因绝大多数为"政治避难"：

> 苏文忠云："自汉末至五代，中原避乱者多家于此。"丘文庄云："魏晋以后，中原多故，衣冠之族或宦或商，或迁或戍，纷纷日来，聚庐此处。"黄文裕云："郡城县城营居多戎籍，自宋元顺化皆汉土遗裔，洪武以来军士初拨则多苏浙之人，续拨则多河之南北，再调则又闽潮之产，厥后中原各处官吏充配者接踵而至，故士族多出中州。"（俱见《郡志》）②

汉族移民屯昌属于移民琼岛后的二次迁徙，迁徙时间最早可推至隋唐时期，吉安旧址建立期间。现有文献直接记录其移民发生在元朝元统年间（1333～1335）（详见第二章），随后至明朝而为盛。迁徙原因除了环岛州县的饱和开发以外，躲避海寇侵袭恐怕是一重要因素。这一"避难求安"心理使得屯昌的汉文化与海南岛主体的汉族"贬官文化"略有差异。

除了经济方面的积极促进作用外，汉族通过其经济、文化地位，在建构屯昌文化过程中，起到了调和民族关系的作用。王兴瑞先生论及：

---

① （民国）王兴瑞：《海南岛之苗人》，第118页。
② （民国）朱为潮主修，李熙、王国宪总纂《民国琼山县志》卷二《舆地志》，海南出版社，2004，第56页。

　　民族与民族之间的接触，普通总是起于某种相互的要求，因此和平的日子总比斗争的日子多，调协的关系也就比冲突的关系为显著了。汉、黎、苗诸族间调协关系最显而易见的，是经济上的交易，在这个场合扮演着重要角色的，仍是汉商。通过汉商的手里，造成了汉、黎或汉、苗间经济上不可分离的连系……

　　随着经济上的沟通，又产生了文化上的调协。不消说，当然是汉族文化居于领导地位的。最显明的，是汉语在黎、苗境内普遍通行，因为语言是传达意思的媒介，在交易上是不可缺少的，今日黎、苗大部分都能说海南岛汉语，便是起于这种要求，而黎、苗两族语言之间也有同样情形。同时，黎、苗为应付他们和汉人间复杂的关系，需要种种知识，因此渴望接受汉人的文化，最直接的方法，便是读汉人文字，故很早很早以前，黎、苗便已自设学校，请汉人教师入去教书了。此外，各种风俗习惯，自衣、食、住以至婚葬仪式等等，都无不染上浓厚的汉化，而尤以黎人为甚，因为他们和汉人接触较苗人为频繁。这种种族文化的交流，只要我们留心观察，随处皆可看见。至于黎、苗两族间文化的调协，则无足称述，这是缘于这两支文化细流本身都汇合到汉化的巨流中去了。①

　　由于汉族的领导地位，屯昌地区多元的民族文化得以在汉文化的场域中调和。调和机制则是屯昌汉族"求安"的心态以及汉民族本身"贵和"的文化本质。

四　屯昌文化的历史分期与阶段特征

（一）　自我话语体系的建构

钱穆先生曾在《国史大纲·引论》中论道：

---

①　（民国）王兴瑞：《海南岛之苗人》，第123~124页。

写国史者，必确切晓了其国家民族文化发展"个性"之所在，而后能把握其特殊之"环境"与"事业"，而写出其特殊之"精神"与"面相"。然反言之，亦惟于其特殊之环境与事业中，乃可识其个性之特殊点。……故曰：治国史之第一任务，在能于国家民族之内部自身，求得其独特的精神之所在。①

诚如钱穆先生所言，要对一个地域文化的历史来龙抉隐钩沉，首先应当在纷繁复杂的历史现象中，找到一个契合于表达地域"个性"的叙述对象；不然，我们所呈现的屯昌史不外乎就是海南史、中国史的注脚，而这种注脚式的讲述将会在与历史形象更为丰满的海口、文昌、三亚等地的对比下，失去历史话语权。

屯昌史在史学中归属于地方史的范畴。关于地方史的时代划分，长期以来都是由正史主持发言，一提分期，便是轻车熟路，秦、汉、隋、唐、宋、元、明、清、民国、新中国；一提内容，便是政治、经济、科教文几大板块。这套正史话语更适合于与中央政府关系密切的地方，更适合于史料丰富的地域，因为这种分期系统更能展现中央与地方的关系。但是屯昌在历史上长期处在与中央政府若即若离的关系之中，史料又相对缺乏，盲目地套用正史分期与板块，或许并不适合屯昌历史的发展步调。

理论上，20 世纪 20 年代，唯物史观的社会形态学说进入中国，打破了中国史学传统以王朝更迭、政制变迁为标准的分期样式，转而从经济、政治、社会、文化四个向度出发考析历史阶段，为本书对屯昌史的历史分期提供理论借鉴。

从根本上说，1948 年以前的屯昌地区并非一个行政区划，而是一个地域观念的集合。屯昌史的分期，也不能一而概之地以王朝更替为分期标准，而应以该地区社会文化性质的转变为划分标准。此外，若是以有明一代形成的屯昌墟作为历史叙述的标尺，我们又将陷入诸多误区，其

---

① 钱穆：《国史大纲》，商务印书馆，1991，第 9 ~ 10 页。

中最主要的是，以屯昌墟为起点会产生一种视差，会将屯昌由墟到县的演变视作一个地域发展壮大的自然结果；但事实却是，屯昌县的成立是历史发展过程中政治、经济、文化、地域等诸多因素合力作用的产物（详见第五章）。

因此，全书在叙述过程中，我们尝试建立一套属于屯昌自身的历史话语体系，以1948年新民县的成立为分界点，区分为"作为地理观念的屯昌"和"作为政治观念的屯昌"，以屯昌地区文化性质的转变为具体的分期标准。

（二） 屯昌史的阶段特性

从文化史的划分来看，屯昌文化可以分为黎文化、熟黎文化以及汉文化三个发展阶段。社会史呈现"两级跳"模式，不仅跨越奴隶社会，而且也跨越资本主义社会，社会发展轨式从原始的新石器时代径直进入封建制社会，又从短暂的封建制社会跨入社会主义社会。这两次跳跃，均受外来文化的影响。因此，综合考虑屯昌地区的社会形态和文化内核，我们把屯昌史分为如下七个阶段。

大致从殷商时代算起到宋元时期，最迟到明初永乐二年（1404），即有文献确切记载中央政府屯兵屯昌为止，为屯昌史的第一阶段。这一阶段的屯昌文化本质上是黎族文化，或者说是带有"封闭性"的山地文化。由于黎族文化没有文字，这一时期的文化特质进而外显为"集体性失忆"。

从元明时期到1647年清总兵阎可义攻入琼州，终结大明王朝统治之前，可视作屯昌史的第二阶段，屯昌地区由原始文明开始向封建社会转型。从文献来看，"熟黎"一词最早出现于《宋会要》① 中：

> 哲宗元祐三年正月十三日，广南西路东门峒黎贼伤害兵官，诏："经略司候朱崖军使崔诏到，面谕依近旨革旧弊，开示恩信，令生

① 宋代特设"会要所"修撰《会要》，由本朝史官收集当时诏书奏章原文修纂而成。原书已佚，清人徐松根据明代《永乐大典》中收录的宋代官修《宋会要》加以辑录而成，故现存的《宋会要辑稿》实为宋代《会要》残卷。

黎洒然知有所赴愬。能改过自新者，厚抚恤之；若奸狡反覆，即密以厚赏募熟黎斩首以来，或诱出傍近，豫报官军擒捕，具施行方略以闻。"①

所以，熟黎文化的上限可以追溯到宋代甚至更前，而下限也可以记叙到清中叶，但不妨碍我们将明代视为熟黎文化的重要时段。"熟黎"一词本身就是黎汉文化接触的写照，因而本时期的屯昌文化外显为汉黎族群的交融与冲突。

屯昌地区熟黎的汉化最终完成于清中叶，所以我们大致将清初至晚清这段时间视为屯昌文化的第三阶段。本阶段的文化主体为汉文化。经过有明一代汉黎族群的频繁交流，清政府和汉族社会对汉黎关系的处理又有了时代的转变。清政府实行了一套行之有效的制度——都图甲里制度，强化了对黎族社会的管理；乾隆二十四年（1760），光螺图枫木墟廪生王履泰邀众建立丰陆义学，由此开启了屯昌一地社学之风，引起了汉文化传播的新一轮高潮。

晚清至 1939 年日侵琼岛之前可视为屯昌文化的第四阶段。由于现代文明作为文化的他者随列强的入侵进入屯昌，民国三年（1914），屯昌全县开始男人剪辫，女人放脚，革除陋俗，风俗又为之一易。本阶段西方列强、统治集团、政治派系、投机政客、革命团体形成对垒的态势，暗潮汹涌，外显则为文化剧变。但无论如何，本阶段可以视为屯昌文化走出封建社会的开端。

从 1939 年日本侵略军入侵屯昌到 1948 年新民县成立为第五阶段。本阶段文化的他者主要是日本侵略者，外显出的时代母题是不同于对垒时代的军事"热战"。考虑到"热战"一词的辐散性，我们把抗日战争胜利后国共内战也纳入这一阶段叙述。在不到十年的时间里屯昌基本上是在战火中度过。面对共同的敌人——日本侵略军，中华民族的身份认同取代了黎族、汉族的自我认同，民族融合达到了新的顶峰，各族人民

---

① （清）徐松辑录《宋会要辑稿·蕃夷道释》，郭声波点校，四川大学出版社，2010，第 340 ~ 341 页。

如何携手御敌是本阶段需要呈现的一大内容。

第六阶段是作为政治概念的屯昌历史的开始，自 1948 年屯昌县前身新民县成立至 1956 年"三大改造"的完成。新中国成立以后，屯昌因丰富的水晶矿藏、优越的自然气候几度走进全国视野，实现了真正意义上的经济大发展。农垦大军开入屯昌，改变种植结构，一下使"八山一水一田"的贫瘠耕地变成宝贵的土地资源，"槟榔之乡"、"南药基地"为屯昌经济的发展注入活力。701 水晶矿藏的开掘，多受中央领导的重视，实现了屯昌经济意义上的地理大发现。与其说经济的发展加快了黎族的汉化，不如说经济的进步加快了各民族的现代化，因为在某种意义上汉族经过新文化淘漉也呈现新风貌，所以我们用"大融合"取代"汉化"一词来描述新时期的民族风貌。所谓的"大融合"根源于物质生活的置换，这使得旧俗信仰与信仰载体的疏远脱节。

1957 年至今是屯昌历史文化发展的第七阶段，也是本书叙述的最后一个阶段。"三大改造"的结束标志着屯昌地区旧民主主义革命的完成，从此，屯昌进入全面建设社会主义的新阶段。在中国共产党的领导下，屯昌人民走出歧途，并借由海南建省的东风驶向新程。

第一章 故域的构想

——元明以前的
屯昌地区

　　最早登陆海南岛的族群是黎族，尽管其族源问题多有争讼，单从文化的角度，我们不妨用"黎（俚）文化"一词来统称万余年前陆续登陆琼岛的这批晚期智人所衍生出的海南土著文化。秦代以前，海南岛属于"《禹贡》不入，职方不书"（唐胄语）的蛮荒之地。然而短命的秦政府并不短视，是时的海南虽仍为南越外徼，但已和中原族群开始了经济往来，即为早期的贡赋贸易："越处近海，多犀象、玳瑁、珠玑、银、铜、果、布之凑，中国往商贾者多取富焉，则秦有至者矣。"① 汉朝是最早立郡海南的中央王朝，汉武帝元封元年（前110）设立朱崖、儋耳两郡。而后，海南的命运迭经废置、复归，长期游离于中央政治的边缘地带，中央政府仅仅以环海立州县的经略模式建设海南，其主要目的是为了确保海上贸易畅通。元明以前，海南岛的经济发展是伴随大陆汉族的自发性移民而展开的，这些移民群体多由"难民"构成，或苦于长年战乱的逃兵、难民，或出于生活所迫的商贩、贫农，他们移民海南寻求安稳的生存空间。一方面，汉族的移民为海南岛经济上"质"的发展提供了先进的生产工具技术和大量的劳动力；另一方面，作为"他者"的汉文化和海南岛土著的黎文化或抵触，或交融，生成层次分明的"内黎外汉"的汉黎文化圈。

---

① （明）唐胄：《正德琼台志》卷三《沿革考》，第58页。

元明以前，汉族自发性移民并未给地处中部山区的屯昌带来深刻影响，因而本时期的屯昌文化仍以黎族土著文化为主。经济上，黎族先民往往择址于水草丰茂的山坡台地，靠早期磨制石器渔猎维生，并且开始向农耕经济形式转变，同时出现了原始的男女分工；社会组织上，黎族先民建立以血缘关系为纽带的社会基本组织形式——"峒"，带有明显的宗族性质；文化上，由于黎族文化发展相对滞后，屯昌初民长期处在新石器文明阶段，再加上"峒"的组织形式封闭阻碍了其与汉民族的深度交流，进而滞缓了本地区文化的发展。当然，隔离只是一个相对状态，汉黎文化间的早期互动才是唯一事实。

第一节　史前遗址与存史现状

一　屯昌地区史前遗址的发掘

1957 年 7 ~ 8 月，广东省文物管理委员会与中山大学历史系合作，在屯昌县进行了为期两个月的文物普查工作，发现新石器时代遗址 5 处，并对其中的吉安市遗址进行了小面积试掘。1985 年屯昌县文化局组成文物普查小组，在广东省文物管理委员会指导下再一次展开规模较大的文物普查。这两次普查期间，均进行了小规模试掘清理。海南建省后，为配合基本建设和编辑《中国文物地图集·海南分册》等工作，屯昌县文化局沿着 1957 年的普查路线在全县范围内再次进行文物复查、专题考古调查及抢救性发掘等工作，并将其摄影画图造册登记。① 经过陆续地开掘，考古队员在屯昌地区采集到大量的石器和陶片，勘察出包括石冲岭、坎井、青梯、西昌龙保石器出土地、双冠龙保石器出土地等五处史前遗

---

① 海南省文物考古研究所：《海南省近五十年文物考古工作概述》，文物出版社编《新中国考古五十年》，文物出版社，1999，第 347 页。

址,[①] 以及各隋唐古城遗迹。其中，保留较好的有青梯、石冲岭、吉安等三处古代遗址，详见表 1-1：

表 1-1 屯昌县青梯、石冲岭、吉安古代遗址概况

遗址	所在地	遗址范围	出土文物	保存情况
青梯新石器遗址	乌坡镇青梯仔村	78~80 平方米	双肩石斧 1 件，夹沙粗灰陶片数片	遗址地面被当地群众建房或种植作物，石斧因露出地面太久侵蚀严重，粗陶片质地较新
石冲岭新石器遗址	西昌美才园村马合格堆村间	东西宽约 50 米，南北长约 30 米	舟形石斧 2 件，双肩石斧 2 件	遗址一部分已被开垦种植作物，出土石斧已严重风化
吉安新石器遗址	吉安西北约 0.5 公里处	南北长约 22 米，东西宽约 17 米	舟形石斧 2 件，残石器 2 件，夹沙粗陶（红表里）1 片，瓷片（唐宋时代）3 片（黄、蓝、绿各 1 片），瓷器提梁 1 件	遗址部分地段被雨水严重冲刷，出土文物已严重风化

资料来源：屯昌县地方志编纂委员会编《屯昌县志》，第 583 页。

出土的遗址、文物可以说明，屯昌地区历史起源早，至少从新石器时代[②]开始就有族群垦殖开发。按当代海南历史文化研究者的主流观点，海南史前史可细分为"无陶时期"和"粗陶时期"，[③] 因此，粗略地说，屯昌地区文化的发生和整个海南岛历史文化的发端大致同步，或稍有滞后。

除了大规模有组织的文物勘探工作外，在当地人施工建设的过程中，

---

① 丘刚：《海南古遗址》，海南出版社、南方出版社，2008，第 35 页。

② 关于海南进入新石器时期的起讫年代，主流观点认为相当于中原的殷周之际，也有的认为它的上限相当于中原殷周之际或稍后，下限则至西汉或更晚，甚至可能到唐宋时期。本文依从主流，不另作专节考述，详见王海平《海南新石器时代考古的发现与研究》，《海南师范学院学报》1990 年第 1 期。

③ 参见唐玲玲、周伟民《海南史要览》，海南出版社、南方出版社，2008，第 1~8 页。

亦有不少意外收获。1981 年 4 月中建农场①工人郑栋等在开荒时从地下挖出一批古铜钱，共重 27 公斤，有"开元通宝"、"大观通宝"、"至大通宝"、"洪武通宝"等。

开元通宝始铸于唐高祖武德四年（621），是唐朝近三百年的统治中最主要的流通货币之一；与唐朝不同，宋代每换一个年号就开炉铸新币，即是所谓的年号钱，大观通宝通行于徽宗大观年间（1107～1110），为宋徽宗赵佶御笔亲题；至大通宝则是元武宗至大三年、四年（1310～1311）铸行。大量古铜钱的出土有两种合理的解释，其一是当地确实存在贸易，而且由于汉黎间的民族贸易直到近代还是简单的物物交换，所以以铸币为等价物的交换应该发生在汉族族群内部。由于中建农场的地理位置离古代的贸易场所吉安市、南昌墟都很近，有这样的贸易交换的孑遗不足为奇。如果这一猜测成立，那么这些出土的货币可以说明，屯昌地区历史发展线索相对完整，历史文化从发生至今少有断裂，由初唐至宋元都能找到相应的钱物出土。

另一种可能是，这些钱币属于墓葬的陪葬品。然而就当时出土情况看，该区域内没有发现一定规模的墓葬，这一猜测的可能性不大。无论是商贸或者墓葬，这两种猜测都基于一个必然的前提——区域内历史上曾有汉族族群聚居。从土壤成分来看，中建农场一带分布着适宜种植的山地棕色砂壤土，这对农耕发展、族群定居提供了极其便宜的自然条件：

> 山地棕色砂壤土　分布于中建农场一带，植被系灌木，表土层为灰棕，壤土团粗，结构疏松与分散，排水良好，厚约 10 厘米～30 厘米，心土层棕黄至红棕色砂质壤土，结构较坚实，土层中夹有母岩半风化体形状，这一类土壤中，在山腰顶常见岩石露出。②

---

① 中建农场地处屯昌县东南部，创办于 1952 年，其前身为新民县第二（坡尾）垦殖所。1953 年改为屯昌垦殖所，1954 年春改名为南典垦殖场，1955 年 8 月更名为中建垦殖场，1957 年初改称中建农场。"文革"期间，农场改为兵团，1969 年 4 月组建广州军区生产建设兵团时，中建农场被列序第六师第九团，1974 年 10 月归制农垦，复名中建农场。

② 屯昌县地方志编纂委员会编《屯昌县志》，第 107 页。

这就证实，屯昌地区的黎族文化并非孤立发展，而是和先进的汉文化或多或少有所接触。这也说明，如果我们把屯昌历史限定在1948年新民县成立之后，我们将无法对屯昌文化做一个完整交代。

二 历史文献缺失释因

屯昌地区多处史前旧址的发掘表明，屯昌史不仅发生早而且线索完整。然而令人遗憾的是，与大量的出土文物相比，承载屯昌地区明代以前文化记忆的传世文献实则相形见绌，几乎为零。就现有文献来看，对这一时期的屯昌既没有只言片语的文献记述，亦没有相关文献以资参考佐证，所以只能用"失忆"二字来描述这段历史时期的文献存佚情况。

失忆的原因是多元的，最重要的一点是作为土著的黎族人长期滞留在原始文化阶段。优越的自然地理环境和气候条件给了黎族人充分理由，相信现有的生产力水平是满足生活消费的最优解，这种"小富即安"的心态长时间阻碍着黎族社会进一步发展出先进的文化。尽管从秦汉时期便已开始的、伴随汉族移民而来的铁器文化在海南岛持续传播，黎族人并非全然接受这一先进的文化与族群；相反，与"五胡乱华"后百数年的时间里便几乎"汉化"的中原少数民族不同，经过数百年的文化互动，在海南岛却形成了内外环"分庭抗礼"的黎汉文化圈。当然，需要澄清的是，这一环状文化圈的形成与海南岛地形状况有着密切关联。此外，黎族人本身也没有发展出适合记录本民族语言的文字。文字是人类用来记录语言的书写符号，是区分文明社会和野蛮社会的标志。黎族社会发展缓慢是其没有产生文字的重要原因。没有文字记录，语言无法突破时空限制，使得黎族族群许多文化记忆在口耳相传的过程中，一则不断磨损，甚至消失，二则鲁鱼沿谬，失去原貌。

其次，姗姗迟来的汉族统治者长时期轻视海南的发展。汉元鼎六年（前111），伏波将军路博德及楼船将军杨仆平定南越，汉王朝于元封元年置珠崖、儋耳两郡，中央王朝经略海南肇始于兹。然而，随之而来并不是海南岛的长足发展，而是甚嚣尘上的"弃朱崖"论。直至梁陈时期，冼夫人厘定朱崖叛乱而后依附隋朝，这才结束了海南岛这种"游离于外"的政治状态。明末学人顾炎武《肇域志》中曾论述了这一"若即若离"的状态：

> 按《汉纪·贾捐之传》，班固直书罢弃珠崖，似乎不然。夫武帝置崖、儋二郡，时有十六县，后因十三县屡反，故罢郡，而以三县之未反愿内属者，因以珠崖、颜卢之名，并为朱卢，属合浦。虽郡罢，实未尝弃其地也。若尽弃之，则于合浦郡何为书朱卢？盖所谓罢弃者，弃其反者，未尝弃其慕义内属者也。不然，何八十六年后，马伏波军士未尝至海南，而珠崖之复，不烦兵旅乎？后汉光武建武中，复置珠崖县，属合浦郡。①

明代海南人王佐和唐胄，曾对这一时期海南与中央政府的关系有过"裔土"与"内属"的争论，其问题的核心即是对海南的历史境况寻找"归属感"。隋唐以后，虽中央政府恢复对琼统治，但海南又成为"政治流放"语境的代名词，其本质上亦是"弃朱崖论"的变体。直到明朝，海南岛才从蛮荒之地一跃而为"南溟奇甸"（朱元璋语），得以迅速发展。由汉至明期间 1400 余年的时间里，海南岛并没有得到有效发展，这也是屯昌地区文化失忆的重要原因之一。

此外，从整个海南岛存史状况着眼，元明以前，甚至包括有明一代，海南方志大量佚失，这也是一个值得玩味的事实。有研究者通过考察海南方志纂修情况认为，海南方志最早可以追溯到南北朝时期的《朱崖传》。此外，明前方志可考者尚有《琼管志》、《万州图经》、《琼州府图经志》、《琼台郡志》、《琼州府琼台志》、《琼州府万全郡志》、《琼州府南宁军志》、《崖州郡志》等数部，但均已亡佚，其内容散见于《永乐大典》等其他著述中。包括现下可考的明代方志，存佚情况也不容乐观，可考的二十部明代海南方志中，仅存唐胄《正德琼台

---

① （清）顾炎武：《肇域志》，上海古籍出版社，2004，第 2299 页。

志》、顾可久《琼管山海图说》、欧阳璨、蔡光前《万历琼州府志》、曾邦泰《万历儋州志》四部，且只有顾可久《琼管山海图说》一部全存，其余皆是残卷。① 相较之下，清代海南方志却保存完好。存佚差异的缘由除了年代远近影响外，修纂主体的不同也是一个重要因素。明代及以前，海南方志主要是私人编修，到了清代编修主体才由私人转变为官方，而后形成了较为普遍的"官修民纂"的修志模式。这种修志主体的转型，就保证了志书付梓的经费支持以及志书版印之后的推广与保存。因此，元明以前，不啻屯昌，整个海南岛都处于"失忆"状态。所以，屯昌的"文化失忆"应当说内涵于这一"集体性失忆"之中。

因此，如何综合利用现有出土文物对这一时期屯昌初民的生产生活方式进行拟构，如何利用文献记载、民俗传统、地下文物形成重构历史旧貌的三重证据，是描述这段历史的第一要务。

三 重构史前屯昌的"三重证据"

阿斯曼曾对"文化记忆"进行多角度阐释：从内容层面，文化记忆是关于集体起源的神话以及与现在有绝对距离的历史事件。对这些内容进行回忆的目的，就是为了论证集体现状的合理性，从而达到巩固集体的主体同一性的目的。这也就解释了为什么有些历史事件，或其中的某些细节会被遗忘，因为它们对集体的主体同一性是无足轻重的。从形式层面看，文化记忆的传承一定是遵循着特定而严格的形式；从媒介上来说，文化记忆需要有固定的附着物、需要一套自己的符号系统或者演示方式，如文字、图片和仪式等。其中节日和仪式是文化记忆最重要的传承和演示方式。集体中的一些成员在对文化记忆的掌握和阐释上享有特权。由于文化记忆对集体的主体同一性起着至关重要的作用，所以它的传承和传播都会受到严格管制，对这一控制权的掌握，一方面意味着责任和义务，另一方面也象征着权力。② 本章即通过综合利用各种符号形

---

① 详见张朔人《明代海南文化研究》，第 119～125 页。
② 参看黄晓晨《文化记忆》，《国外理论动态》2006 年第 6 期。

式的研究，重构早期屯昌先民的生活样貌。

从西学东渐至今，中国学者的治学模式突破了"我注六经"、"六经注我"的传统学术范式；从"二重证据法"到"多重证据法"，对现象理解的手段也在不断丰富。"二重证据法"是王国维1925年在清华国学研究院教课时首次提出的：

> 吾辈生于今日，幸于纸上之材料外，更得地下之新材料。由此种材料，我辈固得据以补正纸上之材料，亦得证明古书之某部分全为实录，即百家不雅驯之言亦不无表示一面之事实。此二重证据法，惟在今日始得为之。①

但由于当时中国的考古学尚处于发轫期，王国维讲义里提到的"地下之材料"仅有甲骨文、金文，"但从他广阔的学术视野而论，应该是泛指种种考古文化遗存"。② 由"二重证据法"延伸出的"三重证据法"，都将地下出土实物视为证据链的一环。如饶宗颐在"二重证据法"的基础上，将考古材料又分为考古资料和古文字资料两部分，是为"三重证据法"；叶舒宪、萧兵等人的"三重证据法"则是包括纸上的文献材料、地下挖掘出的考古材料以及跨文化的民族学与民俗学材料三重证据，是一种以传统的考据学为基础的，注重历史文化事象的真实性及其联系的研究范式。三重证据法突破了国学传统中"我"与"六经"的单向关系思维局限，表现出多向度、全方位的文化探索方式——从文化典籍、考古文物和社会风俗遗存三重维度来阐发对象的真实性及其相互关联，合文献学、考古学和民俗学三门学科之力完成史前文明的拼图。

进一步我们可以说，由二重证据法到三重证据法不仅仅是学科间的交叉融会，同时这一现象也是对符号的深度认识。所谓的文献、文物、民俗，包括后来四重证据法所应用的"图像"，其根源上都是符号的表

---

① （民国）王国维：《古史新证》，清华大学出版社，1994，第2页。
② 李学勤：《"二重证据法"与古史研究》，《清华大学学报》（哲学社会科学版）2007年第5期。

现形式，都是人创造使用的、用于表征世界的符号。本章在历史文献阙如的情况下，综合利用各种屯昌先民创造使用的各类文化符号，重构一个接近本原的屯昌史前史。

第二节　屯昌史前文明的重构

一　屯昌初民的生态环境

考古发现，海南岛史前遗址可以粗略分为贝丘（沙丘）遗址和台地（山坡）遗址，前者较多集中于南部滨海沙丘地带，后者则主要分布在中部、北部江河沿岸及丘岗地区，从整体上看：

> 坡地遗址：1960 年的报道有一百零八处，近年在陵水县的文罗、椰村等地又新发现几处。坡地遗址多半位于河流附近的小山顶的平台或半山腰上。一般高约 10～30 米，长宽约 100 米，也有个别的为 20～30 米。坡地遗址分布范围颇广，海南东部、南部、西部、中部及西北部均发现。①

这种择址方式与初民"逐水草而居"的原始生活形态尤为吻合。台地（山坡）的另一个优势是方便排水。海南岛地近热带低气压区，年降水异常丰沛，台地（山坡）正好提供了天然的排水设备，而安全的环境也为长期定居此地创造了可能性。更为重要的是这里有肥沃的土地作为耕田，屯昌县在龙州河及青梯河水系一带广泛分布着洪冲积相，其中以枫木、坡心、屯昌等冲积平原较大，是为屯昌县水稻生产基地。明代顾岕《海槎余录》中写道：

---

① 王海平：《海南新石器时代考古的发现与研究》，《海南师范学院学报》1990 年第 1 期。

　　海南之田凡三等：有沿山而更得泉水，曰泉源田；有靠江而以
竹桶装成天车，不用人力，日夜自车水灌田者，曰近江田；此二等
为上，栽稻二熟。又一等不得泉不靠江，旱涝随时，曰远江田，止
种一熟，为下等。[1]

肥沃的耕田不仅进一步促进了先民从游居向定居生活的转变，也为早期
社会从游牧业向农业社会的转型提供了契机。可以设想，在生产工具并
不发达的前提下，由于屯昌各处的生态气候适宜农耕，并且简单的耕种
就能带来丰产，这种获利是远远高于游牧的生产方式，所以，屯昌先民
由游牧转型农耕社会的过程是水到渠成的。

　　地名伴随人类活动而产生，因而地名间接反映出当时的生产生活样
貌。对古地名进行考证，以及利用地名推测当地在历史时期的自然和人
文地理景观，于研究区域内的开发历史和地理演变（如海岸、河道、湖
泊、植被、经济等）有重要借鉴。有学者曾对现今海南地名中，带
"鹿"的地名有过统计：

　　据考察，海南"鹿"字地名分布于大多数县市，具体分布如下
（括号内是所在的乡镇名）：
　　琼山：鹿上（灵山）；
　　文昌：鹿堀（头苑）、鹿户（冯坡）；
　　琼海：鹿宴（温泉）、白鹿园（温泉）、鹿跳园（朝阳）、鹿温
（新市）；
　　万宁：鹿市（禄马）、鹿温（乐来）、鹿堀（大茂）；
　　陵水：打鹿（本号）；
　　保亭：什梯利（黎语地名，汉义为鹿田）；
　　屯昌：斩鹿坡（枫木）、鹿寨（南吕）、鹿温（新兴）；
　　定安：白鹿坡；

---

① （明）顾岕：《海槎余录》，台北，学生书局，1985，第393页。

> *儋州：鹿母湾（番加）；*
> *三亚：鹿回头；*
> *琼中：鹿寨（湾岭）。*①

上述地名在古代的称谓如何，我们无从得知，但从现在的地名中仍然可以看出端倪，屯昌县带"鹿"字的地名在全省范围内都是较多的，或能说明这里曾经有大量鹿群栖息繁衍。

屯昌有大量鹿群生息繁衍的第二则证据来自民间传说。海南黎族地区流传着一个人鹿相恋的传说。古代一位英俊的黎族青年猎手，头束红巾，手持弓箭，从五指山翻越九十九座山，涉过九十九条河，紧紧追赶着一只坡鹿来到南海之滨。前面山崖之下便是无路可走的茫茫大海，那只坡鹿突然停步，站在山崖处回过头来，鹿的目光清澈而美丽、凄艳而动情，青年猎手正准备张弓搭箭的手木然放下。忽见火光一闪，烟雾腾空，坡鹿回过头变成一位美丽的黎族少女，两人遂相爱结为夫妻并定居下来，此山因而被称为"鹿回头"。三亚有个"鹿回头"，屯昌有个"回头鹿"。在今天屯昌木色风景区，有一个和三亚"鹿回头"遥相呼应的景点"回头鹿"，据说当时的这只与黎族青年相恋的母鹿，正是从屯昌的木色地区一直逃到三亚。从地理位置上看，屯昌是海南北部台地进入五指山区的要道，从这里逃到三亚正是从黎族聚落的起点逃到天涯海角，故事在这一范围内流传有极大的可能性。

从坡鹿习惯性栖息场所，我们也可以大致推测屯昌地区的生态样貌。坡鹿栖息在海拔200米以下的低丘、平原地区，喜集聚于小河谷活动，主要食物是青草和嫩树枝叶等，尤其喜欢吃水边或沼泽地里生长的水草。这或许能说明，当时的屯昌地区地势低平，起伏不大，而且湿地面积较广，适合鹿群的栖息繁殖。

从田野调查采集到的民间故事来看，存在着大量人与动物的异化的故事，其中最为明显、出现频率最高的是蚂蟥异化为食人血肉的怪物。

---

① 刘剑三：《海南地名及其变迁研究》，海南出版社、南方出版社，2008，第101~102页。

可见，蚂蟥在这一地区大量繁殖，并且危害极大。适合蚂蟥的生长环境主要是淡水水域，如水库、沟渠、水田、湖沼等，由此也能看出屯昌区域内环境湿度较大。

二　屯昌初民的生产方式

石器的发现　经过大量的考古发掘，在屯昌地区采集到一大批石器，这些石器主要是石斧以及双肩石斧。在类型上这些出土的石器均为磨制石器，意味着出土文明为新石器文明。自三亚落笔洞洞穴遗址、南阳溪洞穴遗址发现后，海南曾经历旧石器时代的历史发展过程已为不争的事实，但和新石器遗址相比，海南岛旧石器遗址为之甚少。说明，屯昌与海南大部分地区的历史进程大致相当。但和海南其他地方出土的石器相比，款式上却差了很多。整个海南岛采集到的磨制石器包括斧、锛、凿、铲、矛、犁、戈、网坠、纺轮、敲砸器、环、珠、砺石等，石斧的款式上也有长身式、短身式、亚腰式、有肩式等。从这些石器工具我们可以得知，当时屯昌居民的生产方式单一，石斧主要是用于砍伐林木、切割食物，所以当时的生产方式应该以打猎为主。而双肩石斧的出现则扩展了石斧的功能，可以用作翻垦土地，作为犁地之用。从这里也能看出，当时屯昌先民的生活方式渐渐从打猎向农耕生产转型。

陶器的采集　1957 年广东省文化局文物工作队和中山大学历史系合作，曾对屯昌吉安市的台地遗址进行了发掘，开挖探沟 2 条，计 18 平方米。在文化层中仅出土夹砂粗红陶片 100 余片，未见石器，也没有几何印纹陶。夹砂粗陶在此次调查的每处遗址均有，据调查者推断，纯出夹砂粗陶的遗址可能为时较早，其年代相当于殷周之际或略晚。遗址的文化属性与海南岛其他遗址一样，与广府地区的石器文化属同一文化系统，但年代上要晚一些，[①] 或可证实这一原始文化的源流来自中原大陆而非

---

① 广东省博物馆：《广东海南岛原始文化遗址》，《考古学报》1960 年第 2 期。

南亚群岛。从陶器的出土我们也能看出屯昌地区较早就出现了自然分工。在黎族地区广为流传着这样一个俗语："女烧陶，男勿近。"相应地，男子打猎，女人也不能靠近。黎族早期的自然分工，正是靠这些民间禁忌承载相沿。

最后，还应该看到的是，在考古采集过程中沿海许多州县发现了一定数量的青铜器，而屯昌地区却没有探查到一例青铜器的存在。汉族的青铜文化大致是在汉朝传至海南，从这能够看出，元明以前汉黎交流十分有限。

三 隋唐时期的汉黎互动

在考古过程中，还在屯昌境内发现了一处古城址：

> 吉安古城址：位于屯昌县屯城镇吉安村南。……城址平面呈长方形，南高北低，东西长约 400 米，南北宽约 300 米。城墙系夯土筑成，残存部分南城墙基，宽 1～5 米，残高 0.5～1.5 米。城内东南部有夯土台基，东西长约 75 米，宽约 12 米，高出地面约 0.4 米。台基上散存青灰砖瓦、檐头滴水等遗物。[1]

黎族先民"刀耕火种"的生产样式决定了其迁徙不定的生活习性，因此其中心聚落不发达，进而导致其建筑工事相对落后。研究者讨论道：

> 经常性的迁徙，导致定居的农业经济和中心聚落不发达。黎族先民由于主要依靠沿海、湖泊、河流的鱼类资源和森林、丘陵的野生动植狩猎及采集农业为生，过着经常迁徙不定的生活。一个氏族在某一地方居住一段时间发现自然资源枯竭或别的地方更好，就举

---

① 丘刚：《海南古遗址》，第 155～156 页。

族迁徙到另一个地方，大约时代越久远迁徙越频繁，直到明清时期，黎族先民还每隔一到三年，便迁徙一次。①

同时，汉族早期自发式移民并不具备统一的行政力，与之对应的大型建筑工事也无法开展。直至北宋仁宗宝元初（1038～1040），尚有"岭南诸郡无城郭"的说法。② 早期汉族修筑的"夯土筑城"属于简单工事，出于治安、经济等因素的考虑，③ 这一现象直到明代初期才由砖石城代替夯土城。吉安古城城址正是早期土夯工事的遗存，这一发现将屯昌地区的汉族历史向前推进至隋唐年间。

关于吉安古城的置废过程，《道光琼州府志》中有着详尽记录：

隋　开皇九年，仍为崖州。大业三年，改为珠崖郡，领县五：义伦、感恩、颜卢、毗善、吉安。又析西南地置临振郡，领县五：延德、宁远、澄迈、昌化、武德，属扬州司隶刺史。

唐　武德五年，改珠崖郡为崖州，改临振郡为振州，析置儋州。改武德为平昌，改颜卢为颜城，改毗善为富罗，并吉安入昌化，增置临机、临川、陵水三县。崖州领县四：颜城、澄迈、临机、平昌。儋州领县四：义伦、昌化、感恩、富罗。振州领县四：宁远、延德、临川、陵水。贞观元年，属岭南道。又改颜城为舍城，改平昌为文昌。析昌化置吉安，析舍城置琼山，析延德置吉阳。五年，析文昌置万安、富云、博辽。又以崖州之琼山置琼州，领县五：琼山、临机、万安、富云、博辽；崖州领县三：舍城、澄迈、文昌；儋州领县五：义伦、昌化、感恩、富罗、吉安；振州领县五：宁远、延德、临川、陵水、吉阳。十三年，析琼山、澄迈置曾口、颜罗、容琼三县，以属琼，以万安、富云、博辽隶崖州……天宝元年，改琼州为

---

① 阎根齐：《论海南古代文明的起源》，闫广林主编《海南历史文化》第2卷，社会科学文献出版社，2012，第36～37页。
② （宋）李焘：《续资治通鉴长编》卷一四八，中华书局，1995，第3578页。
③ 参见林漫宙《明代海南城、市考》，《中国边疆史地研究》2004年第3期。

琼山郡，置落屯县以属振。乾元元年复为琼州，废吉安县，置洛
场县以属儋。①

这说明在隋唐时期，汉族已经开始把屯昌部分地区纳入行政管辖范围。②
汉黎间的早期互动至少从这个时候就已经开始。如果我们将仪式——屯
昌地区的军坡节纳入考量，这种汉黎互动的时间或许可以提前到南朝陈
梁时期。海南军坡节由来已久，据民间传说，1400 多年前，巾帼将军冼
夫人统率大军抵达海南岛，来到一片三面环水、一面靠山的沙洲，即现
在的海口市新坡一带。冼夫人看到这里水草丰美、易守难攻，便驻扎下
来，经过数日操练和派兵侦查之后，举行了盛大的出军仪式，大军兵分
三路，前往各地平定乱贼，安抚百姓。后来，为了纪念冼夫人这次出征，
海南岛各地根据当年冼夫人统率的军队到达当地的时间，举行盛大的纪
念活动，模仿冼夫人的出军仪式（俗称"装军"），代代相传，逐渐形成
海南独特的军坡节。由于冼夫人最初驻军新坡镇梁沙村，当地村人供奉
她为地方神，称为"梁沙婆"，因此，新坡镇军坡又被称作"梁沙婆
期"。《隋书》、《北史》均为冼夫人立传，记录下冼夫人平定海南黎乱、
归附中央政权的过程，《隋书》载：

> 及宝（冯宝，冼夫人丈夫——引者注）卒，岭表大乱，夫人怀
> 集百越，数州晏然。至陈永定二年，其子仆年九岁，遣帅诸首领朝
> 于丹阳，起家拜阳春郡守。后广州刺史欧阳纥谋反，召仆至高安，
> 诱与为乱。仆遣使归告夫人，夫人曰："我为忠贞，经今两代，不
> 能惜汝辄负国家。"遂发兵拒境，帅百越酋长迎章昭达。内外逼之，
> 纥徒溃散。仆以夫人之功，封信都侯，加平越中郎将，转石龙
> 太守。③

---

① （清）明谊修，张岳崧纂《道光琼州府志》卷首《历代沿革表》，第 11～12 页。
② 据《新唐书·地理志》考，吉安县并非隋朝建立，而是唐"贞观元年析置"，考据详见林
　日举《隋朝在海南建置考略》，《海南大学学报》2002 年第 1 期。
③ （唐）魏徵等：《隋书》卷八〇《谯国夫人传》，中华书局，1973，第 1802 页。

根据阿斯曼的观点，文化记忆形成的关键性环节在于文本和仪式的经典化。所谓经典化，就是普通的文本和仪式，经过具有权威性的机构或人士的整理之后，被确定为典范的过程。经典化后的文本和仪式，一般不允许随意修改，其阐释权掌握在文化的最高统治阶层的手中，对外则显示出某种神圣性。① 如今屯昌各处的军坡节，应当也是这一历史记忆的孑遗。在军坡节上，汉、黎两族的英雄共同享有祭祀，汉黎族群借由民俗活动从战争走向融通。冼夫人这一能指符号从"平乱英雄"到"地方神祇"，因而获得双重语义，体现出族群互动中冲突与融合的两个维度。

黎汉互动的另一种可见形式，是政府或者士人对黎族人民的教化。

历代统治者都或多或少重视对边疆少数民族进行儒家礼法教化，他们宣讲封建道义以期边民履行贡赋、徭役等封建义务，做天子的顺民。如东汉永平十八年（公元 75 年），交趾刺史尹僮初至崖州时，即"劝谕其民毋镂面颊，以自别于峒俚，雕题之习自是日复"。②

唐代以前的海南，"学校之政未立，造士之方多阙，虽有魁奇忠信之质，亦皆沦胥于夷，无以自见"。③ 而由唐至宋，海南成为"古时流放地"，唐代宰相韦执谊、李德裕，户部尚书吴贤秀，宋代宰相卢多逊、丁谓，兵部侍郎王居正，抗金名臣李纲、赵鼎、李光、胡铨以及一代宗师苏轼等人相继遭贬海南。大批谪琼文人对海南的文教事业、书院教育的兴起做出了不可磨灭的贡献，其影响文教的方式分两种，一为耳提面命式的教化；二为身体力行式的过化。

首开海南文教事业先河的是唐初文人王义方。王义方因政治牵连遭贬儋州吉安县丞。当时的吉安"介蛮夷，梗悍不驯"，王义方抵琼后"召首领，稍选生徒，为开陈经书，行释奠礼，清歌吹籥，登降跪立，

---

① 〔德〕阿莱达·阿斯曼、扬·阿斯曼：《昨日重现——媒介与社会记忆》，冯亚琳、〔德〕阿斯特莉特·埃尔主编《文化记忆理论读本》，余传玲等译，北京大学出版社，2012，第 20~42 页。

② （清）明谊修，张岳崧撰《道光琼州府志》卷二九《官师志》，第 1325 页。

③ （明）钟芳：《琼州府学科目题名记》《钟筠溪集》上，海南出版社，2006，第 151 页。

人人悦顺。"① 从屯昌境内发掘出的吉安古城遗址来看，王义方所在的吉安县也包括今天屯昌县境的大部分地区。可见，王义方推行的儒教事业对当时屯昌地区的黎民也有一定的影响。

诸人之中，对海南风俗影响最深的当属苏轼，"儋耳为汉武帝元鼎六年置郡。阅汉魏六朝至唐及五代，文化未开。北宋苏文忠公来琼，居儋四年，以诗书礼乐之教转移其风俗，变化其人心"。② 同样，屯昌地区也受到了苏轼的影响。屯昌县南部的木色风景区和琼中县的交界处，有一脉山岭被当地人称为东坡岭，传闻此岭与北宋流放海南的苏轼有极大渊源，《光绪定安县志》卷八《艺文志》记道：

> （石刻在黎婺山，今陷入山蛮，不能寻觅。今查访得此诗，一在岭门东坡岭上，咸丰二年光螺图廪生吴凤栖以砂丹朱之，系邓将军平黎复刊公诗。别有和韵二首，见下金石部。与黎母山为二处矣。）
>
> 黎婺山头白玉簪，古来人物盛江南。春蚕食叶人千万，秋鹗凌云士十三。去日黄花香袖满，归时绿柳映袍蓝。荒山留与诸君破，始信东坡不妄谈。③

在早期的黎汉互动过程中，屯昌地区的黎族不断受到汉族文化的影响，这对后来熟黎文化的产生起到了重大作用。

元明以前的屯昌文化以黎族土著文化为主，该文化属于早期的新石器时代。屯昌先民主要生活在海拔不高但有一定坡度的台地（山坡）地区，并且周围有大面积的湿地存在，屯昌先民的生产力发展水平与同一时期海南其他地方相比还处于相对较低的层次，以渔猎为主，并逐渐向定居的农耕生活转型。早期的自然分工虽已产生，但还很不完善，通过对军坡节等民俗仪式的追溯，汉黎间最早接触互动虽可以上推至梁陈时

---

① （宋）欧阳修、宋祁：《新唐书》卷一一二《王义方传》，中华书局，1975，第4160页。

② （民国）王国宪：《重修〈儋县志〉叙》，引自（民国）彭元藻、曾友文主修，王国宪总纂《民国儋县志》，海南出版社，2004，第5页。

③ （清）吴应廉修，王映斗纂《光绪定安县志》卷八《艺文志》，海南出版社，2004，第661页。

期，但直至隋唐汉黎之间的交流互动仍然是十分有限的。

附：屯昌县各镇军坡节时间一览

时间	地点
正月初十	新兴镇蕴沃村
正月十六	西昌镇更丰村
二月初九	西昌镇仁教村
二月初十	西昌镇、坡心镇南凯村、屯昌镇加茅村、屯城镇奇石村
二月十一	屯城镇竹头塘村、南吕镇
二月十二	兴诗村、坡心镇高朗村
二月十三	枫木镇、下屯镇
二月十四	南坤镇黄岭老市
二月十五	南坤镇、坡心镇白石村
二月十六	新兴镇岭前村、南吕镇东岭村、屯城镇水口村
二月十七	坡心镇鹿寨村、屯城镇长袋村
二月十八	南吕镇郭石村、新兴镇、坡心镇加买村
二月十九	南吕镇落根村
二月二十五	屯城镇
二月二十七	藤寨镇周朝村

资料来源：文坛、陈昱钰：《海南军坡节对海南旅游的功能研究》，《文学教育》2012 年第 10 期。另根据实地调研、居民口述略作调整。

第二章 | 他者与土著
——元明时期的屯昌地区

  1278 年，元政府经略海南，在先后长达九十年的时间里，弹压多于招抚。洪武三年（1370），明军挥师南下，海南岛复归汉族政权的统治之下，海南发展进入历史鼎盛时期。首先，海南岛的归属由广西划归广东，这一举措有意无意地将海南岛的民族问题和西南民族问题划清界限，将其独立出来而非混为一谈；进而，海南由州升府，下辖三州（儋、崖、万）十三县（琼山、文昌、澄迈、乐会、会同、临高、定安、万宁、宜伦、陵水、宁远、昌化、感恩），① 可见明政府的重视程度。其次，明政府在民族政策上采取怀柔政策，"土流并用"，促进了黎族族群向中央王朝的靠拢。再次，海南一岛的文教事业，至有明一代而大盛。洪武二年（1369）朱元璋下旨，各府、州、县均要设立学校，其后，朱明政府补充规定："以后土官应袭子弟，悉令入学，渐染风化，以格顽冥。如不入学者，不准承袭。"② 据学者统计，终明一代，海南岛共培养出进士 64 名（共计进士 110 名，其中宋 15 人，清 31 人）。③ 与此同时，海南岛内掀起了新一波中原移民热，汉族开发从环岛沿江河向中部推进，一则刺激了社会分工的扩大，二则带动了对黎贸易的发展，民族融合在

---

  ① 万宁、宜伦、宁远三县于正统四年（1439）分别并入万州、儋州、崖州。
  ② （清）张廷玉等：《明史》卷三一〇《湖广土司》，中华书局，1974，第 7997 页。
  ③ 朱东根：《海南历代进士研究》，海南出版社、南方出版社，2008，第 30 页。

对立与依赖中不断加强。

由于汉族的内迁,明代的屯昌地区呈现出以"熟黎文化"为代表的"中介文化"。政治上,由于屯昌地区抵扼黎区咽喉,明政府曾大量派兵驻守此处,显示中央政府对屯昌地区的重视程度。屯昌地区的熟黎既接受明政府户籍(黄册)与地籍(鱼鳞册)制度的管理,编入都图,随产纳税;同时,熟黎又保持自己相对自主的"峒"组织形式,峒公或亩头拥有的感召力远远大于汉族政府。经济上,熟黎以"自给自足"的农耕方式为主,虽说已受到汉族先进的耕作工具影响,但得天独厚的气候环境和土地优势,熟黎族群中常常出现"惰耕"的现象;屯昌地区的商品经济也在这一时期有所起步,屯昌熟黎利用有利的交通枢纽位置从事汉黎间的转手贸易,为清代熟黎的最终汉化提供契机。文化上,熟黎保持着自身的文化认同,虽然他们已经得到汉化,穿汉服、说汉语,成为黎族内部文化的先行者,但是他们又没有完全地进入汉族文化圈中,仍然保持自身特有的文化认同。

明代屯昌的发展史归根结底是一部汉族移民发展史。明代移民的原因、概况和具体内容是本章叙述的重心。

第一节　汉族大迁移

人类的迁徙和动物的迁移从根本上来说都是为了改善居住环境而改变居住地点,移民现象甚至比人类社会本身还要古老。从移民的促因来看,又可进一步分为个体自发性移民和国家组织性移民两大类。前者多为个体行为,而后者则多为集体行为。

一　屯昌汉族移民概况

汉族人移民屯昌自有明一代而大盛。在唐宋以前,屯昌一直是黎族聚居之地,宋元以来,才间有汉人迁入,迁入的方式则是多元的,组织的、自发的，兼而有之。

组织式移民多为军事移民，其中又以屯垦戍边为主。按《广东省志·地名志》的说法，屯昌县因治所屯昌镇而得名；而屯昌镇"古为屯兵之地，称屯昌村，后发展为圩镇"，[1] 因名。屯昌地区处于琼北台地进入五指山区的咽喉地带，是古代军队进入黎区的最后补给点，清末张之洞平定黎族叛乱时就曾电令主帅冯子材驻军屯昌，居中调度，可见其重要性：

> 养电欲赴万州督剿，极佩忠勇。惟万州距郡城远，距西路尤远，各军难于禀承，省信亦较迂缓。大帅居中调度，似不必为一廖匪跋涉崎岖也。电线已饬接至万，线未造成以前，军报迟滞，诸多不便。可否俟线成再往，或驻屯昌或驻嘉绩等处，请酌示。再，万州水土何如？并速示。宥。[2]

> 万州线成尚早，军报不便，请速派夫设站，自大营至屯昌止，限日行二百里，经费另支，线成后即撤。沃。[3]

中央政府在海南驻兵屯垦，或见于宋，始盛于元。据《元史》卷九二《百官志》"黎兵万户府"条载：

> 元统二年十月，湖广行省咨："海南僻在极边，南接占城，西邻交趾，环海四千余里，中盘百洞，黎、獠杂居，宜立万户府以镇之。"中书省奏准，依广西屯田万户府例，置黎兵万户府。万户三员，正三品。千户所一十三处，正五品。每所领百户所八处，正七品。[4]

---

① 广东省地方史志编纂委员会编《广东省志·地名志》，广东人民出版社，1999，第465页。

② （清）张之洞：《致屯昌冯督办（光绪十二年十月二十六日发）》，苑书义等编《张之洞全集》卷一七五《电牍六》，河北人民出版社，1998，第5150页。

③ （清）张之洞：《致屯昌冯督办（光绪十二年十一月初二日发）》，苑书义等编《张之洞全集》卷一七五《电牍六》，第5153页。

④ （明）宋濂等：《元史》卷九二《百官志》，中华书局，1976，第2341页。

又,《正德琼台志》卷二〇《兵防下》载:

> 元至元二十八年,阔里吉思平黎,议佥土民为黎兵,用则为兵,散则为民。立五原、仁政、遵化、义丰、潭榄、文昌、奉化、会同、临高、澄迈、永兴、乐会十二翼,各立千百户所,隶万户府管领。大德二年,罢府,拨隶军民安抚司。(按:丁亥,陈仲达、谢有奎以黎兵千七百余人助征交趾,至是年又以民兵一万四千益官军征黎,则自宋旧有黎兵可知。)至元统二年,省奏复置黎兵万户府,增万安翼为十三所,万、千、百户兼用土人。至是冗滥,民甚苦之。本道宪闲以蚕食扰害言于朝,诏革罢,以兵还民。时黎官子侄有营充长官者,乡士陈舜道俱复言革罢。后盗乱,土人复以长官名职胁民从寇。(出《方舆志·兵卫》)①

对海南屯兵时间的确切记载,正史与方志间虽略有出入,但大抵不出宋元时期。这次的驻军是否已经进入屯昌地区,我们不得而知。据《屯昌县军事志》所记,屯昌驻军"始于1502年(明弘治十五年),千户王升领兵200名驻扎屯昌镇"。② 然而,笔者考察海南方志,现存文献关于屯昌驻军的最早记载应始于明永乐二年(1404),只不过之后由于诸多原因裁废于正统二年(1437):

> 永乐二年,立三屯,曰南流,曰清宁,曰石峡,属海南卫。每军征米十二石上仓。正统丁巳,革去石峡一屯,拨田归民,照民田起科。(后承田者每混作官田,以避差徭。)其南流、清宁拨户二员管耕,每军照出本色细粮六石,纳入广丰仓。(粮一石折银三钱一分五厘。)③

文中所记的石峡屯,④ 今属屯昌县新兴镇,这是现存文献可稽关于

---

① (明)唐胄:《正德琼台志》卷二〇《兵防下》,第453页。
② 屯昌县军事志编纂委员会编《屯昌县军事志(1948—2005)》,郑州方志印务有限公司,2010,第99页。
③ (清)吴应廉修,王映斗纂《光绪定安县志》卷三《政经志》,第293页。
④ 石峡屯,又作石硖屯,"硖"为"峡"的俗写,本书统作"石峡"。

中央政府组织性移民屯昌地区的最早时间。石峡屯在短短 33 年后即被革除，影响并不深远。而屯昌地区真正意义上的屯兵，实际上应该在明弘治十五年（1502）：

> 永乐初，设土舍四所，共辖黎兵二百名。遇有调拨，随征进，专为前锋。无事则派守各营，听候营官调度。
>
> 弘治十五年，佥事方良永委千户王升领军余民壮，于本县黎村哨守，随带旗军防护。①

从历代中央政府对海南的统治来看，由唐至元，甚至明朝初年，开发海南的思路都偏狭于沿海港口城市，仅仅将其视作"海上丝绸之路"甲板，设立机构少之又少，形成了"熟黎之地，始是州县，大抵四郡各占岛之一陲。其中黎地不可得，亦无路可通"的状态。② 而明代对海南的行政管理，所谓三州十县的"环岛建设"，其实也是沿袭此前诸朝"临海开发区"。正如论者所议：

> 如果说在此之前，随中原王朝对海南岛统治的不断加强与完善，随汉族移民入岛后带来大量的封建文化而使岛上的黎族地区逐渐进入封建社会的话，也仅限于沿海平原和山区外围地区。③

同样，正统二年的那次裁革军屯，也并非屯昌石峡屯一处，当时规定，每所都革除一处军屯还之民众，这道指令实则是回撤兵力：

> 二年，每所各革一屯还民。（左所石峡，右曾家，中石柱，前龙岩，后平峰，儋大村，崖桑高、那亮，昌化石澜，清澜买寮，南山，凡十一处，拨归有

① （清）吴应廉修，王映斗纂《光绪定安县志》卷三《政经志》，第 294 页。
② （宋）范成大著，齐治平校补《桂海虞衡志校补》，广西民族出版社，1984，第 59 页。
③ 纪宗安：《古代移民和海南的早期开发》，《暨南学报》1990 年第 4 期。

司，止令二百户全伍开耕，专委指挥一员管督。）①

唐胄《正德琼台志》曾对前代轻视屯兵海南的原因，做过贴切的论述：

> 屯田本古人耕守之良法，然吾郡独累病于难行者有五焉。元贞元之惧瘴疠，还半军而并之招募，一也。大德尽归之民，而领于安抚，二也。至顺苦土人之冗滥，罢府以还其兵，三也。国初，桑昭以临逼黎、海，请准不立，四也。宣德之急城守，归各屯于有司，五也。②

事实上，各朝统治者对屯兵海南的态度更贴近于一种利弊权衡的博弈，而上述诸多原因只是在为"弊"的一端加码而已。归根到底，历代统治者对海南内陆资源的认识不够，没有需要；同时，还需同时应对黎乱和海寇的威胁，属于"高风险投资"，没有必要。因此，按统治者的想法，只要掌握沿海港口城市的绝对统治权，对海南的投资将会收获最大化效益，这也是历代弃崖之议的最佳解释。自贾捐之《弃朱崖论》而始，中国士大夫对琼岛的态度多有排斥，这种"弃崖论"的思维惯性直至清朝犹在变相发生，张岳崧《抚御琼黎论》谈及："夫黎地弹丸险阻，得其地不足为利，得其人不可为民，唯议安抚之策，严守御之方，令相安无事，足矣。"③

相对来说，最早向屯昌地区的自发性移民，据现有家谱所记发生于元代元统年间，为唐代户部尚书吴秀贤的后裔："贤秀公后裔天利公（二十五世）于元统年间从琼山移居现新兴镇光头坡；天和公从琼山移居现屯郊乡的大东村。武宗年间，福源公从琼山移居坡心乡的高

---

① （明）蔡光前等纂修《万历琼州府志》卷七《兵防志》，第352页。
② （明）唐胄：《正德琼台志》卷二〇《兵防下》，第450页。
③ （清）张岳崧：《抚御琼黎论》，《筠心堂集》，海南出版社，2006，第185页。

朗村。"①

　　和整个海南地区的汉族移民史相比，屯昌移民的发生无疑是迟滞的。至少在两汉伏波平黎乱以来，便有一批占籍落户的汉族兵官、商人、自耕农移民海南。进而自元代置"黎兵万户府"以降，整个海南岛都张扬着一股"屯垦"风气。那么问题是，为何因"屯"为名的屯昌会在明初屯兵驻守，旋即又废？为何至明代中叶又见屯兵？"弘治十五年"这一标志性符号在大时代语境中又承担着何种特殊语义？按唐胄《正德琼台志》卷四《气候》引《旧志》曰："水土无他恶，惟黎峒中有瘴气，乡人入其地，即成寒热，重者或黄肿，经年乃愈，谓之黎病。"② 出自何种原因，促使琼崖汉人甘忍"黎病"威胁而大举内迁，迁移的结果又如何，造成了何种影响？上述种种问题，都将在有明一代汉与黎、他者与土著关系的论述中一一展开。

二　动乱后的组织性移民

　　弘治十五年（1502）濒近"弘治中兴"的尾声，综观整个弘治一朝，可用"折扣的小康"来概括。说它"小康"，是因为孝宗皇帝确实"眷念民瘼"，大力革除前朝积弊，使"土木之变"以来的紧张格局稍事缓解。说它是"折扣"，是因为所谓的"中兴"既短暂又压抑：弘治一朝凡经短短十八年，继之是暴戾的正德皇帝，故而短暂；弘治朝灾祸不断，居明朝之前，北方又接连战祸，所以"压抑"。一如论者所议，弘治帝并非为雄才大略之主，许多旧弊并未革除，比如海南地方官员的监察机制：

　　　　监察机制的缺失，官员是否能够尽职尽责，完全取决于自身素质和道德修养，似乎也不可能。明代海南监察机构的设置，因一水之遥而显得缓慢。作为中央都察院广东道监察御史出巡海南官署和

---

① 屯昌县地方志编纂委员会编《屯昌县志》，第 143 页。
② （明）唐胄：《正德琼台志》卷四《气候》，第 75 页。

驻节之所的"海口公馆",至迟在成化年间（1465～1487）才正式出现于史籍,而正式建立"察院"则是万历乙卯年（1615）之事。①

弘治十四年（1501）,有明一代影响最大的儋州七方峒黎族首领符南蛇起义,在"中兴"的时代爆发,引爆起义的导火索正是海南松懈的监察制度下的地方性苛政:

> 为遵旧制以安地方事,照得洪武永乐年间,本处地方俱系土舍管束,熟黎纳粮不当差,专令防守地方,以固藩篱,生黎不得生事,以此百姓安业,地方宁靖。后来在官不守法度,尽将革除,所有熟黎俱归版籍粮差,固一时拯救之法。奈何法久弊生,官吏贪酷,里老侵渔,土舍剥削,豪势军民之家贪置黎业,百计侵谋,以致熟黎失所,逃入生黎,日积月盛,藩篱敝毁;又有逃军、逃民、逃囚入黎煽惑为恶,酿成符南蛇之祸。②

符南蛇起义之初,黎人"刻箭传递,三州十县诸黎峒各皆领箭,闻风响应"。黎族义军利用地理优势,奋力反击镇压起义的地方官兵,大获全胜,并击杀了平乱的都指挥湛铖、参议刘信。这次起义震惊朝野,弘治十五年,明朝廷急调征徭将军毛锐率官军及狼土兵十万至琼,最终暴力平乱。可以说,整个弘治十五年是海南的"动乱年",所以佥事方良永委千户王升③领军余民壮哨守黎村的发生有着特殊的历史背景。

史料记载,黎族之所以能够击溃明军是依靠于地形地势,并非胆识计谋。所以,毛锐采取的平乱方略也是据守交通要道,切断黎族各部族的交通策应和补给,从而一举平乱:

---

① 张朔人:《明代海南文化研究》,第110～111页。
② （明）王佐:《进〈朱崖录〉奏》,《鸡肋集》卷四,海南出版社,2004,第114～115页。
③ 王升为中所正千户,"合肥籍,伯祖志。洪武十七年,由府军左卫左所副千户调。世袭曰勋善政、曰玹、珵、彪,今升。以征符南蛇功,于弘治十五年升今职"。引自（明）唐胄《正德琼台志》卷一九《兵防中》,第427页。

新场、海田、头豪，贼之北门，中坚所在，参将马澄当之；蓬墟、抱寺，贼右臂，援党所聚，都指挥钱璋将左军当之。落基、落窑，贼左臂，援党所由，指挥周远守昌化、镇州，扼其冲，都指挥张铎守安海水路，防其逸。知府石壁、同知邓概遏高、澄、琼、定四邑外应之寇。①

不管王升率领的这支部队，"黎村哨守"是否在这次平黎乱的军事行动之内，其核心的军事思想都是切断黎族内部交通。"黎村哨守"也可看出统治者屯兵策略的功能性转变。以前的屯兵点往往选择在贴近州县治所的交通要道上，其一是作为防御工事，守备州县；其二是有勘定地界的性质，具有"黎黎汉汉"的防备心态。

除了王升领军余民壮"黎村哨守"外，这一次的驻军同时施行另一套方案，即各营旗军听候营官调度。这里涉及三个概念"军余"、"民壮"、"旗军"。大致来说，明代的军事力量可分为"军兵"与"民兵"两大部分。"民壮"是明代民兵的主要组成部分，"旗军"则是明代卫所制度下的正规职业军人。军户户出一丁，赴预先指定的卫所去当兵，多由长子充当卫所军队的士卒，称为"正军"；军户其余家庭成员如次子、三子等，称为"贴军"，或"军余"和"余丁"。旗军在营里负责两种工作：一是防御操备，称为操守旗军；二是屯田，称为屯种旗军。这种旗军制度在明代有一个特点——世袭，每当编造黄册的时候，军户与民户要分别列册，军户入军黄册，民户入民黄册，向上报送军户是世袭的，一人充军，世代相承，永远不能脱籍。正军死亡，余丁顶补；全家死亡，使从原籍勾族人顶充。所以，卫所制度在确立之初就必须考虑自身的延继性，方法有二：一是屯田，以保障军人生计；二是以家庭为单位，把妻、子等家属迁于卫所合聚，以保证军籍延绵。这是有妻有子的情况，在无妻无子的情况下，则大多采用就地联姻的方式，这在客观上促进了黎汉联姻的发展。从历史上看，这一类似"和亲"的行为，无疑是"化

① （明）郭棐纂修《万历广东通志·琼州府》外志，海南出版社，2004，第217页。

解"民族矛盾最有效的方式之一。所以说，此次屯军黎村，因军事而起，目的是为了哨守黎村，而由体制带来的联姻行为，使得这次军事行动得到最大化收益。

此外，"寓军于民"、耕战结合的屯兵制度，其直接效果是减轻了政府和当地群众的军粮负担，同时也为财政带来巨额的赋税收入：

> 海南卫内外十一千户所屯田（凡二十二处，督屯百户二十二员伍正外，旗军二千四百九十七名。每名每岁种二石，种田二十亩，获米该一十八石。内除十二石准其岁粮，以余六石纳官。共田四百九十六顷四十亩，该纳细粮共一万四千九百八十二石）。①

当然，有限资源的优化利用也是屯田政策的缺陷所在。屯田政策的发生是基于当时特殊的语境，元末明初，长年战乱导致两大结果：一是土地荒芜、人丁稀缺、农事不举；二则新旧势力重新冠名土地的所有权，这时的资源相对来说是"充裕"的。而经过了百余年的垦殖，荒地已所剩无几，潜在的资源短缺暴露，势必会出现兼并耕田、侵占民田等一系列的现象。这次符南蛇之乱，也是由于当地豪强"贪置黎业，百计侵谋，以致熟黎失所，逃入生黎"而引发的。所以说，屯军并不是一个百利无一害的军政手段，甚至可以说屯田从一开始就潜伏着病根。当然，黎汉通婚成了军事移民与土著居民交往的重要形式，其作为协调机制在一定程度上缓和了黎汉之间的紧张关系。

三　岛内的自发性移民

厘清军事组织性移民后，我们将视野转到自发性移民。明代中叶，经过汉族百余年对海南岛的开发，屯军一事再一次提上议程，这一军事提案终于在符南蛇之乱后正式落实。那么，在此期间屯昌地区发生了怎

---

① （明）唐胄：《正德琼台志》卷二〇《兵防下》，第448页。

样的变化？这与汉族的自发性移民有着直接的关系。

整个海南岛内的移民路线，或可描述为"向心"式移民。在黎汉的互动过程中，强弱对话使得黎族失去对沿海城市的主导权，并开始向海南岛中心的五指山区"退守"。而沿海地区开发的过度饱和，使得汉族边界向中部山区扩展延伸，进而与黎族杂居混合，迟至宋代，便已出现间隔在黎族文化圈与汉族文化圈中所谓的"熟黎文化圈"。而从当时的开发程度来看，屯昌大部分地区还属于"生黎"地带，而随着汉族的扩张、海南岛开发不断向中部推进，至有明一代屯昌地区已经大部分成了熟黎地带。

据《屯昌县志》统计，明初屯昌区域内仅有六七十个姓氏，黎族居多，而明清汉人大量移居屯昌，姓氏增加到130多个，增加了一倍。汉族自发性移民屯昌地区，大致有三支。

第一支是从著姓占籍的军户繁衍而来的氏族，这是伴随军事组织性移民而来的家族迁徙，其中最典型的是海氏家族。海瑞门生梁云龙撰写的《海忠介公行状》记述道：

> 公讳瑞，字汝贤，其上世以来未详。在国初以军功世广州卫指挥某者，隶籍番禺令，为番禺人。洪武十六年，答儿从军海南，着姓于琼，遂为琼山人，不再传而族氏蕃衍。明经纷起，有讳宽者，以经行闻，领乡荐，知闽中县事，即公大父也。[1]

从收集到的海氏家族族谱上看，海氏渡琼始祖海答儿确实在明初从军海南，根据其墓葬位置，海氏家族的军籍极有可能落在左所的石峡屯："始祖海答儿。始祖原籍番禺，洪武七年，从军海南，立籍海口。二生四男，绝两房今分二支。葬在定安积善图石硖岭脚，离琼城一百七十余里，有碑。"[2]

依照当时所推行的军户制度，卫所以家庭为单位，将屯田军人的妻、

① （明）梁云龙：《海忠介公行状》，《梁中丞集》，海南出版社，2004，第 34 页。
② 《海氏答儿公族谱》，海南大学周伟民、唐玲玲私藏。

子等家属迁于卫所合聚，所以，海氏家族在屯昌地区北部的石峡岭处繁
衍开来，也是因军户制度而起。而后正统二年（1437），中央政府明令
革除石峡屯，原有军田"拨田归民，照民田起科"，从军户中派生出的
家族，自然成为这片土地的第一继承人，如海答儿家族。因海南屯田制
度的解体，海氏家族便陆续迁至琼州府城西门外的海宅塘村居住，并落
籍琼山。起初，海氏家族田地较少，经"任其开垦"，一直到五世海瑞
时期，见诸记载的有西排坡冲、西排塘冲顶、西排坡后山施头、西排后
田、西排坡塘冲顶、凤脚冲田、西排塘冲等共七处之多，都是迁琼海氏
家族的田产。《海氏答儿公族谱·封赠名次》卷之一中载：

> 五世祖忠介公置产，在定邑积善图右峡岭西排坡等处庄田拾丁，
> 并置坡岭田，土名开列于后：一土名西排坡冲，中间田二十二坵，
> 高田贰坵并田壹截；一土名西排塘冲顶，置下田肆拾捌坵相连，共
> 插秧五千六百五十把；一土名西排坡后山施头田柒坵，又并西排后
> 田贰坵相连，共插秧五百把；一土名西排坡塘冲顶，秧地贰坵柒斗；
> 一土名凤脚冲田肆拾玖坵，并中间大坵田贰坵，共插秧壹仟柒百把；
> 一土名西排塘冲顶，秧地贰坵下种柒斗，又并秧地贰拾贰坵，下种
> 一石；一土名西排塘冲，秧地一截，下种贰斗，又并石峡屯秧地下
> 种贰斗……一土名西排坡田置坡东直至陈家界，南直至胡家界……
> 均定邑积善图七甲处海忠介名下□纳，此庄田系忠介公放合族，以
> 为合族子孙大宗小宗八支轮流通管，拜扫始祖答儿公，并四世祖瀚
> 公填荣之资，日后合族子孙不论何支俱不得偷典解卖肥己。①

第二支是汉族的逃民，"黎，海南四郡岛上蛮也……熟黎贪狡，湖广、
福建之奸民亡命杂焉，侵轶省界，常为四郡患"。② 以及逃囚和破产商人：
"省民之负罪者，多逋逃归之……闽商值风飘荡，赍货陷没，多入黎地耕

---

① 《海氏答儿公族谱》，海南大学周伟民、唐玲玲私藏。
② （宋）范成大著，齐治平校补《桂海虞衡志校补》，第58~60页。

种之。"① 这类移民混入黎村，成为"黎化"的汉人，构成熟黎的重要构成部分。可以说，中央政府对这类"黎化"汉人是极不待见的，往往把历来的黎乱归罪于这类熟黎的挑唆，甚至使用"奸民"等政治贬义词指称这一社会阶层。事实上，除了破产商人外，这类人可以概称为"政治难民"，他们寓居屯昌地区的原因也围绕"避难"二字展开。虽然屯昌地区在明代已经籍入"鱼鳞"、"黄册"，向朝廷贡赋，但是政府行政力度较为薄弱，主要依靠当地土官自主管理；再加上五指山区生黎地带过于偏僻，开发滞后，所以相对来说，屯昌一带是个绝佳的"政治避难所"。

第三支汉族移民为世家大族的移民。时间始于元末明初，而至成化朝（1465～1487）为大盛，一直到崇祯年间（1628～1644），仍时有移民现象的发生，《屯昌县志》曾对屯昌地区的几支大姓的移民史略有统计（见表2－1）。

表2－1 屯昌县五大姓氏移民

迁琼始祖	时间	迁入（出）地	后裔	时间	迁入地
林裕	唐	琼山县	林所	康熙二十二年	藤寨乡正面坡
李德裕	唐	琼山迈盈村	后人	康熙三十年	南吕藤吊井村
吴贤秀	唐	琼山	吴天利	元统间	新兴镇光头坡
			吴天和	元统间	屯郊乡大东村
			吴福源	武宗间	坡心乡高朗村
王居正	北宋	琼山	王舜钦	明末	藤寨乡周朝村
			四世后裔	成化间	新兴镇南岐村
林荣、林奇县	宋	琼山	后人	康熙间	南吕、枫木
陈豪	宋	琼山	后裔	明末	屯昌
			陈如	成化间	山头村
			陈贵	崇祯间	西昌乡石岭村
王谭震	元末	琼山	后裔	万历间	南吕镇山寮村

资料来源：屯昌县地方志编纂委员会编《屯昌县志》，第142～143页。

---

① （宋）赵汝适：《诸蕃志》卷下，第43页。

表 2－1 中至少反映出三点信息：第一，移民的性质属于二次迁移，和前两支直接移民本地不同，它是渐进式的；第二，移民的数量大但规模小，它不是举族搬迁，而是家族中的某支或数支迁徙；第三，从迁徙的路线上看，主要是从琼山等沿海州县迁移到屯昌黎村，并且没有表现出进一步迁移的趋势。由此看来，生产扩张是这支移民迁入屯昌地区的最主要原因。从明初政府接管海南以来，大陆移民潮达到了第二次巅峰，经过近百年的发展，沿海城市的开发已经透支。相较而言，无论生黎抑或熟黎，他们所占据的地区土地肥沃，加之其自身生产方式落后，对于靠天吃饭的农民而言，这确实是极大的诱惑。

不可忽视的是，这里还存在一个潜在的触发因素，就是沿海地区海乱的猖獗。终明一代，海南岛的倭寇、海盗劫掠不止。据统计：

> 自洪武五年（1372）至嘉靖三十年（1551）之前近 180 年的时间内，共发生倭寇、番贼、海寇、海盗祸琼事件 42 起（除去洪武二十年的重复计算）。其中，洪武年间是倭寇入侵最为频繁的时期……自嘉靖三十一年至万历元年（1573）澳党李茂招安的 20 年时间，尤其在嘉靖四十五年至隆庆六年的七年时间为最，一年数起的频率，东西南北多处发动，且有连片趋势。该时段内最大的特点是倭寇与海寇相互勾结、互为援引。[1]

伴随着这三支汉族人群自发性迁移，特别是后两支直接迁移至黎族村落当中，带去了先进的生产工具和大量劳动力，使得屯昌地域的耕地资源得到充分开发。正如韩俊所说：

> 各峒地方，内若险阻而实平坦，土地之美，物产之丰，各县三分不能及一。国初所以不立州县屯所者，盖其时黎民鲜少，土地荒芜，山岚瘴气犹未消灭故也。方今生齿众多，土地垦辟，山岚瘴气

---

① 张朔人：《明代海南文化研究》，第 493 页。

已消灭八九。①

移民带来的结果也并非尽如人意，民族融合势必伴随冲突和碰撞。虽然现存文献资料并没有关于屯昌地区民间性冲突的直接记载，但从成化年间这一节点看，可以找到黎汉关系恶化的相关佐证。据《明清〈实录〉中的海南》，黎人朝贡次数，成化间 0 次，弘治年间 2 次，弘治以后至崇祯朝均无黎人朝贡的记载。而成化以后，关于黎人反抗或叛乱的记载，日渐增多。在这种情况下，招抚已然成为口号，朝廷不得不认真对待黎乱问题。②

自永乐朝以来，中央统治者定下以"招抚"为主的治黎基调，到成化年间对黎族的叛乱直接采取武力震慑，已有了根本性的转变，而政治策略的转变实则根据民族关系的风向而来。

第二节　黎族的先行者
——熟黎

说完他者，再说土著。黎族是海南岛的第一批入住者，伴随历代的汉族移民，沿海州县开发饱和而扩张边界，不断压缩黎人生存空间，导致黎人族群呈现三级分化，即同化的编户，异化的熟黎，以及边缘化的生黎。

一　"熟黎"族群的生成

民族社会学者认为，一个族群"族群意识"的产生不是自为的，而是他者赋予的，是在"我"与"他者"的关系中建构的。同样，"熟黎"

---

① 引自乐史等编著《地理志·海南（六种）》，海南出版社，2006，第 512 页。
② 安华涛、唐启翠：《"治黎"与"黎治"——黎族政治文化研究》，上海大学出版社，2012，第 93 页。

一词最早是以一种"政治用语"的形态呈现,指称海南岛上已渐纳入封建统治的黎族族群。这种族群的圈定,则是伴随唐宋以来的汉族统治向海南中部推进而生成。

"熟黎"一词主要指称古代海南岛已经或正在"汉化"的黎族族群(也包括其他民族)。这种"汉化"表现在两个方面:一是文化生活意义上的"同化",所谓"黎人半能汉语,十百为群,变服入州县墟市,人莫辨焉。日将晚,或吹牛角为声,则纷纷集会,结队而归,始知其为黎也。"① 二是表现在社会组织意义上的"王化",即有限度地接受州县的管理,所谓"今儋崖、万安皆与黎为境,其服属州县者为熟黎,其居山洞无征徭者为生黎,时出与郡人互市"。②

首先,"熟黎"并非是一个具有严格的民族意义上的族群,更类似于一个多源群体联合而成的社团,与其说"熟黎"是一个民族社会学术语,还不如说这是"政治用语"。因为"生"与"熟"的区划并不是一个民族内部自发的意识,最早来自于汉族统治者的定义。大致从宋代起,封建统治者开始把少数民族分为生、熟两种,如论者所议:"历代封建统治者对待少数民族的族属往往分为生、熟两种,如生蛮、熟蛮,生僚,熟僚,生苗、熟苗,生瑶、熟瑶,生黎、熟黎,生回、熟回,生傈僳、熟傈僳,等等。有的是以少数民族的'归附'、'汉化'、'完纳赋税'的差别而区分民族的族属。"③

其次,"族群意识"是在社会交往中形成的"社会建构",而且这一过程表现为由他者定义到自我认同。费孝通先生曾经指出:"生活在一个共同社区之内的人,如果不和外界接触不会自觉地认同。民族是一个具有共同生活方式的人们共同体,必须和'非我族类'的外人接触才发生民族的认同,也就是所谓民族意识,所以有一个从自在到自觉的过程。"④ 此前的黎族人并不自称为"黎",其对外自称为"岱";黎族内

---

① (宋)周去非著,杨武泉校注《岭外代答校注》卷二《外国门上》,第71~72页。
② (元)脱脱等:《宋史》卷四九五《蛮夷三》,中华书局,1977,第14219页。
③ 黄光学:《中国的民族识别》,民族出版社,1995,第96页。
④ 费孝通:《中华民族的多元一体格局》,《北京大学学报》(哲学社会科学版)1989年第4期。

部各支系为了相互区别还有"侾"、"赛"、"杞"、"润"等自称。唐代开始，中原统治者开始以"俚（狸）"、"僚（獠）"、"黎"等词称呼海南岛上的土著民族。因此，只有当我们将"他者"作为一个比较维度，放置到熟黎族群生成的过程之中，才能理解熟黎族群的真正内核。

从文献记录上看，熟黎和州县的关系主要表现在纳粮贡差：

> 蛮去省地远，不供赋役者名生黎；耕作省地，供赋役者名熟黎。[①]
>
> 黎峒，唐故琼管之地，在大海南，距雷州泛海一日而至。其地有黎母山，黎人居焉……其服属州县者为熟黎，其居山峒无征徭者为生黎。[②]
>
> 其先本南、恩、藤、梧、高、化人，多王、符二姓，言语皆近彼处乡音，因从征至此，利其山水，迫掠土黎，深入荒僻，占食其地。长子育孙，人多从之，凡豪酋皆其种落，外连居民，慕化服役，因名熟黎。[③]

最后，与汉族州县地缘的近远也是划定"生黎"和"熟黎"的标准之一：

> 至其所谓生黎、熟黎，则系就距海之远近、交通之难易言之；大裳小裳、大鬃小鬃，系就其装饰之形式言之，非以此为区别也。[④]
>
> 去省地远者为生黎，近者为熟黎。各以所迩，隶于四军州。[⑤]

然而，地缘位置只能说是接受封建"王化"程度大小的原因，距离

---

① （宋）范成大著，齐治平校补《桂海虞衡志校补》，第 58 页。
② （元）马端临：《文献通考》卷三三一《四裔八》，中华书局，1986，第 2598 页。
③ （明）戴璟主修《广东通志初稿》卷三六《生黎》，广东省地方志办公室誊印，2003，第 587 页。
④ （民国）许崇灏：《琼崖志略》，正中书局，1947，第 58 页。
⑤ （宋）赵汝适：《诸蕃志》卷下，第 43 页。

近自然与汉族"同化"的程度深,封建政治的统治力度强。在此基础上,封建统治者还对熟黎群体进一步划分为三差黎与四差黎,其分化标准则同样按照距离州县的远近以及贡赋的多少:"黎有二种:五指山前居者为熟黎,山后为生黎。熟黎又分二种:与生黎近者为三差黎。与民近者四差黎,征赋稍稍加焉。"①

由此可以说,"熟黎"的概念是在汉族统治者话语体系中生成的。虽说宋代已经有了生、熟黎的划分,但不可否认汉族大规模向海南岛内陆移民发生在元明时期,因此,认为熟黎文化是元明时期屯昌地区的典型文化不无道理。

和已往的王朝相比,明朝政府对海南岛的开发以及治理都达到了历代之最。尤其是对熟黎地区的统治,一改元朝统治者的血腥弹压,而采用政治手段取代军事手段。从万历年间的《琼州府志》可以看出,到明代中叶,地方政府已经对黎区——至少是熟黎地区——各峒的布局有了相当程度的掌握:

> 琼山黎。东曰清水峒,今为东黎都。南曰南岐、南椰、南虚、环琅、居采岭、平沙湾、居碌、居林峒。南岐七峒,今为西黎都。惟沙湾三峒尚称生熟黎,叛服不常。(沙湾峒自平黎马屎后,向化当差。)
>
> 澄迈黎。南曰南黎,今为一都、二都,水土平善。西曰西黎,今为一都、终都,尚圉于风气,时出为害。……
>
> 定安黎。南曰南间峒(去县三百里),地夷旷,民乐居之,见充里甲。惟光螺(在县西南四百里)、思河(在县东南三百里)原系黎峒出没之冲,时为民患。②

不啻如此,各州县也将各自疆界上的熟黎地区划入版籍之内:

---

① (清)范端昂著,汤志岳注《粤中见闻》卷二〇《人部八》,广东高等教育出版社,1988,第236页。

② (明)蔡光前等纂修《万历琼州府志》卷八《海黎志》,第411页。

琼山　西南到本县西黎都岭平峒四百里。

澄迈　南跨黎峒，南至临高县南黎都一百一十里，西南到本县西黎都一百八十里。

定安　南跨黎峒，南至本县思河光螺峒三百里，西南到本县思河光螺峒三百里。①

古代舆图中所使用的"至"、"到"、"跨"等用语，具有不同的政治含义。"四至"通常指东、南、西、北四个方向所管辖的范围；而"八到"则囊括东南、西南、东北、西北等方位；"跨"则是指将区域内归化的熟黎纳入政府的管辖范围，但与熟黎相邻的生黎不受政府管理，也不必纳粮赋税。从表层上看，舆图至到反映出政府对屯昌地区的熟黎采取的是一种较为积极主动的行政管理手段；在深层结构中，政府管理的加强实际上是一种黎汉联系加强的结果，也是黎族人不断汉化的表现，同时，通过行政措施加深了汉黎族群间的密切关系。"熟黎"的概念正是在这种层层深化的政治统治过程中产生并固定的。

二　熟黎族群文化特征的双重认同

明代的屯昌地区是熟黎集中的中间地段，被称为"熟黎"的黎族人和其他三类熟黎——湖广、福建以及各州县的流民、破产的闽商、脱籍的军人——有个共同点，都是受排斥的人群。一方面，他们被政府定义为奸民，被汉人以"外族"眼光审视；另一方面，他们又不能完全融入黎族社会，长期与汉人政权保持"若即若离"的政治关系，又与黎族社团保持若有若无的血缘联系，既被编入政府户籍又相对保持自己的社会生活形态。因此，熟黎文化表现出对汉黎文化的双重认同。在海南岛上，汉黎族群的自我认同可以说是两种截然相反的文化认同，对这两种文化的"双重认同"实际上也可以看作是在践行一种双重否定，既不完全认

①　参见（明）唐胄：《正德琼台志》卷四《疆域》，第68～70页。

同汉文化，也不完全认同黎族文化，形成了熟黎族群独具特色的"非主流"文化。

首先是对语言的双重认同。社会语言学者强调，对某一语言的认同实际上是一种文化认同、社会认同的表现，正如小孩儿热衷于模仿自己偶像的言谈举止一样，语言的认同可以反映出一个民族的文化心理趋向。在熟黎族群，他们既有对汉语的认同，同时又保持对黎语的认同。

宋代范成大的《桂海虞衡志》之"志蛮"条载："熟黎能汉语，变服入州县圩市，日晚鸣角结队以归。"[1] 这可以说明两个问题：第一，熟黎族群的汉语水平是其族群认同的一个表现；第二，虽然熟黎对汉文化抱有极大的好感，然而熟黎也并非完全融入汉文化圈，相反，他们还保持自身的相对独立性，上述材料中谈到他们"变服入州县墟市"，并且鸣角、结队而归，熟黎还是把自己排斥于汉族之外，保留自我社团的标记：服装以及鸣角为号。这也是一种自我认同、心理归属的表现。

和熟黎相比，生黎却多半不会使用汉语，清人王士俊曾撰文记录雍正七年（1729）琼州府发生的轶事："忽有数百人，着五色贝吉，花缦缠首，骈肩跪拜，译之乃生黎慕圣化祝圣寿者。"[2] 生黎不会使用汉语，而熟黎"半能汉语"，并且在换了服装后"人莫辨焉"。语言汉语的使用除了地理因素影响语言环境以外，也体现出生黎和熟黎两者对汉语的不同态度。

其实，熟黎族群在语言上并没有被汉族完全同化，相反，他们始终保持着自己对黎族语言的使用。并且，他们凭借对"汉语"和"黎语"的双语能力，在早期汉黎民族贸易之中起到了重要的作用："黎人资食于田，取馔于山。其富视牛之多寡，不以金银为宝，唯外客贩赍绒线布匹入黎，男妇争以香藤等物彼此交易，广潮黠民常因此致富云。不惜香藤不惜牛，广纱潮布换来收。熟黎渐觉衣冠美，好上钱粮入县州。"[3] 直

① （宋）范成大著，齐治平校补《桂海虞衡志校补》，第58页。
② （清）王士俊：《琼州生黎向化记》，引自（清）郝玉麟等总裁《雍正广东通志·琼州府》，海南出版社，2006，第333页。
③ 符桂花编《清代黎族风俗图（汉英对照）》，海南出版社，2007，第188页。

至民国时期，胡传游历海南岛黎峒时，仍然需要聘请当地人做"向导"，"自南丰入黎地必改雇黎夫"。①

　　其次是社会组织与生产方式的双重认同。尽管被明政府编入都图，熟黎族群依然保持着自己特有的社会组织形式——峒。在苗瑶语中，峒指的是群山环抱中的平原。张庆长《黎岐纪闻》记道："黎地多以峒名，峒内散处各村并附一峒，明所属也，惟崖州曰村，陵水曰弓，其散处各村并附于一村一弓，亦如峒制。"② 这里可以看出，峒内的耕作环境十分优越，其作为黎族社会组织的基本形式，以村为基本单位，而且村落散布，组织松散，峒内相对封闭，峒与峒之间缺乏联系，这为地方政府的管辖带来了诸多不便。由此，峒就获得了相对自治权，再加上每村每户以合亩制的方式进行劳动生产，土地公有制，由有相对亲属关系的人在一起做工、共同耕种。每个合亩组织都有一个类似于家族族长级的人物——亩头，在合亩组织中具有绝对的号召力和组织力，这使得峒内的向心力大于峒外的政府统治。即使他们本身被编籍入都图黄册，但亩头的感召力远远高出官府的发号施令，也造成熟黎族群与政府行政管理、管与被管关系的"若即若离"。这也是官府为何感到熟黎地区的人难以管控的原因。

　　也正是因为"峒"本身自然环境优越，熟黎族群一方面接受了先进的汉族生产工具，另一方面又保持着自身的生产方式，即王士衡曾道熟黎耕田不施粪肥、"只见人懒、不闻土懒"的"惰耕"现状。

　　最后还有风俗习惯上的双重认同。《道光琼州府志》卷二〇记道：

　　　　黎有生熟二种，有此地即有此人。生黎虽犷悍，不服王化，亦不出为民害，为民害者惟熟黎。初皆闽商荡赀亡命为黎，亦有本省诸郡人利其土、乐其俗而为黎者。前此黎人屡叛，或迫于诛求，或迫于凌虐，间有贸易奸徒，利其香物，教以背叛，又使之构衅生黎，

---

① （清）胡传：《游历琼州黎峒行程日记》，引自〔德〕史图博《海南岛民族志》，第 351 页。
② （清）张庆长著，王甫校注《黎岐纪闻》，广东高等教育出版社，1992，第 116 页。

阴阳反复，凭陵为患者，此黎祸之媒蘖，亦古今之通患也。①

这里说的"乐其俗"，显然是说来自中原汉族的"熟黎"对黎族民俗广泛认同。就现有文献可见，这种民俗认同表现在婚配方式和居住习惯上。据《康熙琼郡志》"原黎"条载："春则秋千会。邻峒男女妆饰来游，携手并肩，互歌相答，名曰'作剧'。有乘时为婚合者，父母率从无禁。婚姻不避同姓。"② 这种婚配习俗既不同于汉族婚配文化中的"父母之命、媒妁之言"，也不同于黎族文化中的"隆闺"的走婚形式。

居住方面："熟黎"住的是干栏式船形茅草屋，但与"生黎"不尽相同。清代张庆长的《黎岐纪闻》记载：

> 居室形似覆舟，编茅为之，或被以葵，或藤叶，随所便也。门倚脊而开，穴其旁以为牖。屋内架木为栏，横铺竹木，上居男妇，下畜鸡豚。熟黎屋内通用栏，厨灶、寝处并在其上；生黎栏在后，前留空地，地下挖窟列三石，置釜，席地炊煮，惟于栏上寝处。③

船型屋是黎族典型的房屋建筑形式，这种建筑形式取材方便、易搭建，说明"熟黎"的生活起居也是在船型屋中进行。但是，从厨灶的构造可看出，"熟黎"与"生黎"之间的区别："生黎"使用传统的所谓"三石灶"，即以三块石头垒成；而"熟黎"则采用了更利于取火烹饪的搭灶方式。可见，"熟黎"对于生活习惯也有双重认同。

另外，虽然黎族并没有产生严格意义上的宗教，其宗教表现形式也多以原始性宗教为主，汉族统治阶层也没有刻意在黎族地区实行专门的宗教政策，但道教、佛教的广泛传播仍然可以视为海南宗教信仰并存的一个例证，道教与本土原始宗教的结合也可以看出汉黎两种文化在宗教

---

① （清）明谊修，张岳崧纂《道光琼州府志》卷二〇《海黎志》，第 843 页。
② （清）牛天宿修，朱子虚纂《康熙琼郡志》卷 11《海黎志》，海南出版社，2006，第 110 页。
③ （清）张庆长著，王甫校注《黎岐纪闻》，第 118 页。

上具有相当的兼容性。

作为海南岛上汉黎文化圈交界地带的边缘族群——熟黎——其身份建构过程是汉族文化与黎族文化相互作用的结果。熟黎的族群意识伴随"他者"的出现——汉族移民而产生，并且在与汉族的交往中逐渐形成一种"中心—边缘"的二元结构。由于地缘相近、生产方式上重叠、统治阶级"因其俗而治其民"、宗教的兼容性等因素，在统一的疆域地面，原本异质性的"中心—边缘"之间，必然产生一种同质性调整，即从文化的"表层结构"——物质文化层面（社会组织与经济方式）——起步，而后投射到文化的"深层结构"——价值观念与意识形态。

熟黎族群的出现并非汉黎文化间的隔离带，而是衔接点。屯昌地区熟黎族群的出现意味着黎汉之间的交流有了可能，同时也预示着黎族这一原始族群其社会形态开始了向封建社会的跨越。

第三节　自治与他治

最后，我们要讨论元明政府对海南岛民族关系的处理。第一节中我们讨论过的政府曾大规模组织军事性移民屯军屯昌地区，这种方式和武力弹压黎族叛乱一起视为政府处理民族关系常用的军事手段，但终究治标不治本。值得注意的是，终明一代，岛内外士人阶层对平黎政策自始至终有两大议题，一是土官自治，二是开通"十字"交通。

一　封贡与土官自治

唐宋以来，中央政府对海南岛上的少数民族基本采取怀柔政策，大量起用当地土著为土官，羁縻诸州。如宋代曾依靠土官平定黎乱：

> 八年（淳熙八年，1181——引者按）六月琼管司言，承袭宜人。三十六峒统领王氏，称其祖本化外州，皇祐、熙宁间归顺，弹

压三十六峒，捍御隘口，正系琼管咽喉之地，三世受朝廷诰命，至母黄氏承袭弹压，边境用宁。①

羁縻政策无疑是把统治权利交由地方土豪，由于熟黎与官府这种暧昧的关系，使得海南岛的土官制度一直备受争论。对此元统治者采取强硬的态度，征剿黎族叛乱，同时设立屯田兵所，进一步使封建政权深入海南腹地，但仍然需要借助当地土官管理黎族诸峒。

鉴于前代土酋权重多乱的局势，朱元璋果断收回土酋的地方行政权，规定州县官员不得起用土人，对造反的地方势力进行强力的弹压："土酋主郡者仅以降免徙远郡，佐贰兵屯子孙尽复民役，或为峒首，州县得以制之。"② 和明政府在西南大力推行土司制度、完全委任于土官治理相比，对海南黎族的处理方式显得格外重视。

从明政府建立之初，在对包括整个西南、两广在内的少数民族关系的经略上，统治阶级不断地改变布局。实际上，明政府把长期与广西属于一个行政区的海南划归广东制辖，就已经显示出政府把处理海南民族关系放在了经略海南的第一位：

> 从民族关系和当时政治形势看，这个调整也并非偶然。广西壮族占地广大，主要分布在其西部，而东部是另一个少数民族——瑶人根据地，汉人杂居其中，海南中部又为黎人所据。封建时代民族关系是很紧张的。洪武初，广西、海南各地反对明王朝的斗争风起云涌，彼伏此起。如果壮瑶黎三个少数民族留在同一省内形成三足鼎立形式，那对朱明政权将是一个巨大的威胁，所以明统治者采取分而治之的办法，把海南划分出去，不失为巩固刚刚建立的朱明政权的策略之一。③

---

① （民国）许崇灏：《琼崖志略》，第 59~60 页。
② （明）蔡光前等纂修《万历琼州府志》卷八《海黎志》，第 433 页。
③ 司徒尚纪：《海南开发》，广东省地图出版社，1992，第 37 页。

同时，朱明政府对于黎族地区的户籍制度采取了更为严苛的管理手段。洪武三年（1370），明朝政府成立之初采取了一系列措施来整顿帝国资源，其中一项就是户帖制度，所有户口在当地政府注籍并领取户帖，户帖列有成年男子的名字、年龄以及财产。明洪武初年开始就大致建立了这种翔实的信息制度，并于洪武十四年在户帖制度的基础上发展出黄册制度：

> 洪武十四年诏天下编赋役黄册，以一百十户为一里，推丁粮多者十户为长，余百户为十甲，甲凡十人。岁役里长一人，甲首一人，董一里一甲之事。先后以丁粮多寡为序，凡十年一周，曰排年。在城曰坊，近城曰厢，乡都曰里。里编为册，册首总为一图。鳏寡孤独不任役者，附十甲后为畸零。僧道给度牒，有田者编册如民科，无田者亦为畸零。每十年有司更定其册，以丁粮增减而升降之。册凡四：一上户部，其三则布政司、府、县各存一焉。上户部者，册面黄纸，故谓之黄册。年终进呈，送后湖东西二库庋藏之。岁命户科给事中一人、御史二人、户部主事四人厘校讹舛。其后黄册祇具文，有司征税、编徭，则自为一册，曰白册云。①

黄册制度详细地规划了社会基层组织——里甲都图。黄册的编写机构是"里"，而且十年一次大普查，整个社会的基层组织都在黄册之中被规范掌控。在此基础上，明政府将海南的都图进一步区分为"黎都"和"汉都"。将靠近汉区、归附已久的黎族——"熟黎"——居住地黎峒，编入统一的行政区划——黎图，若干个"黎图"为一个"黎都"，进而为乡，乡由流官管理，直属于州县。屯昌地域的黎区包括原属琼山县仁政乡的西黎都，原属澄迈县永泰乡的南黎都二，原属定安县南乡的南吕里二、光螺都等熟黎区也相继被编入都图，而且给予优惠政策："其熟黎则令随产纳税，一切差徭悉与蠲免。生黎归化者

---

① （清）张廷玉等：《明史》卷七七《食货一》，第 1878 页。

免其产税三年。"①

不仅对人口加强控制，朱元璋政权对土地也要牢牢掌握，与黄册互为补充的地籍——鱼鳞册，洪武二十年（1387）在全国范围内正式推行开来：

区设粮长四人，量度田亩方圆，次以字号，悉书主名及田之丈尺，编类为册，状如鱼鳞，号曰鱼鳞图册。先是，诏天下编黄册，以户为主，详具旧管、新收、开除、实在之数为四柱式。而鱼鳞图册以土田为主，诸原坂、坟衍、下隰、沃瘠、沙卤之别毕具。鱼鳞册为经，土田之讼质焉。黄册为纬，赋役之法定焉。②

通过户籍与地籍制度的相互补充，明朝政府对海南黎族的统治力度加强，这在某种程度上可以看作是管理精细化发展完善的结果。但是，如此强硬的政治手段并没有使汉黎关系得到缓解，小规模的冲突时有发生，见表2-2。

表2-2 明代洪武朝黎族起义事件一览

时间	起义事件
1369 年	乐会小踢峒首王官泰"顿兵不散，起而抗拒"。
1374 年	儋州洞黎人符均胜等作乱。
1374 年	海南罗屯等洞黎人作乱。
1384 年	儋州宜伦县黎民唐那虎等作乱，海南卫发兵攻打，十二月平乱。
1394 年	澄迈多简等村、儋州新深等洞及崖州黎为乱。
1395 年	崖州宁远县迁（方志多写作千）家村黎人罗危（一作脆）反。
1396 年	昌化浮鹅峒黎符公魂、万州鹧鸪啼峒王得隆等"同时作乱"。

资料来源：吴永章：《黎族史》，广东人民出版社，1997，第297页。

① （明）罗曰褧：《咸宾录》，周伟民、唐玲玲辑纂点校《历代文人笔记中的海南》，海南出版社，2006，第94页。
② （清）张廷玉等：《明史》卷七七《食货志一》，第1881~1882页。

所以到了建文朝，起用土官的建议又提上了议程，各级官员认为，之前以武力镇压为主的治黎方式，应该被更为柔和的招抚、归化之类的政治招安所替代，并且认为在与熟黎的长期交往中，这种方法是有效可行的：

> 大理寺丞彭与民等奏言：琼州府所属，周围俱大海，内包黎峒，民少黎多。其熟黎虽是顺化，上纳秋粮各项差役俱系民当。其生黎时常出没劫掠，连年出镇征剿，为害不息。今询访各处熟黎俱有峒首，凡遇公差役，征纳秋粮，有司俱凭峒首催办，官军征捕亦凭峒首指引。今所属各有防黎及备倭巡检司，如将各处峒首，选其素能抚服黎人者，授以巡检司职事，其弓兵就于黎人内签点应当，令其镇抚熟黎当差，招抚生黎向化，如此则黎民贴服，军民安息矣。诏如所请。①

这一提案在永乐二年（1404）正式实施，中央政府再次起用土官，委任通判刘铭为抚黎知府，专一抚黎，明代对黎族的招抚政策肇始于兹。严格意义上来说，招抚的方式也是对明朝初期黎族不断小规模反抗的一种消极处理方式。土官以及抚黎知府的设置，其内涵是汉人治汉、黎人治黎，这是两套行政系统。而这两套系统的交集是一种封贡关系，也就是用政治手段取代军事手段去调和黎汉关系。永乐四年，朱棣对屯昌地区南岐村发布了这样一道安抚敕谕：

> 皇帝敕谕琼山县南岐村黎首陈忠等：恁每都是好百姓，比先只为军卫有司官吏不才，苦害恁上头，恁每害怕了，不肯出来。如今听得朝廷差人来招谕，便都一心向化，出来朝见，都赏赐了回去。今后恁村峒人民都不要供应差拨，从便安心乐业，享太平的福。但是军卫有司官吏军民人等非法生事，扰害恁的，便将这敕谕直到京城来说，我将大法度治他。故谕。②

---

① （清）明谊修，张岳崧撰《道光琼州府志》卷二二《海黎志》，第888～889页。
② （明）蔡光前等纂修《万历琼州府志》卷八《海黎志》，第419页。

　　对于明成祖朱棣来说，这套政治说辞无疑是一张空头支票。诏谕一开始便使用定性的口吻：你们是好百姓，我们之间紧张的氛围是军卫有司官吏中的"不才分子"造成的，之前不肯归化、不断反叛的原因是你们"害怕了"。这几句话很有政治水准，将多年积压的黎汉矛盾简化为个别官吏的不法行为。然后开始勾画美好未来：一是朝廷给予"赏赐"，二是许诺今后不"供应差拨"；同时，你得好好干活，不要闹事。最后给了一把"尚方宝剑"：之前的"不才"军官如果再生事，你们来找我，我帮你们治他们。朱棣处理黎汉关系的手段不得不说是十分高明的，尽管并没有实质性的东西，但有利于缓和紧张的黎汉矛盾，到永乐十一年（1413），归顺的黎峒达千六百七十处，黎民户三万有余。

　　当然，朱棣也没有承诺放弃使用武力，他在海南设置的卫所军屯恰巧可以反映这一时期统治者的防守心态（见图2-1）。

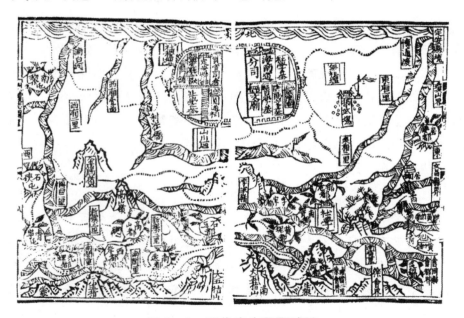

图 2-1　明代定安县疆域图

资料来源：（明）唐胄：《正德琼台志》卷一《郡州邑疆域图》，第 16 页。

　　地图西南侧为黎地，从军屯布局来看，清宁屯（图作青宁屯）、石峡屯无一例外地扼守于驿道口，截断黎人进入定安县城的交通。从地理位置来看，光螺、南吕都处于县城之南二百里以外，而石峡屯和清宁屯却在县西南四十里，贴近县治所在，"黎汉分治"的经略用意很明确，双方只保留既有的贡赐关系。

而后，这种贡赐关系一直从永乐二年保持到天顺年间（1457～1464），期间，黎族叛乱明显减少，如表 2 - 3 所示。

表 2 - 3　明代前期黎族起义事件一览

时间	朝代	起义事件
1404	永乐朝	罗活峒黎乱。
1425	洪熙朝	定安黎王观苟及乐会黎王英反。
1426	宣德朝	澄迈县黎王观珠、琼山县黎王观政领导的黎民起义。
1431	宣德朝	崖州罗盾峒罗任等反抗起义。
1433	正统朝	琼山县典史姚仲彝赴崖时，其从人为黎人所杀。崖州千户陈政认定此必抱盈、匿村黎人所为，发兵包围黎村，致各黎激变。

资料来源：吴永章：《黎族史》，第 297～298 页。

消极的处理方式必然为不良现象提供温床。土官制度本身有其局限性，如果不加以节制，势必会带来后患。从成化年起，黎族的朝贡次数逐年下降，终于，这场贡赐"饭局"在弘治年间（1488～1505）悄然改变，并于符南蛇起义后彻底崩解。

二　十字交通

终明一代，开通"黎路"可以说是与"土官制度"并举的两大最具争议的治黎措施。从本质来说，这是两种截然不同的"治黎"思路。开通黎路的目的是沟通，土官自治旨在阻隔，一是他治，一是自治。这两大措施虽说都有争议，却遭到了不同的待遇。开通黎路每每被倡议而每每搁置；任用土官每每被罢免却每每被重提。终明一代，土官制度有种种缺陷却从未废除；开通黎路有诸多好处却从未实施。止于清朝，这两种"治黎"策略命运才终于逆转。

交通对于地方发展的重要意义不言而喻，古今皆然。具体到海南的实际情况，针对黎汉环状分居的事实，无论是从统治阶级对内环黎区的有效治理，还是对于屯昌等黎区加强与汉族交流从而更快发展经济而言，开辟"十字"交通都具有十分重要的意义。屯昌地区作为琼北各州县进入五指山黎区的必经之地，其地理位置必然受到广泛的关注，所以，它不仅是土官制度的试行点，也是开通黎路的着眼处。历代关于开通"黎路"的提议层出不穷：

> 按《方舆志》，洪武壬子，指挥张庸建言开通生黎直路，准议。自定安县至儋、万、崖三州，开通中路，宽阔平坦，贯络驿道，以便往来。动兴数年，失于区画，未成。戊午，指挥蔡玉建议罢之。成化间，副使涂棐方议开辟，辄以事阻。弘治末，刑部主事文昌韩俊，以前挫由处置欠宜，况今军民谙练黎俗者众，乘南蛇平后，复建议开中路。奏行，为副使王楫所阻，识者恨之。①

然而，开通黎路屡议屡废，个中原因，如学者所论：

> 鉴于"黎岐中盘"和瘴疠盛行的实际情况，"开通黎路"之议甚为流行。岛内黎乱周期性爆发，使之不断浮出水面。然而，该提案因多种原因而被搁置。在这一不断反复的过程中，"开通黎路"的性质也产生了较为明显的变化：前期以王朝经略为重要目标，到符南蛇之乱被平息后，则有明显的巩固军事成果的取向，在嘉靖之后表现得更加明显。②

最早可见关于"生黎直路"的提议是元末定安人莫宣宝，其后，明初将领朱亮祖征黎时也提出过开通十字路，而第一次被朝廷接纳获准则发生在洪武朝壬子年（1372）；而获准的原因是由于明初朱元璋奉行

---

① （明）唐胄：《正德琼台志》卷四《疆域》，第67～68页。
② 张朔人：《明代海南文化研究》，第100页。

"乱世用重典"的治国法则，对黎族反抗者采取强硬态度，绝不手软。然而这一庞大的工程在动兴数年后因"失于区画"而夭折，则与明初百废待兴的经济窘境有极大的关联。从明代海南的陆路交通上看，开通"生黎直路"确实可以缩短从北到南的时间耗费：

> 东路，二日至文昌，日半至会同，半日至乐会，一日至万州，二日至陵水，二日半至崖州。
>
> 西路，半日至澄迈，一日半至临高，一日至儋州，二日至昌化，二日至感恩，二日至崖州。
>
> 中路，一日至定安南，一日至会同，西横日半至澄迈，东横二日至文昌。
>
> 黎路，《琼海古志》云，琼州至定安县，过南闾，入光螺峒，达崖州四日。又云，从白石村过风门岭，三日达万州。本州南由澄迈黎中至儋州二日可到，自儋州东逾黎峒，二日半可至万州。①

从上述可以看出，海南的整个交通模式是环岛型的，无论是从东路还是西路都可以通达南北，但是中路交通只能到达定安南部的屯昌境内，之后便没有官府大道，仅有所谓的黎路。然而，从府城到崖州，如果选取走中路到定安南部，再经由屯昌地区南吕、光螺峒中转，到达南部的崖州只需要短短的四天，这无疑是最短距离。而过了南吕，出了光螺峒之后如何行走，这不仅仅是辖域的问题，也说明屯昌地区是这条南北中线交通的最后一个补给点。

然而，这一提议在谋划未果后被搁置近百年之久，直到成化年间，黎汉关系再度恶化后又被重新提出。其间的缘由与永乐初推行的黎人自治的土官制度关系密切，"黎人治黎、汉人治汉"，明代统治者也不希望有这么一条通衢大道的开辟，方便生黎进入汉区。同时，明代统治者搁置这一提案，也有基于对海南交通环境的考量。

---

① （明）唐冑：《正德琼台志》卷四《疆域》，第67页。

首先，中路交通的缺失可以借由东西环岛交通，甚至是以水上交通作为补偿。而且可以说，水路无疑是古代海南最重要的交通运输方式：

> 然琼昔于四州陆路少通，多由海达，故在宋丁谓拟寇莱公之贬崖，有"再涉鲸波"之语。今混一以来，虽东西俱有驿铺，昼夜通行，然商贩安于便捷，来免由舟。今考《方舆志》程限：
>
> 东路，半日至铺前港，半日至文昌青蓝头，一日至会同调懒港，半日至乐会博敖港，半日至万州连塘港，一日至南山李村港，一日半至崖之临川港。俱无稳泊处。
>
> 西路，半日至澄迈东水港，又半日至临高博浦港，一日至儋州洋浦港，一日至昌化乌坭港，一日至感恩抱罗港，一日至崖之保平港。俱有港汉可泊舟。①

其次，中路交通开辟后，途中所谓四日行程完全缺少明确有效的补给驿站，生黎地区的版籍尚不明了，只能说是理论上的四天，中途仍要面临许多未知的危险和威胁。

明朝中后期，特别是经由符南蛇之乱等一系列黎族暴乱之后，整个海南岛的民族氛围急剧变化，通过镇压黎乱的契机，政府军队不断地向黎区压缩。这些军事行动为黎路建设打开了新局面，开通黎路的初衷也由经略目的转变为军事目的。最早具体提出黎路设计的便是俞大猷，其曾于嘉靖二十九年（1550）担任崖州参将，参与黎乱的平定：

> 自琼州至定安县，一日程；本县至大坡头营，二日半之程；本营至磨赞村，一日程；本村至凡阳峒，一日程；本峒至罗活峒，一日程；本峒至崖州城，二日程。此南北径直道路，所宜开通，迁立驿递，以便官民往来者也。又自沙湾新设城起，西由临高黎峒行，由催抱、古镇州、罗活、领脚各新立之城经过，由万州、乐会、定

---

① （明）唐胄：《正德琼台志》卷四《疆域》，第68页。

安等黎峒，复回沙湾，此周流于黎峒之中。①

　　同之前的"生黎直路"相比，俞大猷的"径直道路"多了许多具体
方案，不仅设计好了开路的具体路径，而且也规划好了相关的配套措施，
如沿途驿站的补给。并且，开路方式多出一种形式——"环山公路"，
即在五指山外围建立一条环形通道。俞大猷所设计的这两条道路实际上
各有分工，五指山腹地的直达通道，是为了方便"官民往来"，带有经
略意义；外围的环状道路，则是作为割离生熟黎的隔断带，带有军事意
义。这条外环带从沙湾起，通过临高黎峒行，由催抱、古镇州、罗活、
领脚各峒，至万州、乐会、定安等黎峒，最后回到沙湾，可以清晰看出，
这条外环道路将所有生、熟黎边境上的熟黎峒串联，而且是"每年各巡
一次，渐使归化"。屯昌地区在这一交通布局中亦被赋予双重职能：二
则作为通向大坡头营的重要交通枢纽，为便民往来提供沿途补给；一则
作为归化的黎峒地带，充当军事上的防备工事。而后来海瑞所策划的十
字交通，也是在俞大猷的基础之上改造的。

　　岛内士人也有提出开辟黎路交通的议案，而他们的思考则带有更多
的本土情结。

　　明嘉靖二十八年（1549），以崖州那燕为首的黎人又一次发动大规
模的叛乱，而且规模之大，不亚于此前的符南蛇起义。为了平定叛乱，
朝廷又一次动用十万大军，耗资巨大。那燕起义再次引来岛内外学者对
"治黎"策略的关注，其中给事中郑廷鹄提出了三个对策：

　　　　一曰一劳永逸之计……招集新民，定以约束，因其势而利导之。
多兴学宫，禁挟弓矢，使不得复为狼豕之态……
　　　　二曰恢复启土之功……西一百五十里，有隋延德县址；东南一
百三十里，有唐临川县址；东五十里，有唐落屯县址；西一百里，
有汉乐罗县址；感恩东北七十里，有宋镇州址，原附郭有镇宁县址。

① （明）俞大猷：《正气堂集》卷三《处黎》；四库未收书辑刊编纂委员会编《四库未收书辑
刊》第5辑第20册，北京出版社，1997，第154页。

今俱在贼中，所当恢复者也，况又有德霞之膏腴，千家、罗活之饶足。招集之后，愿建州县，因以屯田，且耕且守，务庐其居，而东南其亩。又由罗活、磨斩开路，以达定安；由德霞沿溪水而下，达于昌化。道路四达，屋庐相望，井里既定，岂不为国家增拓舆地哉！

三曰久任责成之道……愿乘征讨之余威，震慑山谷，建参将府于德霞，联络州县，亦如马援故事，治城郭，兴水利，条奏便宜行事，以镇安人心。其新附之民，尚有异志者，设法迁徙之，或于海北地方屯田，或于近附卫所入伍，如汉徙潯山蛮七千余口于江夏，以永绝祸本。①

郑氏的平黎主张，较之先前的治黎方略多了一种本土情结与儒生意气。首先就是对黎族进行教化，伴随儒家教育思想的还有"去黎族化"，使其"异介鳞而为衣冠之风"；其次是"开辟道路以达定安"，由此可见屯昌地区在这一策略中重要的边界作用；最后要加强管制，并且扩大地方行政的权限，"许其便宜行事"，这是对明初开始的消极"治黎"的一种反拨。但是这种便宜行事的可行性必须伴随强有力的监督机制，然而，海南"天高皇帝远"，监控机制薄弱，这可能也是明朝中央统治者节制海南地方官职权的一大原因。

也就是这一年，海瑞中举。海瑞本是海南卫所军户出身，祖籍屯昌的石峡村，那里有葬着海氏始祖海答儿以及海瑞父亲海瀚的坟墓，而海瑞幼年生活于此，所以从早年开始海瑞便与黎族人有深刻的接触。四岁时，海瑞父亲去世，之后海母变卖田契，迁往琼山县。所以，无论是早年的经历，还是时局的影响，处理黎汉关系对海瑞一生不可不说是一个心结。《海瑞集》收录的《治黎策》文尾有这样一则自注："此愚已酉科中式策也，于奏疏图说有相发明者，附记于此。"②

所以海瑞的《治黎策》、《平黎疏》以及《上兵部图说》等疏策，比之前人的抽象理论更带有实证性色彩，如《平黎疏》中论道：

① （明）郑廷鹄：《平黎疏》，《石湖遗稿》，海南出版社，2006，第 233～234 页。

② （明）海瑞：《治黎策》，陈义钟编校《海瑞集》上，中华书局，1962，第 6 页。

　　从而计久长，开通十字道路，设县所城池，中峙参将府兵备道，则立犄角之形，成蚕食之势矣。日磨月化，今日宁复有黎乎！夫得黎无益于地方，处黎或剧于计画，谓不足州县，置之可也。黎人居处皆宽广峒场，耕作皆膏腴田地，非得地不可耕而食。文昌县斩脚峒等黎，琼山县南岐峒等黎，今悉输赋听役，与吾治地百姓无异。儋州七方峒今亦习书句、能正语。以此例之，非得人不可畜而使。①

　　《上兵部图说》中亦有相同论述："海南卫十一所屯田，正以防黎寇也。今其地附近黎登版籍为良民久矣，屯军一无所为，可拨其田为民田，迁其军余别营屯田于黎峒中。"② 从这些实例中我们可以看出，海瑞并不是一个空谈理想者，他所设计的平黎开路方案和前人最大的差异在于通过实例论证方案的可行性，更具有说服力。这具有说服力的证据背后很难说海瑞没有受到祖辈屯兵石峡屯的影响，甚至可以说，石峡老家的变化对海瑞的开路策略起了重要影响。

　　然而，如前所述，明朝前期既缺乏开通中线交通的需要，也没有开通的必要。明朝中后期，尽管海瑞等人已经一再阐明了开通黎路的重要性，但基于种种原因，这一提议始终未能付诸实践。

---

① （明）海瑞：《平黎疏》，陈义钟编校《海瑞集》上，第 7 页。
② （明）海瑞：《上兵部图说》，陈义钟编校《海瑞集》上，第 11 页。

第三章 | 沟通

——清代的屯昌地区

　　研究者往往以鸦片战争之后中国国家主权的沦丧以及经济性质的改变为依据，将 1840 年作为近代史的起点，进而将清史分为两个阶段。海南史研究者的看法略有不同，大致以 1876 年第二次鸦片战争后琼海关的设立及海口开埠为近代海南的开端。因此，本章所述的清代屯昌史大体上也是发生在 1876 年之前。

　　清朝是中国最后一个封建王朝，清军入关后，海南岛成为南明政权战败奔逃的临时避难所。顺治四年（1647），清总兵闾可义攻入琼州，四月，琼州降。抚定琼崖后，清廷对黎族的统治循依明制，招抚与弹压并用，同时充分利用行政手段，将政权逐渐深入山区黎寨。整个清朝，海南岛移民多达 217 万，比明代几乎增加四倍，海南的经济规模在明的基础上也有了相当的进步。海南主要的物产格局已经形成，一方面与大陆的贸易往来日益密切；另一方面，或困于清政府的闭关政策，岛内墟市得到极大发展，贸易形式开始由行商向坐贾转变。经济大发展加快了海南中部地区士绅阶层的兴起，汉文化在各方面、各层次逐渐向黎区渗透。清朝在明朝的基础上，更为注重少数民族的文教事业，屯昌地区熟黎的"汉化"即在有清一代得以完成。

　　清代的屯昌地区依旧是清政府扼防黎人叛乱的军事要冲，在政治上熟黎族群接受中央政府的统治，归化为民。本时期最为引人注目的是屯昌地区黎汉贸易的空前繁荣，由于屯昌地处汉黎区过渡地带的优势区位，大量墟市在需求中不断产生又在竞争中不断优化，如今屯昌县下辖的各村镇也是在这些大大小小的墟市上发展而成的。黎汉贸易的扩大最直接的影响就是促使了屯昌地区士绅阶层的壮大，在乡绅士子的推动下，屯昌地区社学、义学勃然而兴，儒学事业蔚然成风，"光螺民亦诵诗读书，上叨国典。思河多佃户，服王化，不生事"。① 与此同时，佛教、道教文化的传播，也极大地促进了民俗文化的交融与沟通。

所以，如果用"相遇"二字来描述明代屯昌地区黎汉互动的话，那么，终清一代，"沟通"则是贯穿整个时代黎汉关系的主题词。虽然清政府以少数民族身份入主中原，这多少为民族关系的处理造成了一种较为微妙的氛围，但是，整个清代屯昌地区历史发展的主线还是以汉黎关系为主的，民族大融合仍然是时代的主题。

在海南，随着汉民族的移民扩张，汉族边境向内延伸，使屯昌地区的民族融合呈现出时代新貌。光绪年间（1875～1908）编纂的《定安县志》中有这样的记载：

> 南间岭　亦名三尖领（通"岭"——引者按），在城西南一百八十里（《旧志》作二百里）。高千余丈（《旧志》）。由马岭往南横穿枫木洋三十余里，突起大峰峦，连绵三十里（《旧志》作十余里），跨间一、间二、南远三图。上有棋盘石、巨人脚迹石。有四角井，饮之却病。《旧志》云熟黎环居其下，此乃元、明以前所云，今皆平民所居（《采访册》）。《旧志》又谓此处设有营汛，疑即太平汛之误抑或吴公征黎时暂设，亦未可知）。②

《光绪定安县志》修纂于光绪二年（1876），成书于光绪三年（1877），光绪四年又续修，循袭前代体例，增补自咸丰元年（1851）到光绪四年（1878）共27年间的史料史实。此处专门指出，道光初年南吕地区"今皆平民所居"而非"熟黎环居"的民族状况，说明屯昌地区的

---

① （清）吴应廉修，王映斗纂《光绪定安县志》卷九《黎岐志》，第 740 页。
② （清）吴应廉修，王映斗纂《光绪定安县志》卷一《舆地志》，第 53 页。

汉化在清代中叶业已完成。所引《旧志》，即指咸丰朝（1851～1861）以前的县志，可惜如今保留较为完整的县志修纂于康熙年间（1662～1722），时代久远。现存方志中，年代稍近的《道光琼州府志》关于南吕岭则叙述为：

> 南间岭，在城西南二百里，一名三尖岭。高千余丈，连绵十余里，熟黎环居其下（《大清一统志》）。①

然而，材料注明该处采用《大清一统志》的说法。《一统志》的编修始见于元，是中央政府官方的地理总志，疆域至到是一国国力强盛的象征，因而明清两代相沿成习。清代《一统志》所知有三：雍正朝（1723～1735）初修本，乾隆朝（1736～1795）续修本以及嘉庆朝（1796～1820）重修本。三个本子对此处说法如出一辙，后两本可能直接沿用雍正本的说法。说明在康熙、雍正朝时此处还是熟黎所居，到光绪朝时，熟黎已几乎全部"汉化"。是什么原因促使在短短的百余年中，民族构成发生了根本性的变化？汉族的移民是毫无异议的答案：

> 有清一代，本岛移民达217万，比明代几乎增加四倍。按清王朝在本岛统治时间计算，平均每年有近万人从大陆入居，而岛上人口在清代多数时间也不过百万，则移民占其中百分之一左右，可见这种移民规模对海南开发有很大意义。至本时期移民成分之复杂，地域之广泛，流动之频繁，主客矛盾之大，更是过去所难以比拟的。②

黎峒是黎族社会最基本的结构单元。据统计，从明嘉靖朝（1522～1566）到清道光朝不到三百年的时间里，由于汉族的移民扩张，黎峒数量锐减30%，清政府对整个海南岛的控制力已经延伸到五指山区，这也

---

① （清）明谊修，张岳崧撰《道光琼州府志》卷四《舆地志》，第126页。
② 司徒尚纪：《海南岛历史上土地开发研究》，第103～104页。

表明大批黎族已经完成汉化。

汉族移民早于汉唐业已发生，至元明而大盛，清代的移民只是这一历史事实的持续和深化，由量变到质变并不是单纯的量的累加，其间至少还涉及内部结构的调整与转变；从本质上讲，黎族"汉化"和汉族移民是两个不同的概念，"汉化"是文化同化，而移民仅仅为黎族"汉化"提供一种契机，只能说是文化接触。"汉化"最终得以在清代水到渠成，这与清代海南岛的商业进程和黎区文教事业的兴盛有着密切的直接因果。

从物质沟通到文化沟通，整个清代的屯昌史是建立在黎汉贸易往来以及文化交流基础上的"沟通史"。要进一步解读"移民"这一大母题，也必须对清代汉黎互动的全貌进行描写。

第一节 墟市大发展

一 商品经济的起步

现在屯昌县所辖乡镇几乎全是从墟市发展起来的，据《屯昌县志》所记：

> 屯昌境内是汉、黎、苗民族杂居地区，是五指山区货物进出必经之地。屯昌墟是汉黎货物的聚散地和货商的歇脚点。明末清初，移居本地的汉人逐渐增多，黎人汉化和黎族往山区迁移与日俱增，处于黎地边缘的枫木、乌坡、南吕、坡寮等汉黎贸易的墟市也应运而生。清末，冯子材为了镇压黎族人民起义，在黎族居住的山区开辟山路，这在客观上促进屯昌地区的商品交换和市集贸易。①

---

① 海南省屯昌县地方志编纂委员会编《屯昌县志》，第 321 页。

由此可见，汉族移民是屯昌地区商品经济起步的根本原因。一般认为，社会分工以及生产力发展下作为商品出现的剩余产品，是商品经济发展的两大重要因素。然而令人遗憾的是，黎族"男子不喜营运，家无宿储"，商品经济萌芽迟迟不见发生。

首先，黎族族群内部没有产生较为精细的社会分工。社会分工是在自然分工的基础上，随着生产力的发展而逐步形成的。黎族自然分工早在新石器中后期便已产生，在粗陶时代，女人负责制陶，男人负责打猎，这种社会分工以巫术禁忌的形式相沿成习，所谓"女烧陶，男勿近"。类似的禁忌还有：男子打猎，女人不能靠近；男子烧酒，女人不能靠近；女子织布，男子不能靠近，等等。现存的这些民间禁忌都是黎族族群内部早期分工的最佳例证。黎族的社会分工却因生产力的滞后，自然进化缓慢，直到汉族的移民到来才有所发展。

其次，黎族族群内部没有剩余产品。尽管物资丰富、占尽地利，黎族却并没有发展出商品经济，而是长期停滞于自给自足的自然经济，并表现为"家的自给自足"、"村的自给自足"、"峒的自给自足"三级自足关系，如宋初琼州谪宦卢多逊《水南村为黎伯淳题》所言："鱼盐家给无墟市，禾黍年登有酒樽"，① 没有墟市至少能说明，临时的交换场所能够满足当时物物交换的负荷。即使家、村、峒内散见有物物交换，也都是临时的、偶然的，这种情况直至南宋在典型的黎族村峒里仍为惯例。据南宋学者周辉的《清波杂志》所录：

> 此行再涉鲸波，去死一间。抵郡，止茅茨散处数十家，境内止三百八户，无市井。每遇五七日，一区黎峒贸易，顷刻即散。僚属一二，皆土著摄官，不可与语。左右使令辈莫非贷命鲸卒，治稍严，则为变不测。②

---

① （明）蔡光前等纂修《万历琼州府志》卷一一《艺文志》，第866页。此诗另传为李德裕所作，如（清）明谊《道光琼州府志》卷四四《杂志》，题李赞皇作，据考应为卢多逊作。
② （宋）周辉：《清波杂志》，载周伟民、唐玲玲辑《历代文人笔记中的海南》，第75～76页。

因此，黎族商品经济的真正发展来自于汉族的移民，如论者所议：

> 一方面带来了比较先进的生产工具和农作耕海技术，有效地促进了自然资源的合理利用，加速了海南岛开发的进程；另一方面，他们跟黎、苗、回、疍家等群众杂居往来，互相帮助，输入铁制农具，传授生产技能，促进社会分工形成，商品经济因此产生和发展。历史事实证明，汉族移民对海南原始生产方式的解体并直接过渡到封建社会，起到了强有力的推动作用。[①]

汉族移民对经济发展起到了两大作用：一是生产技术的提高，二是社会分工的形成。然而，我们还应注意到，汉文化的进入在主观方面也改造着黎族的生产观念。生产力落后影响到文化观念，这些观念反过来也会影响生产发展。研究者论道：

> 如黎族丧事方面的禁忌观念，可导致一年内停工 70～90 多天，还有因惧怕虫鬼的报复，不敢捉虫，导致虫害泛滥，严重影响农业生产。诸如此类观念的存在，使其认识不到人的创造力，唯有听天由命。[②]

整个海南岛气候条件优越，常年无冬，自然不存在秋收冬藏的耕作观念，进而影响到原始积累。再加上黎族思想中"万物有灵"观念，以巫祝为医，以杀牛祭鬼。唐胄《正德琼台志》记录道：

> 俗无医，病求巫祝。（李焘《长编》：开宝八年，琼之俗无医，民疾病但求巫祝。诏以方书《本草》给之。今多医，而祷祭仍旧。东坡云：病不饮药，但杀牛以祷，富者至杀十数牛。死者不复云，幸而不死，即归于巫。以巫为医，以

---

① 陈光良：《海南经济史研究》，中山大学出版社，2004，第116页。
② 廖平原：《海南岛黎族经济发展的人类学观察》，陈国强、林加煌主编《当代中国人类学》，三联书店，1991，第271页。

牛为药。间有饮药者，巫辄云神怒，病不复治。亲戚皆为却药，禁医不得入门，人牛皆死而后已。李东阳《徐鉴祠记》：民渐黎俗，病不服药，惟杀牛祭鬼，至鬻子女为禳祷费。公婉而道之。民寝化，皆感悦。）①

牛是小农经济中最重要的生产力，但杀牛祭鬼的行为在黎族族群内部屡见不鲜而屡禁不止。直至民国，以牛为药的巫医行为仍在黎族族群间大行其道，海南地方财政乘机在屯昌等地区征收牛税。

汉族和海南岛之间的贸易沟通开始于秦汉时期：

越处近海，多犀象、玳瑁、珠玑、银、铜、果、布之凑，中国商贾者多取富焉，则秦有至者矣。②

田户之租赋，裁取供办，贵致远珍名珠、香药、象牙、犀角、玳瑁、珊瑚、琉璃、鹦鹉、翡翠、孔雀、奇物、充备宝玩，不必仰其赋入，以益中国也。③

这里的贸易商品透露了两大信息：其一，中原汉族重视海南的奇珍异宝，所以这种贸易往来并不稳定，只有在"天下殷富，财力有余"的前提下才会发生；其二，这些奇珍异宝多为海产品，所以秦汉开始的汉族移民率先开发的是沿海地区，中部山区自然无人问津。所以到了唐宋时期，海上丝绸之路商业往来异常频繁，沿海商业城市异军突起，而汉黎间的贸易却异常冷清。

黎族商品经济迟至明清时期才见起色，不只是由于黎族社会本身发展缓慢，也和汉族长期占据黎族商品资源有关。到了明清时期，海患猖獗，明清政府推行禁海政策，阻断了海南岛的海上贸易，许多商人开始调整视角，贸易对象转向海南岛内部的黎区，这应该是清代屯昌等地区商品经济有所发展的主要原因之一。

---

① （明）唐胄：《正德琼台志》卷七《风俗》，第 139～140 页。
② （明）唐胄：《正德琼台志》卷三《沿革考》，第 58 页。
③ （晋）陈寿：《三国志》卷五三《吴书·薛综传》，中华书局，1982，第 1252 页。

二 由行商到坐贾

明清时期，汉族成倍数移民海南，生产力的发展，社会分工加深，再加上海上贸易的收缩，种种契机叠加起来，使得黎族区域内的贸易日渐兴盛：

> 黎村贸易处，近城则曰市场，在乡曰墟场，又曰集场。每三日早晚二次，会集物货，四境妇女担负接踵于路，男子则不出也。其地殷实之家，畜妾多至四五辈，每日与物本令出门贸易，俟回收息，或五分三分不等，获利多者为好妾。①

与此同时，汉黎间贸易也走向了一个新的阶段。当时的汉黎贸易沟通，主要依靠一个特殊的群体——熟黎。原因之一是汉黎间的语言不通，其二是黎路不熟。熟黎是汉化的黎族，熟悉黎语和汉语、深谙黎路，容易占得商机。到了明清时期，开始出现了一批深入黎地贸易的"行脚商"、"货郎担"：

> 黎人资食于田，取馔于山，其富视牛之多寡，不以金银为宝。唯外客贩赍绒线布匹入黎，男妇争以香藤等物彼此交易，广潮黠民常因此致富云。
>
> 不惜香藤不惜牛，广纱潮布换来收。熟黎渐觉衣冠美，好上钱粮入县州。②

据《屯昌县志》载：

> 在明代初期座商还没有出现以前，本地行商已经辗转于乡村市

---

① （明）顾岕：《海槎余录》，第399页。
② 符桂花编《清代黎族风俗图（汉英对照）》，第188页。

井。清代，随着集市增加，农村贸易范围扩大，行商也逐渐增多，到了民国末期，行商成为商品交换的流通点而遍及墟市和农村。①

这批行商大致包括三类，早期从事中转贸易的熟黎商人、深谙黎语黎路的汉族商人以及依靠熟黎带路的汉族商人。汉族商人甘愿涉险贸易，或能证明当时的汉黎对接贸易获利甚丰。据称，屯昌地区在"解放前，本地行商常以一枚缝衣针去换取黎胞的一只大阉鸡"。② 从来源上看，行商多为生活落魄的无业游民：

> 从事行商的人，多属农村破产农民或是经常浪迹外地的农家子弟，也有墟市各类破落户。他们与墟市座商大都过往甚密，经常奔波于各个集市或走村串户，叫卖货物或收购土特产转销。行商一般都和座商大户有固定购销关系。座商从外地购回本地市场需要的货物，再批发给行商走销各墟市和农村。行商在销售外地货物的同时，又收购本地土特产转销给座商。③

从《光绪定安县志》所记载的货物来看，当时黎族地区主要向汉族销售上等木材、纺织品以及狩猎所得：

> 货利　槟榔、椰子、苏木、乌木、鸡翅、花梨、沉香、黄熟、白木香、葛布、蕉布、麻布、土丝布、绵布、绵花、悦被、吉贝、黄蜡、翠毛、细席、牛皮、山马皮、豹皮（出黎山）、鹿皮、麝皮、蚺蛇皮、獭、鱼膘、熊胆、蚺蛇胆。④

光绪年间，南昌地区还有了专门经济作物的生产：

---

① 屯昌县地方志编纂委员会编《屯昌县志》，第 321 页。
② 屯昌县地方志编纂委员会编《屯昌县志》，第 322 页。
③ 屯昌县地方志编纂委员会编《屯昌县志》，第 322 页。
④ （清）张文豹纂修，梁廷佐同修《康熙定安县志》卷一《物产》，第 48 页。

南闾岭茶　味清甘。每年清明前后十日采。采时有数百余人，日采夜宿。以香气占茶叶老嫩。早时闻香，茶叶嫩；午候闻香，茶叶得中；日晡闻香，茶叶老。名曰甜茶，味匹武夷，甚堪辟瘴（《采访册》）。①

茶叶是典型的经济作物。在《光绪定安县志》之前的志书中都没有专门的记录，而《光绪定安县志》将其专门列出来，可见当时屯昌地区的茶叶生产已经形成一定的规模，并且能带来较大的经济效益，开始在黎汉贸易中占据一定分量。

随着贸易交流的发展扩大，次数增多，货郎担式的贩卖模式再也无法适应不断增加的贸易需求，于是，拥有专门店铺的坐商在黎区应运而生。有学者统计：

明中叶以前，岛上有圩市 123 处，明末增加到 179 处，以琼山、定安、文昌较多，儋州、万州、会同次之，其他州县很少，它们的分布都有向岛腹地推移之势。到清中叶，岛上圩市增加到 310 处，比明末增长了 73%。圩市间的距离缩短了，分布更加稠密。②

从行脚商到坐商的转变，特别是坐商由沿海向内陆扩展，集中地体现出商品交换从临时性、分散性、小规模向固定性、集中性、大规模演变。然而，坐商的出现不仅仅是一种经济方式的进步，还有更深刻的社会意义，这体现出了汉黎间商品贸易主动性由汉族向黎族的让渡。在此之前，生黎不与汉人往来，汉黎间的商品交换靠熟黎做中转贸易，或者汉族商人由熟黎带路，深入黎区进行商品交换。而坐商产生以后，汉黎之间的商品可以通过固定的商业点直接交换，生黎的贸易主动性进一步加强，客观上对生黎产生了一种"走出去"的牵引，同时也就促进了生黎汉化渐次发生。

---

① （清）吴应廉修，王映斗纂《光绪定安县志》卷一《舆地志》，第 129 页。
② 司徒尚纪：《海南开发》，第 47 页。

墟市的产生，最大的影响因素是交通区位。《道光琼州府志》记载道：

> 乐会县南北二峒皆系熟黎。自县城一百余里至北峒，所辖六村（加六、中平、河滥、南昌、加福、三更），每村设黎甲一名。三更村与定安县黎峒接界，黎人贸易皆在定安南闾市、岭门墟诸处。①

之所以选择在南吕市进行贸易，因为这里具有得天独厚的区位优势：

> 南闾岭，亦名三尖岭，在城西南二百里，高千余丈，连绵百余里，熟黎环居其下，此处设有营汛（《广东舆图》）。南闾峒地夷旷，民乐居之，现充里甲。惟光螺、思河原系黎峒出没之冲，时为民患（《郡国利病书》）。今县属熟黎峒地广人稠，四通八达，居五指、黎母之间。自县东南九十里入南唠峒，与万州、乐会黎峒通；西南一百里为南蛇峒，与儋州黎通。水满峒与感恩黎通，加钗峒与陵水宝停黎通，十万峒、红毛峒与崖州黎通。故县属诸峒皆防黎扼要之所，全郡安危系之，而加钗、红毛、十万三峒尤险恶，进兵不易（《采访册》）。②

直至民国，南吕市仍然是定安境内最繁华的墟市。黄强《五指山问黎记》曾记录南吕墟的盛况："铺户二百余，人口千余，现正编办保甲。新建市场，规模颇大，闻为定安全属之冠。"③

墟市成立的形式大致有两种：一种是渐聚而成，形成的时间较长，在黎区比较少见；另一种比较常见，由于人们感到有此需要，便号召创立墟市，这在短期内便可宣告成立。从这里也可以看出，商人阶层的个人引导对屯昌地区商贸的发展有着重要作用。在各州县志中，在个人宣告创立的墟市名目下，往往加注"近招"字样以示区分，如屯昌地区的

---

① （清）明谊修，张岳崧撰《道光琼州府志》卷二〇《海黎志》，第 851 页。
② （清）明谊修，张岳崧撰《道光琼州府志》卷二一《海黎志》，第 869 页。
③ （民国）黄强：《五指山问黎记》，第 7 页。

石浮市、西商市、南坤市都是在短期内号召成立的:

> 南坤墟始建于民国二年(一九一三年)。原市集于坡寮乡八队
> (老市)。当时身为琼山县八图团长的王国儒(南坤大好寨村人),
> 为兴办学校,发生争闹,于是他决定将市集迁来南坤,并在南坤创
> 立学校。王国儒与地方有田、有庄之人结拜"十兄弟"称为"十
> 甲"。在民国二年八月初六日(一九一三年九月六日),王国儒先动
> 工兴建第一间房屋,接着九甲陆续动工。由于墟建在王国儒老家之
> "南"的土"地"上。"坤曰地也"。故王国儒为新墟定名为"南坤
> 市"。初建时,没人来赶集,藤寨新村陈其养挑菜上市出售,无人
> 购买。凡无人购买之货物,王国儒包买下来,主宰市场盛衰,逐渐
> 形成集市。①

商品经济繁荣的另一则表现是市场竞争。在民族贸易发展的过程中,
许多墟市如雨后春笋般地产生,一些不具竞争力的市场也在同一时间被
淘汰。

> 《旧志》载,有学前市,在南门街;北门市,在北门街;坡芎
> 市,在东厢一里;潭丽市,在西厢一里;马罗市,在西一内堡;北
> 跳市,在博曲一里;古爽市,在博曲二里;高峒市,在高山图;南
> 凯市,在南远图;鸡岭市,在石豆、高山、黄坭合界;平田市,在
> 居腰图;石碌市,在新寨一里;石头市,在多河图;獭罗市,在南
> 雷一里;牧养市,在南雷二里;加玉市、坎头市,在南间图;居章
> 市、岭背市,在光螺图。今俱废。②

《光绪定安县志》所记录的 19 个墟市,除了一些由于族群迁移、自
然灾害、官府管控等原因以外,基本上都是市场竞争导致的消失。当然,

---

① 屯昌县南坤区编史修志办公室编《南坤区志(初稿)》,1986,第 9 页。
② (清)吴应廉修,王映斗纂《光绪定安县志》卷一《舆地志》,第 92 页。

此间不乏地方强权势力参与的不良竞争手段，然而激烈的市场竞争也使我们看到了屯昌地区商贸往来的积极性和进步性。

第二节　文化交流

习俗移志，安久移质，汉黎之间的商贸往来最初只是经济上的交流，是一个较弱的经济体和一个强大的经济体之间的对话，这只能使黎族走近汉族而非走进汉族。所以说即使熟黎"半能汉语，十百为群，变服入州县墟市，人莫辨焉"，但对于这样一个汉服、汉语的族群，汉人也并不认同他们是汉人，而是用"熟黎"一词以示区别。所以，真正意义上使屯昌地区的熟黎"全然汉化"是附着在经济活动背后的文化互动的结果。

一　汉族文教事业的起步

《光绪定安县志》记载：

> 熟黎供赋役，生黎不供赋役。南环五指、黎婺而居者曰"岐"（今黎婺无岐），其在外者曰"黎"。邑以南曰南黎峒（《旧志》云去县三百里。按：南黎峒即今南间峒，去县止一百七十里），地夷旷，民乐居之，久充里甲。惟光螺在县西南四百里（按：光螺去县实二百里。《旧志》误），思河在县东南三百里（按：思河距县止二百里。《旧志》误），原系黎峒出没之冲（《旧志》）。今二图俱平民居住，久充里甲。光螺民亦诵诗读书，上叨国典。思河多佃户，服王化，不生事（《采访册》）。①

上述记载点出了熟黎被汉族同化的两个方面，一个是"久充里甲"，

---

① （清）吴应廉修，王映斗纂《光绪定安县志》卷九《黎岐志》，第739~740页。

另一个是"诵诗读书"。前者属于"王化",依靠行政手段实现;后者属于"文化",依靠教育手段实现。所谓"诵诗"就是唱诵《诗经》,所谓"读书"就是咏读《书经》,《诗》、《书》是儒家四书五经的代名词。这里的"文化"也就是推行"儒学"的结果。志书所称,"今二图俱平民居住",这表明清政府统治阶级意识形态对"南闾民"、"光螺民"等黎族的族群认同,这显然不仅仅是汉族移民和通商的结果,而是在文化上逐渐产生了认同感。

先说儒教事业。事实上,这种移风易俗的教化方式并不只是一种单纯的振边兴民的教育手段,而是一种王朝政府惯用的怀柔政策,这种手段的变形还包括立孝节坊等道德教化。用政府册封手段灌输儒家贞节的意识形态,如清朝在屯昌西昌镇夏水村有一处清代嘉庆年间设立的孝节坊:

> 孝节坊　位于西昌镇夏水村,建于清嘉庆十九年(1814),坊向北,为 4 柱 3 楼的石碑坊。全部用灰白花岗岩石砌成。正门宽 2 米,左右两端有图案,现仅存坊门,其他建筑均遭破坏。
> 为禀生陈贵琯之妻朱氏立
> 为职员陈于培之妻林氏立
> 为樊之妻吴氏立
> 为王洋之妻黄氏立[1]

宋代以前,对海南地区儒教事业的推行主体为谪琼士人,这只能算是"民办教育"。真正意义上的官办教育以宋仁宗庆历四年(1044)创办琼州府学为最早,此后,其余三州十三县纷纷创立儒学。许多黎族也遣子入学,"虽黎獠犷悍,亦知遣子就学,衣裳其介鳞,踵至者十余人"。[2]

---

[1]　屯昌县地方志编纂委员会编《屯昌县志》,第 585 页。
[2]　(宋)庄方:《琼州通守刘公创办小学记》,引自(民国)朱为潮主修,李熙、王国宪总纂《民国琼山县志》卷一四《金石志》,第 756 页。

这时海南的文教事业仅仅是围绕沿海城市而发生，学校的兴办也仅仅在州县，并没有深入黎区，送入汉族学校的黎族子弟也是为数不多的黎族土酋的子弟。黎学的开端，反而是在民族压迫最为严重的元朝。乌古孙泽曾于至元二十九年（1292）建议设"黎学"以教谕黎民，时为湖广行省长官的阔里吉思采纳并实施，开在黎寨建学实施教育之先河。此外，元朝统治者还在承袭宋代学校的基础上，创立社学。

黎区的教育到了明代步入了一个新的阶段。当时黎族子弟接受教育的学校，主要是府州县学和社学。一些黎族土官和首领纷纷送子孙进州县学读书，而较多的黎族子弟则是在社学读书。社学创始于洪武八年（1375），至弘治年间，最为发达，其中最为著名的是水会社学，在今天的琼中县境内。甚至为了强力推行这种入学方式，弘治十六年（1503），明政府下令："以后土官应袭子弟，悉令入学，渐染风化，以格顽冥。如不入学者，不准承袭。"① 在这样的教育背景下，屯昌地区出现了第一位岁贡——南吕都的梁彩龙。②

清朝在明朝的基础上，更为注重少数民族的文教事业。乾隆七年（1742）："又议准：广东崖岭等七州县，各于黎峒相近之区设立义学。俟三五年后，果有能通文义者，照苗学之例，另编黎字号考试。每州、县定额录取，许其一体乡试。"③

在此影响下，海南岛的文教事业从沿海到内陆有了新的发展，尤其是沿海到内陆过渡地区的所谓熟黎文化带，在兴学办校上有了更多的自觉性。

二 社学兴办与文化认同

社会经济的发展，成就了屯昌地区一个重要阶层的崛起，即士绅阶

---

① （清）张廷玉等：《明史》卷三一〇《湖广土司》，第 7997 页。
② （清）焦映汉修，贾棠纂《康熙琼州府志》卷七《人物志》，海南出版社，2006，第 606 页。
③ （清）素尔讷等纂修，霍有明、郭海文校注《钦定学政全书校注》，武汉大学出版社，2009，第 269 页。

层。在汉黎贸易过程中，屯昌商人获利极大，在汉族传统等级观念"士农工商"的影响下，他们开始转向对政治的诉求。在他们的推动下，一系列社学、义学在屯昌地区纷纷成立，详见表3-1。

表3-1　清代屯昌地区社学义学一览

名称	简介
攀桂社学	闰二图禄根村。嘉庆戊午年（1798），耆民陆明富邀建，置田以诲生徒。
蕴龙社学	闰二图乙坡村。道光戊戌年（1838），钟德馨邀建，置田以教后学。
南离社学	闰二图石岭村。道光辛丑年（1841），监生程大美邀建，置田以瞻来学。
福田社学	闰一图乌坡市，久圮。道光二十七年（1847），图中福田、车戏等村邀捐，移建于福田坡村前。敬奉文昌帝君。置含渊、理生、加垒等田，收租办祭外，余存为修金、膏火、宾兴等项支费。尚不敷用，公议在本图土产椰子出息内每百钱抽头二文筹补。公举本图绅士经理。
步云社学	在闰二图旗鼓岭村。道光二十七年，程有能邀众捐建，以诲生徒。
毓麟社学	在东河图南凯村。耆民符其清、郭维桓、谢永贤道光甲午年（1834）邀众建。置有牛路、坡屺、冷水等处田，插秧一千三百把。
丰睦义学	在光螺图枫木市。乾隆二十四年（1759），廪生王履泰邀里党建之，置田一丁。道光八年（1828），知县臧吉康奉上宪文饬置义学，监生吴开熙邀众加置登合母等处田五丁，舍宇三座，每座三间。咸丰元年，开熙又集众重修，加造大门、亭阁、四面环墙。内横五丈八尺，竖二十四丈。
炳文义学	在西岸图石桥村。里人吴大清、吴大定、吴金富、钟章光绪丁丑年（1877）议创。
焕文义学	在光螺图石岭坡村。监生王峻德暨男廪生正一于同治元年（1862）邀建。置有丰睦市后埇田一丁，秧一千把，以为宾兴之赀。
育才社学	在光螺图新村仔村。乾隆间，处士陈毓俊邀同村叶万钟等二十人建，以教子弟。置有学资田，土名上田排、下田排田一丁，堀门田、东武田一丁，苗米二斗一升。

资料来源：（清）吴应廉修，王映斗纂《光绪定安县志》卷二《建置志》，第179～182页。

大大小小的社学、义学其主要特点有以下几方面。

首先是民办性质突出，都是靠当地民众捐资建立。这些捐资乡民有两大共通点，一是有一定的资产，二是接受过儒家的教育，他们大多数是监生、廪生，再不济也是处士。如丰睦义学捐资者王履泰：

> 王履泰，字来庵，光螺图人，廪生。性行正直，超俗不凡。幼聪敏，诗文执笔立就。屡战棘闱，不售。慷慨好义，邀图中捐资置产，创义学于枫木市。与莫景瑞友善。景瑞慕苏东坡石刻，因游览名迹，时至其家致意盘桓，画梅题诗赠之。①

社学兴办的发起人中，也有当地地方官的引导倡议，但仍然属于民间行为：

> 缘本县康熙年间有县主张公文豹，念生员清贫，课读无资，捐置土名三沣、岭脚、大村等处田五十一丁，每年收租，除解贫生银外，余为通邑义学师生修金膏火之费。经详各上宪批示，刊载邑志。又雍正元年，县主丁公继离重修义学，有好义生员吴永泰加捐土名枫木庄田二十一丁，勒碑竖载。并拨入天鹅庄田二百一十丘，连庄内榔园地所。从前原择邑中谨厚殷实绅士管理，按年延师掌教义学。②

其次，所有的社学都依靠特定的耕田输税维系运行，绅民捐助田产后租赁给佃户，然后依靠收取田租来支发包括兴修校址、延请教师所需要的种种费用，一些贫寒子弟也可以入学，不需要缴纳资费。所以这些社学、义学又具有公益性质：

> 枫木庄田二十一丁（另荒田十丘零一片，村场一片，鱼塘二口）。雍正元年，生员吴永泰捐入义学。苗米四石六斗五升七合九勺。岁纳条银二两四钱八分八厘，遇闰加银二分三厘；仓米九斗四升一合三勺，耗米

---

① （清）吴应廉修，王映斗纂《光绪定安县志》卷六《列传志》，第 419 ~ 420 页。
② （清）王体仁：《重定义学田庄管理详文》，引自（清）吴应廉修，王映斗纂《光绪定安县志》卷二《建置志》，第 172 页。

一斗五升零六勺，连耗共米一石零九升二合。在光螺图四甲外输纳。
租米四百一十三笔。①

再次是不稳定性。社学兴办以后，由于学校的民办性质，执行力度
较弱，所以田地租赋的管理者由当地名望较高的人担任，这就不外乎两
类：一类是当地谨厚殷实的绅士进行管理，如当时的福田社学，按《光
绪定安县志》记载：

> 道光二十七年，图中福田、车戏等村邀捐，移建于福田坡村前。
> 敬奉文昌帝君。置含渊、理生、加垒等田，收租办祭外，余存为修
> 金、膏火、宾兴等项支费。尚不敷用，公议在本图土产椰子出息内
> 每百钱抽头二文筹补。公举本图绅士经理。②

另一类是由县官代为管理。这就难免出现管理疏漏，乡绅的管理力度本
身不大，而县官又常年"升调迁移，去留无常"，这样的管理疏漏使得
社学的运转时兴时废："逮乾隆十七年后，因积久佃刁，收管为难，县
主权暂管理，收租支发，延师训课。乃因仍久年，不能无弊。历任县主
升调迁移，去留无常；义学开教停止，难以纯一。"③

社学义学的捐资，主旨在于"助学"，在科举考试过程中，还有应
试者赴试所需的盘缠和参考所需缴纳的费用等各项开支，所以在清代又
出现了制度化的、旨于"助考"而非"助学"的宾兴款。助考性质的宾
兴活动早在宋代就具备，当时主要源于义庄的资助。到了清代，宾兴款
项被制度化，来源也多样化，既有官方资助，也有民间捐赠，包括书院
出资、增税、官员捐助、乡绅捐助、罚项、摊派、将他款改作宾兴款、
租金、利息等多种来源。④ 其中，屯昌县的宾兴款以田租为主，并且，

---

① （清）吴应廉修，王映斗纂《光绪定安县志》卷二《建置志》，第 170～171 页。
② （清）吴应廉修，王映斗纂《光绪定安县志》卷二《建置志》，第 179 页。
③ （清）吴应廉修，王映斗纂《光绪定安县志》卷二《建置志》，第 172～173 页。
④ 详见周兴涛《也论清代宾兴》，《中国地方志》2008 年第 6 期。

现存文献中，整个海南最早的宾兴田所捐赠的对象，就包括今天屯昌地区的士子：

> 南薰庄田八丁半，在文峰图。共田一百六十四丘，插秧一万三千八百三十把（红斗村场一角，佃丁居住）。苗米八斗，在西一图一甲输纳。道光十三年，举人陈赞元、生员胡谟邀绅民公捐银九百两，置为宾兴项……每年田租公举绅士一人管理。除纳粮外，贮为乡试、会试、廷试之资。[①]

在乡绅士子的推动下，屯昌地区的儒学事业蔚然成风，对屯昌地区进一步汉化产生了深远影响。

三 宗教的传播及其对大众文化的影响

在封建社会中，儒学属于精英文化，屯昌地区的儒教事业最初也只限于官绅等所谓的"精英阶层"。汉文化真正大范围的普及，则是在道教、佛教等传入海南后，以普通民众为主的大众文化得以广泛传播。随着民间交往的进一步加深、汉黎民间习俗的互动以及宗教的传播，汉文化在海南民间的影响力日益加强。

先说道教文化。

道教在海南的传播十分广泛，在民间信仰中影响很大。在包括屯昌在内的海南很多地区民俗文化中都可以看见道教的影子。中南民族学院海南岛黎族社会调查组曾对海南地区的民间信仰做了大量田野调查，调查认为海南岛汉族道教文化向岛内黎族地区的传播，大致沿循五条路线，其中之一便是经由屯昌岭门传播至五指山地区：

---

① （清）吴应廉修，王映斗纂《光绪定安县志》卷二《建置志》，第 164～166 页。南薰庄在今天屯昌与定安边界地带，文峰图的部分地区在今屯昌境内的马湾坡、蒙头、下鸭、大石、猫尾埇、鸡近等村。

在 22 个调查点中，只有 18 个点有这类宗教活动主持者，其中福关、水头、番文三个点直至目前仍未出现道公，必要时也只好从别的地方请来。传入的过程多与文化传播相结合，至于汉族道教传入的路径大致是：一由感昌和儋州传入（白沙县的南溪、番响、东方县的西方等）；二由屯昌岭门（如白沙县细水乡）；三由崖县（乐东县之福汶）；四由万宁（琼中县之堑对）；五由陵水（这点材料尚缺，但按推测是这样，因为有些地方如陵水县北光乡等地因传入的时间太久，群众说不出来源）。①

作为中国唯一的本土原始宗教，道教以"道"为最高教义，以"神仙信仰"为核心内容，追求自然和谐、社会安定。这与处于较为落后的生产方式和社会状况的海南内陆黎族人民在精神生活、宗教意识和信仰心理方面具有相当的吻合性。同时道教教义本身具有很强的开放性和包容性，其在传播过程中很容易就和黎族本土的原始巫术等结合起来。现存海南很多地区民俗仪式中的"道公"就是中原地区的道教传入海南后，经过本土文化改造而形成的一种民间信仰化宗教的一种神职人员。

再说佛教文化。

屯昌最著名的佛教寺庙福庆寺，位于新兴镇岭前洞大塘村右侧，始建于清乾隆初期，至今有 300 多年的历史。

福庆寺初名福禄庵，由临济宗（佛教禅宗五家之一）派比丘僧尼释心贤和释心静主持。乾隆十四年（1749）由源德主持，先后建起大雄宝殿、鼓舍、钟楼、斋堂、功德堂、慈航堂、韦陀殿、天王殿。庵院拥有水田 4.13 公顷，坡地 10 公顷，咸丰四年（1854）由有敬法师主持，将福禄庵改名新庆庵。光绪二十四年（1898）由安法普真大师主持，改名福庆庵，民国十九年（1930）由正玉法师主持，此间莲华正觉（藏名贝嘛布达）金刚上师（王家齐）自南京回庵，面授《密宗》，带回几位和

---

① 中南民族学院本书编辑组编《海南岛黎族社会调查》，广西民族出版社，1992，第 98 页。

尚和一批藏汉文经书，并将福庆庵更名为福庆寺，新中国成立后，破"四旧"时被毁。

佛教在屯昌等地的广泛传播，与王家齐先生的推动与帮助有很大关系。王家齐（1895～1959），字毅修，号太庚，佛号莲华正觉。汉族，屯昌县新兴镇南福村人。幼年在南圯私塾启蒙，1917 年考入琼崖中学，1924 年毕业于广东岭南大学，获学士学位。1930 年，由蔡元培教授介绍到南京东南大学图书馆当管理员。在当管理员期间，潜心研究佛学。1934 年，出任全国蒙藏委员会委员兼蒙藏佛学教授，同年参加国民党。1935 年任全国蒙藏委员会专员。此间他编写"佛学讲义大纲"，先后在上海、南京、云南、贵州、西藏、广西等地传教。1937 年，抗日战争爆发后，他随国民党中央政府迁往重庆，任专员，同时受聘于重庆大学。不久，被派往西藏研究藏族文化，同时还任滇黔桂三省视察员。回重庆后任蒙藏委员会编辑处主任兼重庆大学教授。在重庆工作期间，参加了中国共产党召开的进步人士座谈会，受到周恩来的接见。会后，周恩来还拜访了他，征求蒙藏群众的意见。1945 年，抗日战争胜利后，任国民党中央监察委员会秘书处干事、总干事长、专员、审查处长、行政院蒙藏委员会专员等职。1946 年，辞去国民党政府一切职务，到云南大学任教授，并在"莲花祯社"任佛学法师，先后到昆明、南京、上海讲传佛教。1950 年，返回故乡屯昌定居。1959 年病逝，享年 64 岁。

另外，汉族大众文化中的风水文化也伴随丧葬等习俗在屯昌地区传播开来。

屯昌石峡村今尚存海瑞家族的四座祖墓，明始祖海公之墓（海答儿始祖墓）、皇明庄淑孺人吴氏墓（六世海鹏妻墓）、海大公墓（十二世祖海见龙墓）、海忠介节母诰封太恭人谢氏墓（海瑞母亲墓）。海氏墓区坐落在鹧鸪岭（当地人称为金盘山）两峰之间山脚下向北约 200 米的高岗上。《海氏答儿公族谱》卷之一记载，答儿公葬于定邑积善图马罗石峡大岭下，坐己向亥，并附有一张地图，地图上标明此处为"来龙"之地。墓址左右两侧标明为田地，东、北、西三面皆临河流，墓前有一缺口，称"水出子"，再北称"银台岭"。① 这一墓葬就形成了金山银岭格局，从这里可以看出汉族的风水文化在屯昌地区的传播。海瑞祖墓也充分反映了明代的墓葬文化。在皇明淑孺人吴氏墓的石碑前有一石供案，供案前为三供，即中间一石鼎，左右两边各一石瓶。海瑞祖墓有一对石望柱，这是明朝时期只有七品以上或受皇帝敕封的人才能享有，因此，海瑞祖墓的石刻反映出明代封建等级礼仪。

从民俗共享的角度看，民俗的传播具有双向性，屯昌地区的墓葬文化也同样影响着当地汉人。明代中原大陆的家族墓地按辈分排列非常有序，即祖墓位于后部的正中，前面子孙的墓按左昭右穆的原则一代一代地排列。但海瑞祖墓则不同，似乎没有什么规律。据当地人介绍，一直到近现代，屯昌县的墓葬并不一定是夫妻合葬，完全由"风水仙"按风水指定的地方而葬。所以经常出现夫妻分葬的情况，有时夫墓在村东，而妻墓在村西，甚至夫妻分别葬在相距几十公里的地方。这是屯昌县一带独具特色的汉族埋葬风俗。另外，在海瑞祖墓每一个墓葬的西边 2 米左右，都埋着一座小墓，墓内既不埋人，也没有棺椁，只是封上小土堆，前面竖立一块石头，称之为"神墓"。这也是屯昌县的地方风俗。②

总之，随着大陆地区宗教的传播以及汉黎民间民俗文化互动，屯昌地区汉黎文化出现了融合的趋势并逐步向多元化方向发展。以军坡节为例，在军坡节与冼夫人信仰的关系上，屯昌地区的军坡节信仰，既不同于黎区的祖先崇拜，也不同于汉区的冼夫人崇拜，他们认为冼夫人只是当地的一位祖先，和其他黎族的祖先"公"处于平等地位。这和汉区解释"公"是冼夫人手下的将领或者是归顺冼夫人的黎族头领又不一样。在这一解释中，外来英雄冼夫人和本土英雄处于一种"平级"而非"上下"级的关系。屯昌地处黎汉交接处，黎汉话语权力几呈均势，在民俗信仰的过程中便没有了高下之分。

---

① 《海氏答儿公族谱》，海南大学周伟民、唐玲玲私藏。
② 阎根齐、王辉山、陈涛：《海瑞祖居祖墓调查报告》，《中原文物》2011 年第 6 期。

第三节 清人治黎：弹压与安抚

清代海南的民族关系呈现一种较为复杂的态势，但与元明时期相比，仍有不小的进步。如吕振羽先生所指："（清朝政府）一方面利用和通过各民族的统治阶级或上层，去统治各族人民；一方面是联蒙制汉和联蒙汉以制国内其他各族。"① 在调节民族关系中，清统治者有意识、有目的地协调好与其他民族之间的关系，不断扩大其统治的社会基础。地方官员亦不乏积极协调汉黎关系者：

> 《旧志》云，本县图分旧额官制三十四图，景泰三年县丞钟政减并为二十六图。而今居腰、黄竹、西岸都、博曲二里，丁粮日耗，民力不堪，皆欲归并。呜呼！户口者，当时课有司六事之一也。若王成之伪增固为可耻，不知抚字心劳者，旬人生齿日繁，归附日众者何故。陆子曰，视户口丰耗以稽抚字。本县之户口若此，其抚字可知矣。况居腰、黄竹、西岸、博曲各图皆密迩县治，近而易悦者也，非若多河、南间、思河、光螺各都连杂于黎，梗而难化者也。然孔子曰"远人不服，则修文德以来之"，孟子曰"用夏变夷"，顾为政区处何如耳。今远人非为不服，而近者且以日消，可以反求其故矣。②

所以，整个清朝，满族政权对海南岛民族关系的经营的确做出了较大的努力。无弃置之争（如汉），非流放之域（如唐、宋），更无民族仇杀（如元），甚至在明朝奠定的移民、人口、商贸、耕田、文教事业的基础上都有所倍增，然而黎族人民起义反抗斗争的次数却并未下降，有学者统计，清代黎族武装起义共有 98 次，详见表 3 - 2。

---

① 吕振羽：《简明中国通史》，人民出版社，1955，第 890 页。
② （清）张文豹纂修，梁廷佐同修《康熙定安县志》卷一《乡都》，第 38 ~ 39 页。

表 3 - 2　清代黎族起义统计

朝代	顺治	康熙	乾隆	嘉庆	道光	咸丰	同治	光绪	宣统
次数	12	31	3	6	7	7	7	24	1

资料来源：唐玲玲、周伟民：《海南史要览》，第 258 页。

从表 3 - 2 统计数据可以看出，清朝的黎族起义从未间断，且在清初和清末社会动荡的背景下起义尤为集中。有学者指出，清初黎族勇武参与抗清活动的原因包括三方面，对旧事物的好感、对新事物的排斥以及外界的挑唆：

> 明朝实行的治黎政策深得民心；清军在南下过程中制造的屠城事件，尤其是实行"剃发令"的行为，给黎族人民造成了严重的心灵创伤，激发了他们的排清情绪；占据海南郡城的南明官将积极组织、利用黎民抗清。[①]

清末的黎乱则是由于清末社会动荡所引起的。许多研究海南的学者认为海南至明而大盛，至清则步入式微，是事物发展盛极必衰的结果。这种观点有待商榷。可以说，清代比以前历代都重视对海南的经略，也有重视的必要。清政权建立之初，前明政权退守台湾，经略好了海南就是一处遏制台湾反扑大陆的绝佳据点；到了清末，海防意识进入王朝战略议题，并由张之洞亲自出任湖广总督，兴办洋务。自此，经略海南被放置到一个国际环境中，提到了一个新的高度。

政治上，清代基本上因袭明制，但是在黎族乡图的设置中，比明代划分更为细密。琼山县除原有的五都八图外，清时又增设三图；在万州，对于叛服无常的鹧鸪峒即划分为两峒，州北部原只有三图，清代又扩大为九图。这些行政区划的背后，实际上是伴随清朝"改土归流"政策的推行，而明朝屡废屡复的土官制，终于在清朝得到了一个有效地调

---

① 刘冬梅、欧阳洁：《清初海南黎族勇武抗清原因分析》，《史学集刊》2012 年第 6 期。

节——土流兼治。早在康熙二十七年（1688），昌化知县陶元淳已经开始裁革土舍："县故与黎为界，旧设土舍，制其出入，官吏因缘为奸，至是撤去。"①《光绪昌化县志》记载："旧有土职二员，名招黎，既归有司，遂不复领于土舍，近立大员、大村二峒。"② 同时，部分黎区仍然起用土官，但土官的权利已大大受到流官的监控：

> 黎头辖一峒者为总管，辖一村或数村者为哨官，大抵父死子代，世世相传，或间有无子而妻代之及弟代之者，为众心所归而公立之也。凡小事听哨官处断，大事则投诸总管，总管不能处，始出而控告州县。③

政治手段的另一种方式是惩办官吏，缓解黎族群众的怨气。黎族人民起义往往因为长期积压的社会矛盾，再加上特定事件作为导火索一触而发。明末清初，学者顾炎武曾于《肇域志》一书中指出："黎易治，往时之乱，多有司激之耳。"④

惩办违法官吏使百姓积压的不满情绪得以发泄，以减少大规模冲突。如嘉庆二十一年（1816）儋州薄沙峒生黎因不堪役兵索诈盘剥，故在符那二等领导下掀起了声势浩大的起义，最后也是在"严究役兵索诈盘剥者，皆坐以律"⑤ 的情况下，才使黎民消除怨气，起义得以平息。

但在军事上，清政府的态度也十分强硬，对黎族的起义坚决弹压，甚至动用较为先进的热兵器打压黎族起义。此外，在各路关卡要地，设置专门的兵营，派遣绿营军驻守，并在一些地方招募乡勇哨兵。情况紧

---

① （清）阮元总裁，陈齐昌总纂《道光广东通志·琼州府》，海南出版社，2006，第709页。
② （清）方岱修，李有益纂修《光绪昌化县志》卷五《村峒》，海南出版社，2004，第218页。
③ （清）张庆长撰，王甫校注《黎岐纪闻》，第117页。
④ （清）顾炎武：《肇域志》，第2230页。
⑤ （清）钟元棣创修，张隽等纂修《光绪崖州志》卷一四《黎防志》，第365页。

急时还可由外地增调军队：

> 二十八年（康熙二十八年，1689——引者注），陵水定安黎乱，总镇吴启爵攻破之。两次深入黎峒，熟悉黎情，请于督院，愿领本际官兵，自裹行粮，略定黎地，顺抚逆剿，一二年间可以廓清全琼，听朝廷设立州县，为久安长治之计。寻以议非万全而止。乃议开十字道，直通诸州、县。于民黎交错处，如琼山设水尾营，定安设太平营，儋州设薄沙营，崖州设乐安营，陵水设宝停营，皆据黎岐腹心（《府志》。参《琼山志》）。①

所以，清廷的对黎政策是剿抚并举，不同时代又有不同侧重。因此，有学者将清代"治黎"分为三个时期：

> 第一个时期是顺治、康熙年间，清朝政府入主海南并在海南站稳脚跟的时期。这个时期的黎人动乱往往与前明政权有关。清朝动用兵力，将之一一镇压。第二个时期是雍正至同治年间，清朝在海南的统治已经巩固，黎人的反抗主要来自汉人的经济剥削、官吏的压迫以及黎首的剥削。朝廷在武力威压下，多行招抚之策。第三个时期是光绪年间至清末，这个时期黎人反抗的原因仍然与第二个时期相近，但海外因素的影响日益占据主要地位……因此清朝派出张之洞经营两广，自然也包括海南。②

有清一代，黎汉的关系持续加强，屯昌地区的熟黎也基本完成了汉化，实现民族大融合，社会、经济、文化向着多元化发展。然而近代社会持续动荡，屯昌地区的文化冲突并没有因为汉化的完成而结束，相反，现代文明伴随西方列强入侵进入屯昌地区，新旧文化之间又一次形成了新的对垒。

---

① （清）钟元棣创修，张隽等纂修《光绪崖州志》卷一四《黎防志》，第364页。
② 安华涛、唐启翠：《"治黎"与"黎治"——黎族政治文化研究》，第109页。

附：明清时期屯昌黎汉都图一览

所属县	所属乡	都图名	今属地段
定安县	西乡	居仁图	百家、圆坡、下屯一带
		积善图	李芽、南福、诗礼、吉坡、干埇坡、三官坡、石峡
		文丰图	马弯坡、蒙头、下鸭、大石、猫尾埇、鸡近
		东河图	奇石村一带
		西岸图	福永、水口、加宝、万银、东风、山地、洋上、高朗、石桥、大颜等
		南远图	海株、南台、中建场
	南乡	南吕一图	乌坡镇管辖范围
		南吕二图	南吕镇管辖范围
		光螺图	枫木、岭门一带
琼山县	仁政乡	西黎一图	新兴墟一带
		西黎二图	南歧一带
		集雅图	海军、海新、海雄一带
		崇德图	大陆坡、龙水一带
		积德图	大同、三发、新昌、大洞一带
		怀义图	屯昌一带
		踵科图	岳寨、良史一带
		环琅一图	长圮、南电一带
		环琅二图	平头、坡尾一带
		南坤图	榕仔、黄岭墟、南坤一带
		富谷图	松坡、山柚坡、镜面坡、大路坡、后头坡一带
		林弯图	坡寮一带
		安仁图	新丰、新村、岭肚墟、周朝一带

续表

所属县	所属乡	都图名	今属地段
澄迈县	永泰县	南黎一都	西昌墟一带
		南黎二都	海寨一带
		南黎正都	水潮、岭肚园、书芳园、良田一带
		南黎副都	芙蓉、永忠一带

资料来源：屯昌县地方志编纂委员会编《屯昌县志》，第 66 ~ 67 页。

第四章 | 对垒
——清末民初的屯昌地区

　　1840 年，英国借口虎门销烟而发动鸦片战争，自此，中国步入了列强环伺的近代社会。随着一系列不平等条约的签订，西方列强开始了对中国经济的掠夺。1858 年第二次鸦片战争中，英国、法国、俄国、美国强迫清政府签订《天津条约》，琼州被辟为通商口岸，1876 年，琼海关设立，海南也陷入了半殖民地半封建社会的深渊。

　　以"对垒"二字描述清末民初屯昌地区的经济、政治、文化状貌，是基于对鸦片战争前后屯昌历史发展的纵向对比。屯昌地区的熟黎族群从康雍年间开始了更为深刻的汉化，至光绪初年已经完全"汉化"，这一发展实际上是对民族大融合的概述。如果没有西方列强的入侵，这种沟通融合将会"其乐融融"地进行下去。然而，西方资本主义的入侵，使本应持续进行的沟通状态转变成诸方拉锯的对垒势态。政治上，大量战争赔款无一例外地摊派到民众赋税之中，地方官僚乘机加紧对各族人民的强取豪夺，社会矛盾日趋尖锐，加深了民众的对立情绪；辛亥革命推翻清廷统治，然而一个期待已久的民主政府并没有真正建立，继而代之的是军阀剥削，从而形成民众与统治者之间的对垒。经济上，清政府各层发起"洋务运动"，师夷长技，以洋务实业同西方资本展开对峙。文化上，科学民主向封建礼教发动攻击，民风为之一变；马克思社会主义思潮的传入，又一次引起思想的争锋。

　　另一组事实则是基于海南地区和中原大陆以及抗战前后屯昌政局面

貌的比较。对垒不同于热战，比之中原地区军阀间的混战，这一时期海南军民对抗，只能用"械斗"概括，尚未达到"激烈"的程度。这一时期屯昌地区的政局，也不同于抗日战争时期和解放战争时期的酣战，所以用"对垒"一词以示区分。

第一节　苛捐重税下的近代屯昌

近代社会动荡不安，晚清政府走向腐败，大量战争赔款摊派到百姓税收中，地方官员趁乱横征暴敛；辛亥革命推翻清廷统治，继之而来的却是军阀割据；国民革命驱走军阀，但并没有结束海南岛内的混乱政治。近代屯昌频频易主，但带来的却是新一轮的剥削。

一　张之洞平黎与晚清苛政

随着列强入侵，清政府在海南的苛捐日益加重。由于晚清朝廷的腐败无能，地方官吏、地主豪绅开始对百姓肆意盘剥，起义相继爆发。同样，屯昌地区起义、反抗、械斗频频发生，整个社会动荡不安（见表4-1）。

表4-1　清末民初屯昌地区的起义与地方械斗概况

时间	事件
咸丰七年（1857）	"三合会"2000多人围攻枫木、岭门豪绅。当地豪绅叶文锦等连同知县章增耀带兵进行镇压。
光绪十一年（1885）	儋县客家人黄邹强聚众2000余人起义。黎人陈忠清、陈忠明、王打文带领农民响应攻打南吕等墟，冯子材带兵镇压，起义失败。
光绪二十九年（1903）	地方"民团"与"三合会"械斗。南吕的龙楼、郭石、大罗、石岭、古史村，乌坡的从良、南东、村仔、坡田、乌坡墟，枫木的罗案、足产、大葵、山头等村5000人参加械斗。双方死亡100多人，15个村庄被洗劫。

时间	事件
宣统三年（1911）	琼山县"三合会"与岭肚当地黎族农民联合举行反清武装斗争，攻打岭肚墟官吏。

资料来源：屯昌县地方志编纂委员会编《屯昌县志》，第 8~9 页。

1884 年，时任两广总督张树声因病请辞，朝廷当即委派洋务派大佬张之洞署理两广总督，督办广东防务。两广总督张之洞刚到任，黎族就爆发了一次大起义。张之洞当即武力弹压，平定叛乱，态度十分强硬：

> 沁、马、养、敬四电悉。逆黎施毒，杀我将士无数，令人痛愤填膺，非毁巢痛剿不可。兵势至此，万不能罢。请公速筹深入善策，永除此害。饷项无论如何艰难，鄙人尽力佐公，誓以开山平黎为度。朔。①
>
> 歌、齐三电悉。马岭、廖弓两巢均破，甚慰。通匪庇贼劣绅，如审实即请严办。令典史率团搜山擒匪极是，赏格照办。此举以获匪为要，不然大军撤后，踞扰如故，匪巢毁如不毁也。篠。②
>
> 盐、咸三电悉，马岭、廖弓两巢攻战详情均悉。将士奋勇，皆麾下督饬调度之功也。军士兵渐愈，甚慰。鄙见山内贼巢，似不必尽毁。缘荒山进兵，雨多雾塞，无所栖止，正苦屯戍为难。匪巢既破，就此驻军设卡，屯粮积械，胜于自造棚寮矣。此日黎地，即是将来我地，不比越境攻贼也。希酌办。效。③

---

① （清）张之洞：《致屯昌冯督办（光绪十二年十一月初一日发）》，苑书义等编《张之洞全集》卷一七五《电牍六》，第 5151 页。

② （清）张之洞：《致屯昌冯督办（光绪十二年十一月十七日发）》，苑书义等编《张之洞全集》卷一七五《电牍六》，第 5158 页。

③ （清）张之洞：《致嘉绩冯督办抄示刘倅保林（光绪十二年十一月十九日发）》，苑书义等编《张之洞全集》卷一七五《电牍六》，第 5159 页。

在与冯子材的电牍公文中，张之洞明确表示，一要全面肃清叛乱匪徒，一劳永逸；二要就地囤粮积械，把黎地变为"我地"，可见张之洞弹压黎乱的决心。

为了从根本上平抚黎族叛乱，张之洞提出了两大建议，开通黎路与购线歼匪：

> 陈巢既破，入黎已深，群匪依险潜伏，军士坐耗瘴病，求战不得，未免可惜。此时要策有二，公前已筹及，请专意行之。一曰雇夫开山。多募土团，资以军火，专令向导伐木开路，令其逢涧搭桥，寻地凿井。俟此处有可饮之水，有可驻之地，再移营步步进扎。一曰购线歼匪。群匪散匪，大队无所用之，惟有重赏购线，无论黎汉，擒杀一匪者，赏若干，自必残杀捆献。前示匪首三十余，捐三千金，诸酋可毕；再有数千金，悍党可尽矣。以黎开黎，以黎攻黎。总之，不外养军威用土人之一法，但须招谕良黎，投诚者不诛，免致负隅致死。管见当否，请裁酌速办。朔。①

上述两项同时涉及"用土人"的办法，平黎后张之洞又大量任命黎族土目，自清初"改土归流"后，土官再一次得到起用。开黎路、用土官，终明一代的政治议题又一次得到了回应。在递呈朝廷的奏折中，张之洞就起用土官论道：

> 将来开通生黎大路后，选择要地设官抚治，安营弹压。各村黎长助剿开路有功者授为土目，就中酌设局总土目数人。散目给顶戴，总目授土职，自为约束。仍听地方官选黜，略仿滇、黔各省土司之例，不令吏胥索扰。②

---

① （清）张之洞：《致屯昌冯督办（光绪十二年十一月初一日发）》，苑书义等编《张之洞全集》卷一七五《电牍六》，第 5151~5152 页。

② 广东省民族宗教研究院、中国第一历史档案馆合编《〈清实录〉与清档案中的广东少数民族史料汇编》，广东人民出版社，2011，第 283 页。

冯子材平黎后，首先在岭门、南半、悯安等地各设抚黎局一所，作为地方政府设于黎区的统治机构。抚黎局下各设黎团总长，统辖县属黎境。黎总之下有总管统辖全峒，峒内黎户十家为排，三排为甲，三甲为保，所有保甲、排各长，例由黎族充当，黎总和总官一般由黎人中有势力者任之，最高首脑抚黎局长则由地方政府直接委任汉族官吏。如此层层管辖，加强对人民群众的管制。

在地方官员清廉正直，对土官实行有效监控牵制的情况下，这一做法无可厚非。反过来，若是地方官吏本身贪赃枉法，再与土目豪绅同流合污，就会对百姓形成双重剥削。历史的发展也正是如此，清末大乱，地方官吏，包括后来的军阀趁机当起了"土皇帝"，对百姓的压榨愈演愈烈。

二 国民政府的苛捐杂税

在孙中山领导下，中国爆发了资产阶级民主革命运动。1911 年 10 月 10 日，在武昌发生的一场旨在推翻清朝统治的兵变，揭开了辛亥革命的序幕。武昌起义后，各省纷纷响应，到 11 月下旬，全国有十几个省区宣布脱离清政府而独立，清朝统治分崩瓦解。屯昌民众也纷纷举起反清起义的大旗配合革命，1911 年，琼山县"三合会"与岭肚当地黎族农民联合举行反清武装斗争，反抗岭肚墟官吏的暴政。

1912 年 1 月 1 日，中华民国成立，1912 年 2 月 12 日，宣统帝正式下诏退位，清王朝统治结束。然而，辛亥革命的果实被袁世凯窃取；袁世凯死后，中国出现军阀割裂的局面。

1920 年 8 月，粤军陈炯明部自福建回师广东，驱逐占据广东的桂系军阀。驻守海南的滇军（又称海疆军）李根源部依附桂系，主力自海南赴广东参战，留守者为蔡炳寰团。岛内人士陈继虞等以此为机会提出"琼人治琼"的口号，起兵反抗。李根源在广东兵败，退回云南。蔡炳寰孤立无援，只有退守府城、海口两地，准备登船离开海南岛。此时各地民军蜂起，会攻已经归附粤军的蔡炳寰，被蔡击退。同年冬，粤军独立第四旅旅长邓本殷任琼崖善后处处长，统治海南。在其统治海南期间，横征暴敛、民不聊生：

> 全岛设琼崖道尹一，各县皆有县长，总辖其民间一切事务。现驻军一旅，即高雷八属联军独立旅，旅长邓本殷所部；并设财政局，总揽一切税务，上无供应之求，下有任免之权，丰饶富有，唯我独尊，即烟捐赌捐，日不下数十万，时人称之为海南王，信不诬也。①

1922 年 6 月，陈炯明因与孙中山政见不一而反叛，而邓本殷依附陈炯明，是以岛内人士又策划倒邓，民军四起。直至 1926 年初国民革命军渡海，海南的乱局方告暂时平息。

然而，在国民政府平息军阀混战后，海南的政治恐怖并未结束，相反，1934 年国民党"中政会"第 432 次会议决定由行政院通令各省市切实办理地方保甲。同年 12 月，行政院通知各省，普遍实行保甲制度，海南又陷入人人自危的恐慌当中。

保甲制度是中国传统的人口户籍管理制度，也是中国历史上为应付战乱，统制民力，实行人口管理军事化的一种制度。保甲制的基本形式是十进位制，十户为一甲，十甲为一保，十保以上为乡镇。在具体实施时，采用了有弹性的做法，规定：甲之编制以十户为原则，不得少于六户，多于十五户；保之编制以十甲为原则，不得少于六甲，多于十五甲；乡（镇）之划分以十保为原则，不得少于六保，多于十五保。保设保办公处，有正副保长及民政、警卫、经济、文化干事各一人，保长兼任保国民兵队队长和保国民学校校长，与乡（镇）长一样，亦实行政、军、文三位一体。

保甲制度中最为严厉、最无人道、最反民主的部分便是联保连坐法。联保就是各户之间实行联合作保，共具保结，互相担保不做违法之事；

---

① （民国）蒋瘦颠：《海南岛》，引自张兴吉《民国时期的海南》，海南出版社、南方出版社，2008，第 29 页。

连坐就是一家有"罪"，结内他户举发，若不举发，结内各家连带坐罪。保甲制度规定，各户户长应联合甲内他户户长至少五人，共具联保连坐切结，声明结内各户互相劝勉监视，不为匪、通匪、纵匪，如有违反者，他户应即密报，倘有隐匿，联保各户实行连坐。

保甲制度的实施，加深了海南人民与国民政府之间的对立情绪，并造成了岛内政治动荡与经济衰退，"自民国以来，政局不宁，武人专政，国是日非……农荒于野，工业废弃，商业凋敝。而军阀土匪又籍名抽捐勒税，洗劫村舍，匪过也如梳，兵过也如枇。寡人妻，孤人子，独人父母"①。

国民政府从中央到地方都有不同名目的捐税，赋税之重，不亚于晚清（见表4－2）。

表4－2　民国时期海南部分税收

税收机构	税收项目
中央	琼海关、琼海洋关、内地税、盐课、盐税、印花税（附爆竹类印花税）、禁烟、烟税、酒税、防务经费、邮包厘费、煤油特税。
省	钱粮、税契、台炮经费、地税、糖类捐、十字有奖义会、府税、牛皮屠牛捐（附牛皮附加捐）、屠猪捐、槟榔出口捐、猪牛出口捐、爆烈品专卖、进口洋布匹头厘费、船课、取缔肥田料费、权度检定费、商号注册费。
市县地方	屯昌牛契捐，1920年开办。初时派员征收，1921年始改为包商承办。水牛每头收钱500文，黄牛400文，50斤牛仔收200文。1926年收入1200元，1927年800元，1928年552元。

资料来源：（民国）陈铭枢总纂，曾蹇主编《海南岛志》，第193～231页。

不仅税收名目繁多，当时的抽税机构层出不穷，屯昌等入黎要道团、警、学各机关自由抽税的现象更是严重：

据说岭门为黎境货物北输必经之路，前此商业繁盛，近则渐形

① 邢治孔、王克荣主编《红旗不倒——中共琼崖地方史》，中共党史出版社，1995，第33页。

冷落。因黎货运往海口嘉积，沿途受团警学各机关自由抽税。凡二十余处，成本太重。折阅过巨，海嘉商人不复问津。影响所及，黎境货市全部停顿。①

这些团、警机构名为防黎，实际上占据要道，肆意征收赋税，严重影响屯昌等地的商业发展（见表4-3）。

表4-3　民国时期屯昌交通沿线抽税机构一览

荔枝塘—屯昌—龙门—府城线

地名	抽税机关
荔枝塘	保卫团
岭门	第九区第四高小
枫木	第五高小、第三高小、保卫团
南昌	第一高小、第六高小、保卫团、九区警察、九区联合团
吉安	定安议会、定安中学、吉安团局
屯昌	保卫团、二十区第一小学、警察区商团局
龙塘	保卫团
龙门	保卫团
雷鸣	保卫团（由龙门往定安加征）

岭门—屯昌—定安线（由荔枝塘至屯昌同前）

地名	抽税机关
扫马	土匪饶绍昌征收行水无定额
新兴	保卫团、另别项机关三处
李四坡	保卫团
新吴	保卫团、另别项机关二处
龙州	保卫团

---

① （民国）黄强：《五指山问黎记》，第13～14页。

荔枝塘—岭门—乌坡—加积线

地名	抽税机关
乌坡	保卫团
船埠	国民党九区分部、第二高小、第九区总团、琼崖守备队、莫如澍林树标部（今裁）
石壁	保卫团

注：荔枝塘—岭门—乌坡—加积线中，龙岗、椰子寨、文曲、加积无机关抽税；各机关税率，大抵值百抽一，到达销场，税费已抵原值之半。

资料来源：（民国）黄强：《五指山问黎记》，第 14～16 页。

对此，黄强将军感慨道：

> 查黎境货物为槟榔、白藤、粗麻、鹿角、木耳、麂皮。对海安南、暹罗、星加坡等埠莫不产之。彼无税而此重抽，所谓自绝者也。课税为国家要政，应体察社会生活状况，衡量物价产额，加以精密考核，厘定相当税率，以求无背经济原理。当由政府负其全责，何可任地方团体，妄自设局，恣意抽剥。①

第二节　屯昌商业的发展

1876 年后，挂帆东来的西方资本迅速瓦解海南的自然经济，客观上为岛内工商的发展扫除了障碍，同时，传统"农本主义"观念开始转变。从洋务运动开始，统治阶层就开始尝试以洋务实业对抗西方资本。甲午海战后，"实业救国论"作为一种思想主张迅速流行开来，成为颇具规模和影响的一种社会思潮，屯昌地区的商业因之迅速成长。

---

① （民国）黄强：《五指山问黎记》，第 16～17 页。

一 洋务实业与抚黎开路

对列强的入侵，清政府虽没有积极反抗，却也不任人宰割。19 世纪60 年代到 90 年代，在两次鸦片战争失利、太平天国起义后，以奕訢、李鸿章、曾国藩、左宗棠、张之洞等为代表的洋务派官员开始学习西方的工业技术和商业模式，发起救亡图存的洋务运动。洋务派利用官办、官督商办、官商合办等模式发展近代工业，以获得强大的军事装备、增加国库收入、增强国力，维护清廷统治。

对外兵防尤以海防为重，所以这一时期海南的防务工作被提升到一个新的高度，中央政府专门委派内阁重臣洋务派大佬张之洞出任两广总督，目的就是为了经略海防事务。在镇压黎族叛乱的过程中，总指挥张之洞多次向冯子材表达开通黎路的构想：

> 不欲遽撤琼军，前电已详拟。即电询该军将士，若畏瘴畏险者，自行陈明，当遣归；若欲开山通黎者，自认一路，即请公派定，总以亲到黎母山、五指山为度。择其不愿留者，撤两营。公欲募土人伐木通道，请速酌办，不必为饷项顾虑也。方道亦看其作何禀覆，如语涉推诿，即撤归。示复。号。①

开通黎路在明代中后期就被数次提上议程，但终因统治者各种考量而一再搁置，这一工程在张之洞出任两广总督后得以落实：

> 海防既固，又开山抚黎，奏派冯子材开中路，由岭门以通崖州、乐安，方长华开西路，由南丰以通陵水、宝停，经费亦数十万元。设岭门、南丰、闵安三抚黎局，责以抚率黎民，开设学校，修治军

---

① （清）张之洞：《致安定冯督办（光绪十二年十月二十日发）》，苑书义等编《张之洞全集》卷一七五《电牍六》，第 5150 页。

路诸大政，而以雷琼道监督之，开辟琼州数千年未有之政绩。①

光绪十二年（1886），由冯子材督办，清军分兵十二路，率同团勇黎夫伐木开山，开始了这一工程：

> 统由冯子材考核督催，并饬琼州道、府激励各属绅团，同力协助……所开之路略如井字形。其余由各州、县团夫分开小路，以合于大路……路以一丈六尺为度，极险仄处以八尺为度，人力所不能施者，以炸药轰裂之。所到之处伐木焚莽，搭桥凿井。经过黎岐（岐），随宜抚定。分遣员生测绘地图，并令沿途察看各河道是否可行船筏，以备运出老山林木百货；测看各山矿苗种类，以备开采；山内地形土性宜于种植何物，以阜物产而赡琼民。路通地辟之后，应于内山要隘广饶处所建置城寨，设官兵营，以资化导，控制举办一切，俾此奥区永为乐土。②

按照此设计，所开辟的道路由大道主干和诸多小路构成。其中，属于大道的北路（由定安之岭门，南行经蚺蛇峒、十万峒、牛栏坪、南劳峒，抵五指山，过山南至水满峒）和西北路（由岭门西南，行经三坎溪、猪母湾、加钗峒，出黎母山之南，抵红毛峒）使屯昌地区和黎族地区的交通联系更为紧密。定安境内还有四条小路与此大道相连："定安四道，一由打运至三坎溪，一由铜甲口至牙打，一由新兴坡至打喃们，一由新兴坡至牛栏坪。"③

有论者谈及，早在冯子材开路之前早已因商贸的往来而粗具雏形，张之洞、冯子材所谓的开路工程，只不过将这些初备形态的道路略斩草莽而已：

---

① （民国）朱为潮主修，李熙、王国宪总纂《民国琼山县志》卷二三《官师志》，第 1463 页。
② 广东省民族宗教研究院、中国第一历史档案馆合编《〈清实录〉与清档案中的广东少数民族史料汇编》，第 285 页。
③ 广东省民族宗教研究院、中国第一历史档案馆合编《〈清实录〉与清档案中的广东少数民族史料汇编》，第 292 页。

至前清光绪间冯子材渡琼平黎，尤以开通十字路著名，世人遽闻其说，不知实情，一若黎境之中，峻岭重叠，无路可通，而彼等之开辟为千古未有之大工程者，实则黎境通路甚多，虽非宽广马路，而通行尚可无阻。黎客之入内贸易者无处无之，可以证明。即彼等之所谓开路者，亦不过从该路经过一次，令黎人略斩路旁草莽而已。①

这是彭程万等人经过调查后的结论，可见直至民国初年，海南岛中部的交通环境仍未得到有效改善。但也不可否认张之洞这次开通黎路的重大意义。

起义平息后，张之洞还亲自酌拟一系列善后工作，其中也包括对黎区实业兴办的措施：

一 招商伐木。商务以林木为大宗，现饬朱采于抚黎局内附设招商局，开采山木，并委发粤差委记名提督谢鸿章、贵州候补知府席时熙，专办招商伐木事务，略分官办、商办二法。官办则派员率带土勇，深入老山，无论良材、杂树一律砍伐。成材者，堆积溪河两岸，转售商人；丛杂者，一并芟除，亦可充搭棚盖屋、为薪之用，藉以豁其阴霾，消其瘴气。商办则指定何山，限以四至，先给护照，始令开采。官山量材纳税，黎产公平价买。现粤商分赴定安、万州、崖州等处，勘得近河道处山林极伙，尚可设法运出，集股前往者络绎不绝。

一 助商开矿。黎境各峒有五金矿者甚多。惟昌化所属大艳山铜矿最旺，铜苗上洩，多产石绿，故亦名石绿山。《府志》名为峻灵山。宋以来即称其山常有宝气。嘉庆三年，曾经督抚臣奏请开采、鼓铸，以省远运滇铜。同治四年，有西人与香山监生林腾汉私议欲开此矿，经前督臣瑞麟查知，照约阻止。现有香山职员张廷钧集资

① （民国）彭程万、殷汝骊：《调查琼崖实业报告书·交通》，第18~19页。

往开，募黎作工，经营已及两年，机器现亦购到。察其矿苗，确系丰美。现经设法鼓舞开通，并许由县营力为保护，免致土黎索扰。目前粤省正在设局铸钱，如此矿畅旺，铸钱即可取资琼产，可免外购洋铜。大率材木之利，在一年之后，垦田之利在两年以后，铜矿之利在三年以后。虽不能骤致富庶，总可期琼地商民生计日裕，公家亦资其益，庶不致以一切经费全行仰给内地。①

洋务运动是近代中国第一次大规模的模仿、学习西方工业化的改良运动，在甲午中日战争中，北洋舰队全军覆没，洋务运动也随之破产。但洋务运动打开了西学之门，学习近现代公司体制兴建了一大批工业及化学企业，开启了日后中国的工业发展和现代化之路。张之洞经略海南，也为屯昌的发展带来了生机。

二 举步维艰的屯昌实业

清末民初，由于交通的改善以及国外资本的进入，屯昌地区的商业得到迅速发展，据《屯昌县志》记载：

民国 24 年（1935），全县共有座商 480 家。其中屯昌墟有 116 家。各墟市从商开设的专业铺店有上杂货铺、下杂货铺、木材铺、药材铺、肉铺、鱼盐铺、酱油铺、布匹铺、烟丝铺、粉丝铺、客店、茶店、饭店。较出名的商号，屯昌墟有"聚源"、"茂利"、"庆盛"、"茂新"、"庆安"、"南昌"、"谦记"、"荣昌"、"天元"、"广芳"、"会芳"；南吕墟有"善诚"、"远盛昌"、"远芳"、"宏和"；乌坡墟有"福就"、"逢源"、"永泰安"。②

---

① 广东省民族宗教研究院、中国第一历史档案馆合编《〈清实录〉与清档案中的广东少数民族史料汇编》，第 293～294 页。
② 屯昌县地方志编纂委员会编《屯昌县志》，第 322 页。

　　清末，屯昌、南吕、乌坡、枫木、新兴等墟市主要经营土产、日用品，出售对象是黎、汉各族。民国初年墟市逐渐增加，交易日益兴盛，本地区输出的商品主要有槟榔、蚕丝、红白藤、活牛、生猪及野生动物，其中，"槟榔年输出 800 吨～1000 吨，蚕丝 10 吨～15 吨，红白藤 80 吨～100 吨，肥猪 1500 头～2000 头"。① 输入的商品则主要是布匹、盐、糖、煤油、火柴、铁锅、陶瓷器等生活用品。根据将军黄强的记录，在当时的屯昌墟以槟榔与蚕丝为出口大宗，年产值约 30 万：

　　　　蚕丝每斤抽六十文。墟属多茶油苦桐、枫树等树，茶油苦桐取子以榨油，若枫树。春季农民系茧树枝，蛹出成蛾，散卵树上。夏末收茧，缫成丝，价每百斤值千余元。多运销日本，供渔具用。属地纵横五十里，年产蚕丝、槟榔两项约值三十万。②

　　槟榔是整个海南岛的出口大宗，据推算，民国时期每县食用槟榔费用在 5 万元左右，则 12 县消费 60 万元，加上出口总额 20 余万元，全岛槟榔生产约值 80 余万元。而槟榔种植较为方便，300 元租地可种万株，年获利 1000 元，可谓一本万利。③

　　相比之下，天蚕丝则是屯昌地区的特产。在当时，仅有我国的湖南、江西、广西、广东、海南、台湾为天蚕丝产区，且尤以海南岛为最盛，产量极大。据陈植《海南岛新志》所记：

　　　　盖本岛气温较高，雨量较少，宜于天蚕生育也。今日台湾产之天蚕，原系由本岛输入，而经研究改良者。兹就我国天蚕丝产量列举如次：
　　　　海南岛　200 担　　广东省（海南岛除外）　70 担
　　　　广西省　100 担　　湖南省　　　　　　　　20 担

① 屯昌县地方志编纂委员会编《屯昌县志》，第 322 页。
② （民国）黄强：《五指山问黎记》，第 5 页。
③ （民国）陈元柱、黄守伯：《琼崖实业问题》，培英印务局，1937，第 37 页。

合计 390 担①

海南岛具体产地详见表 4 – 4。

表 4 – 4　民国初年海南岛天蚕产地一览

属县	产地
白沙县	营根峒、加钗峒、十万峒、红毛下峒、南流峒、新市
定安县	南吕、岭门、乌坡、枫木
琼山县	屯昌、南坊、黄岭
澄迈县	西昌、加东、坡尾
保亭县	水满峒
儋县	那大
临高县	南丰
万宁县	兴隆

资料来源：（民国）陈植编著，陈献荣编《海南岛新志》，第 134 ~ 135 页。

可见，如今的屯昌地区曾是当时为数不多的天蚕丝产地。这种天蚕饲养极为方便，而且也易取丝，丝质粗韧，极受商人喜爱：

天蚕又名野蚕，定、乐、万、陵各属皆产之。饲蚕之树曰三角枫，亦曰三方果叶，三出枫之一种也。饲蚕之法略如柞蚕，惟柞蚕畏鸟，须人防守，此则不然；又柞蚕须俟成茧而后缫丝，天蚕则裂蚕取丝，不令成茧。蚕既成熟，即下至树根觅水，此时收集取丝至为简便。每蚕一丝长仅数尺，丝质粗韧，可制钓丝琴纮。数年前，日人前来采购，用作衣刷、发刷之原料，当时每斤售价二十余元……然三方果既易繁生，饲蚕取丝亦极简易，价虽较前为廉利仍极厚。因势利导，实将来出口货之一大宗，倘能设厂制刷则为利更

① （民国）陈植编著，陈献荣编《海南岛新志》，海南出版社，2004，第 134 页。

薄矣。①

民国九年（1920），日本商人胜间田等人曾到屯昌、南吕、枫木、南坤等地收购蚕丝加工出口。当然，附着在这次经济活动的背后是一系列间谍调查。在日侵海南的过程中，胜间田家族主动提出并积极地参加日本军队侵占海南岛的活动。胜间田义久隶属于日军特务机关，胜间田政胜曾协助日本海军登陆海口，并随军作战，为日军充当翻译。

长在樟树上的天蚕产丝品质最好，而海南的天蚕长在枫树上，虽然产量大但品质稍逊，因而当时海南天蚕丝的交易价格并不理想。据记载，民国二十五年（1936），香港市场上天蚕丝交易价格，100 斤以港币结算，"江西丝 3000 元、桂林丝（广西）1700～1800 元、北江丝（广东）1500～1600 元、大河丝（广西）1200～1300 元、安东丝（广东）1300～1400 元、广州湾丝 1100～1200 元、海南岛丝 1000 元左右。"②

技术落后是影响屯昌等地丝织业发展的主要原因：

> 种桑饲蚕琼地亦甚相宜。《志》言有八收之蚕，确否无从查考。惟闻定安、文昌、陵水各属昔时有养蚕者，然以交通不便，不能销售于外，仅供家用而已。又因不谙缫丝之法，出品不良，遂渐趋于衰微，至于今日几不可复见。③

导致技术落后的还有一个重要原因就是当地商人对技术的保密。"文昌县头苑村人云某，前曾自外洋学得织丝之法，品质致美，名曰慕陵丝，又曰文昌丝。产额极少，秘而不传。有仿造者远逊云制。今其人已死，佳者不能再得矣。"④ 前面我们讨论过，类似于屯昌地区的这类商人手工业者，特点之一就是他们往往是家族产业，而家族产业最大的弊

---

① （民国）彭程万、殷汝骊：《调查琼崖实业报告书·农产》，第 18 页。
② （民国）台湾总督府外事部：《台北帝国大学第一回海南岛学术调查报告》，引自张兴吉《民国时期的海南》，第 117 页。
③ （民国）彭程万、殷汝骊：《调查琼崖实业报告书·农产》，第 17～18 页。
④ （民国）彭程万、殷汝骊：《调查琼崖实业报告书·农产》，第 18 页。

端就是家族内技术垄断。家族内部奉行"传男不传女"的观念，造成了我国很多传统工艺的消失。

同样，苛捐杂税也影响到商业发展。

> 槟榔业不发达，决不是因交通问题，就是因各县政府，自行其政，巧立税收，苛细巳极，或使其所贩的除税收外，所存无几。复因该岛农村经济崩溃，怎有余资种植他业？或因地方不靖，虽有资也裹足不前。又土豪劣绅把持乡政，亦足阻碍实业的发展。[①]

在西方资本主义经济冲击下，屯昌地区的自然经济开始瓦解，传统手工业遭受重创。重创之余，人们将视野纷纷投向国外先进的生产技术，屯昌实业在层层盘剥中艰难前行。

第三节　思想激变下的近代屯昌

一　屯昌地区的新文化"运动"

在政治对垒的过程中，还伴随着文化的对垒。新旧文化之间的抗争，表现为摘除"留辫"与"缠足"这两大旧文化符号。从本质上来看，新文化运动极力倡导"放足"、"剪辫"，前者是破除儒家禁锢，是新思想和理学的伦理论战；后者则是摘掉清朝标记，保皇派与革命派的思想争锋，旧约与新俗之间又形成思想文化对垒。

发辫本来是女真人的一种风俗习惯，有其产生并存在、发展的历史根源。女真人以渔猎为生，生活在山林之中，为防止穿越树林时被枝条牵扯，他们将头上的大部分头发剪掉，只留脑后小手指粗的一缕扎成辫子垂在背后。但是有清一代，发辫这一女真风俗却被其统治者强制推行

---

① （民国）陈元柱、黄守伯：《琼崖实业问题》，第37页。

到全国，演变成一种民族统治和民族压迫的政治符号。

这一留辫行为到了清朝末期成了落后的标志，被西方列强戏称为"豕尾"，因此清末就有人倡议剃辫：

> 如绳索，如锁链，如兽尾，自顾亦觉形秽矣，何况外人！其于身体种种之不便，于家计种种之不便，于国家种种之不便，游外洋者莫不备尝其害，深恶而痛绝之。……吾言及此，吾抚此发辫，不禁泪涔涔下，哀吾同胞祖先之惨状，而吾辈子孙今日之苦尚未有穷期也。①

民国政府奉行三民主义，强调民族主义，要驱除鞑虏、恢复中华，自然要将这一政治符号去除。1912 年 3 月 5 日民国成立不久，便颁发《大总统令内务部晓示人民一律剪辫文》，其中讲道：

> 兹查通都大邑剪辫者已多，至偏乡僻壤留辫者尚复不少。仰内务部通行各省都督，转谕所属地方一体知悉。凡未去辫者，于令到之日，限二十日，一律剪除净尽；有不遵者，以违法论。该地方官毋稍容隐，致干国犯。又查各地人民有已去辫尚剃其四周者，殊属不合，仰该部一并谕禁，以除虏俗而壮观瞻。②

相对而言，对妇女裹脚旧习的清除，则是新文化对旧理学对妇女的"变态审美"的革命。而对儒家理学的抗拒，在清末支持者众多。维新运动中，康有为上书光绪帝请下诏禁妇女缠足时曾论道：

> 奏为请禁妇女裹足，以全肌肤，……方今万国交通，政俗互校，稍有失败，辄生讥轻，非复一统闭关之时矣。吾中国蓬草比户，蓝

---

① 张枬、王忍之编《辛亥革命前十年间时论选集》第 1 卷，三联书店，1960，第 746 页。
② 《大总统令内务部晓示人民一律剪辫文》，中国人民大学法律系法制史教研室编《中国近代法制史资料选编》第 1 分册，1980，第 695 页。

缕相望，加复鸦片熏缠，乞丐接道，外人拍影传笑，讥为野蛮久矣。而最骇笑取辱者，莫如妇女裹足一事，臣窃深耻之。①

清末，光绪帝也颁布一道劝禁妇女缠足上谕："至汉人妇女，率多缠足，由来已久，有伤造物之和。嗣后搢绅之家，务当婉切劝导，使之家喻户晓，以期渐除积习。"②

南京国民政府成立后，在全国普遍开展废除缠足陋习的活动。1912年3月11日发布《大总统令内务部通饬各省劝禁缠足文》："至缠足一事，残毁肢体，阻阏血液，害虽加于一人，病实施于子姓，生理所证，岂得云诬？至因缠足之故，动作竭蹶，深居简出，教育莫施，世事罔问，遑能独立谋生，共服世务。"③ 1928年5月10日，《内政部禁止妇女缠足条例》正式颁布，条例规定，以3个月为劝导期，以3个月为解放期，凡15岁以下女子已缠者在劝导期内立即解放，未缠者禁止再缠；15岁以上30岁以下的妇女缠足者在解放期内一律解放；30岁以上妇女缠足者劝令解放，不加强制。条例还规定在劝导期内各县市政府应设置劝导员，挨户劝导；在劝导期满后各市县政府应遴选女检查员，进行严密检查。对于30岁以下女子逾期仍缠足者，处以罚款，并把劝禁女子缠足作为考核各市县长及其所属官员的重要标准。

屯昌地区，依靠当地进步乡绅王国儒等人，新文化运动也得以开展，《南坤区志》记载：

王国儒，原名王隆眷，字天佑，榜名国儒，外号"老天"。
王国儒，大好寨村人。生于一八八三年，卒于一九二六年，终年四十四岁。幼年丧父，母改嫁，由叔父道范赡养。小时在私塾就

---

① （清）康有为：《请禁妇女裹足》，张永芳主编《历代公文选读》，辽宁师范大学出版社，1998，第317页。
② 《十二月二十三日上谕（一）》，上海商务印书馆编译所编纂《大清新法令（1901～1911）》点校本，第1卷，商务印书馆，2010，第12页。
③ 《大总统令内务部通饬各省劝禁缠足文》，中国人民大学法律系制史教研室编《中国近代法制史资料选编》第1分册，第701页。

读，后得苏茂兰资助往琼山府读书，以优等成绩毕业于琼台书院。后来，投身政界，曾当岭门抚黎之职。后任桑樟治安工作。一九一三年发起兴建南坤市。他拥护孙中山先生的"三民主义"，主张推翻八股教学制度。积极领导群众打倒封建势力，破除妇女缠脚、男子留辫的封建陋习。他先以夫人王氏解脚示范，影响群众纷纷解脚剪发。学校内，集市上，他发现留辫者，强制剪掉。他为造就人才，倾家赞助办学兴教。因而，琼山县县长廖国器授以"输财兴学"匾额，留芳于世。①

民国时期，地方教育事业的推动还依靠当地的税收。黄强考察黎区时曾经过屯昌墟，据当地小学校长徐采甫介绍："该校学生八十余人。高级生全年学费六元，初级生四元。再征本市牛只、槟榔、蚕丝等捐为补助费。"② 同样，时任南吕第六高小校长曾希吾谈道：

> 校中常费年约八百元。征诸槟榔、牛、猪、蚕丝出口等货，其税率约值百抽一。全县计高小学校九所，免费者二，征费者七。南间属定安九区，除二高小外，有国民学校九。前项税款，系供高小之用。琼属学校经费，大半东挪西凑，绝少有筹定基金者，不独南间一隅然也。③

屯昌地区新文化运动在进步乡绅的推动下，通过身体力行，强制执行以及创办新式学校等手段，对革除旧弊起到了较大的作用。在"剪辫"等行为上也并未受到诸如大陆民众那样的反弹。究其原因，这也与屯昌地区作为黎汉边界，文化性格中本身具有交融性，自身也没有根深蒂固的汉文化传统有关。

---

① 屯昌县南坤区编史修志办公室编《南坤区志（初稿）》，第 174 页。
② （民国）黄强：《五指山问黎记》，第 4~5 页。
③ （民国）黄强：《五指山问黎记》，第 7~8 页。

二 马克思主义的曙光

1919 年初，第一次世界大战的战胜国在巴黎召开和平会议，中国政府代表提出废除帝国主义国家在中国的一切特权的合理要求被无理拒绝。巴黎和会上中国外交的失败，成为五四运动爆发的导火索。5 月 4 日，五四爱国主义运动爆发，中国工人阶级开始登上政治舞台，在运动中发挥了主力军的作用，五四运动又进一步推动了工人阶级的壮大和马克思主义的广泛传播。在此基础上，各地共产主义小组纷纷建立，为中国共产党的成立奠定了领导、思想、组织基础。伟大的中国共产党成立后，使中国革命的面貌焕然一新。这一运动标志着中国新民主主义革命的开端。五四运动后，工人运动进一步发展，一些先进的知识分子认识到工人阶级的伟大力量，他们到工人中去宣传马克思主义。工人阶级的觉悟进一步提高，他们要求成立能够代表自己进行斗争的政党，马克思主义开始与中国的工人运动相结合。一些马克思主义者认识到成立政党的重要性，自觉地成为马克思主义同工人运动相结合的桥梁。1920 年初，共产国际派俄共的维经斯基等人来华了解中国的政治状况，先后在北京、上海会见了李大钊、陈独秀等人，对中国共产党的成立给予帮助。1921年 7 月 23 日，中国共产党第一次全国代表大会在上海秘密举行。大会正式决定建立中国共产党，通过了党的纲领。大会选举陈独秀担任中央局书记。中央局的另两位领导人是李达和张国焘，他们分管组织和宣传工作。

20 世纪 20 年代初，随着马克思主义的传播和工人运动的开展，琼崖出现了一批拥护和信仰马克思主义的先进分子。他们加入了中国共产党，并积极投身于革命活动。1926 年 1 月中旬，国民革命军第四军渡海过琼讨伐反动军阀邓本殷，大批共产党员、共青团员随军过琼。同时，中共广东区委还派了一批党员骨干作为工运、农运、军队方面的特派员到琼崖开展工作。随着琼崖中共党员数量的增多和国民革命运动的发展，建立中共琼崖地方组织，成为一种客观需要。2 月中旬，邓本殷部被肃清后，国民党琼崖特别党部在海口市成立。与此同时，由共产党员罗汉等人发起，在海口市成立中共琼崖特别支部，罗汉任书记。王文明、冯平、李爱春、何毅、符向一、柯嘉予、陈公仁等任委员。中共琼崖特别支部成立后，承担起指导全岛革命工作和各县建立基层党组织的任务，在工人和青年学生中发展了一批党员，开展了一系列卓有成效的工作。

1926 年六七月间，中共广东区委派来的共产党员陈垂斌出任澄迈中学校长，他同共产党员郭儒灏、王业熹等人在澄迈中学成立了澄迈县第一个党支部——"邓仲"支部（取"澄中"谐音），支部书记陈垂斌。支部成立后，首批发展了三十多名党员。西昌的黄瑞三、吴志宏、何克深（后叛变）首批被发展为中共党员。不久，坡尾的陈明仁、王锡让等人也在"邓仲"支部加入共产党。

6 月，中共广东区委派杨善集回琼指导建党工作，在海口市召开中共琼崖第一次代表大会，成立了琼崖地方委员会，王文明任书记。中共琼崖地委的成立，标志着琼崖革命斗争进入了一个新的发展阶段。地委成立后，派出冯平等一批优秀农运干部，奔赴各县进行革命宣传，组织农民协会。

7 月，农民特派员欧赤、冯振腾、黎亚光等，根据琼崖农运办事处的部署，开始筹建澄迈县、区、乡农民协会。经过多次宣传发动，使革命道理深入民众之心。广大农民意识到要反抗土豪劣绅、贪官污吏的剥削，要翻身解放，就要加入农会。在各地农会犹如雨后春笋般成立的同时，屯昌县地区（昌）坡（尾）、岳寨（亚岭）等地也成立了农会、妇协会。

8 月，在府城法政学校读书时参加党组织的陈贵忠和在嘉积仲凯农工学校学习的林树文，受组织派遣，回到屯昌地区枫木乡组织农民运动。他们首先在岭背村办起平民学校和识字班，宣讲革命道理。接着组织了吕克明、吕克良、何开茂、陈贵州等人把识字班扩展到双生岭、南玖、黄你甬等村庄。

9 月，琼崖妇协会主要负责人陈国盈和定安县农民协会委员蔡志统（刘光辉）来到枫木，和陈贵忠、林树文一起在该地区传播马克思主义和民主革命道理，从事革命活动。

11 月，国民党定安县政府所属的仙龙公司修建龙（龙门）岭（岭背）公路，公路规划横穿枫木岭背村，这将毁坏许多民房和田园。陈贵忠和林树文等人借此机会，发动了一次声势较大的农民拦阻修路的运动，并取得了胜利。于是，定九区（现枫木等地区）农民协会在岭背村宣告成立，主席陈贵忠，副主席林树文，委员陈贵州、吴树专、陈德经、陈敬波、陈德忠，交通员陈贵文。

12 月，该地区学校学生会建立，枫木美炳小学校长蒙庆清组织全区各学校几百名学生在岭门（现湾岭）军坡场举行运动会。运动会规模空前，吸引了一千多农民观看。会上，农会和学生会员喊出了"打倒土豪劣绅，解除民众痛苦"等口号，使整个运动会充满了政治气氛，扩大了革命影响，此后，学生会员到各村进行宣传活动，办农民夜校，宣讲革命道理。

1927 年初春，澄迈第五区党组织派共产党员黄成道、蔡启章到海军墟永发村、长尾村一带活动，发展了永发村蔡文新等人参加中国共产党，建立了以黄成道为组长的党小组。在他们的发动下，海军墟曾任番、洁村的洪富采等人参加了革命活动。从广东一中读书回乡的刘家弟（南凯大孝坡村人）秘密串联南凯附近村庄的进步青年，在佳近村组织了一支 200 多人的农民自卫军。不久，这支农军开往西昌，同冯平、符节、王文儒领导的农军会合，并在西昌参加政治学习和军事训练。

4 月 12 日，蒋介石在上海发动了震惊中外的政变。22 日，琼崖国民党反动当局在府海地区血腥屠杀共产党人。琼岛处于白色恐怖之中。然而，琼崖的共产党人和革命群众并没有被吓倒、被征服、被杀绝，他们转移到农村，继续坚持斗争。

5 月，从澄迈"四二五"大屠杀中脱险的黄瑞三、王锡让等人以"货郎担"、"教书先生"为职业掩护，到各地去观察形势，暗地里打听脱险同志的下落，同"邓仲"支部的其他党员取得了联系。此间，琼崖农协主任冯平从临高来澄迈指导农民运动，他指示"邓仲"支部要以农村为阵地，重整旗鼓，恢复和壮大农村党组织。"邓仲"支部根据这一指示，派党员黄瑞三、王锡让、陈明仁等人到西（昌）坡（尾）一带活动。不久，黄瑞三、王锡让、陈明仁等人在西昌庆云村建立了屯昌县第一个党支部——西坡党支部，支部书记王锡让。支部成立后，党员分头秘密串联各乡村的贫苦农民和进步青年参加农会。

1927 年 8 月 1 日，"南昌起义"爆发，开始了中国共产党独立领导革命武装斗争的新时期。8 月 7 日，中共中央召开紧急会议，确定了土地革命和武装反抗国民党反动派的总方针。8 月下旬，定九区农会主席陈贵忠在枫木积极组织农民武装，同时，定九区农会派高日诗、林所存、高日基等人到乌坡地区对民团班长蒙家秀（后叛变）进行策反，促成其带领两个班的民团投奔枫木七里乡，参加农民自卫军。定九区在此基础上成立了区农民赤卫大队，开展革命的武装斗争。9 月上旬，琼崖特委在乐会县第四区召开重要军事会议，决定举行全琼总暴动。下旬，在王文儒的指导下，黄瑞三、王锡让、王文育积极活动，开展工作，成立"良田支部"，书记张光弗，支委王仕忠等 6 人，同时，在良田组建了一支 300 多人的农军。

10 月，刘家弟带领南凯地区组建的农军到西昌与冯平、王文儒组建的农民自卫军会合，两支队伍约有 500 人，声势浩大。国民党澄迈反动县长王光炜闻讯后，派出盐警队和地方民团进行偷袭。这一仗农民自卫军失利。刘家弟又将其队伍带回南典山一带活动。当农军撤至大石的陈溪时，因下大雨溪水暴涨，过渡迟缓，遭到吉安反动民团的包围袭击，农军死伤 100 多人，并被打散。农军领导人刘家弟突围后，潜回家乡，以教书为掩护进行革命活动。在西昌，王文儒、黄善番到坡尾一带组建农民自卫军。经过一段时间的努力，各村相继成立了农民自卫军。各村自卫军成立后，集中到南田村集训了两个月时间。月底，中共西昌区委成立，区委书记黄瑞三。全区已有几十名党员，成立了六个支部和一个党小组：大坡支部，王明卓任书记；大武支部，薛桂连任书记；哥村（二联）支部，王天宝任书记；南田支部，黄瑞云任书记；良田支部，张光弗任书记；加调坡支部，王文育任书记；海军永泰乡党小组，黄成道任组长。

11 月中旬，中共琼崖特委在乐会县第四区白水泉村召开第一次扩大会议，会议传达了党中央"八七"会议精神。会议决定扩大武装暴动，建立乡村苏维埃，开展土地革命。同时决定设立琼崖工农革命军东路、中路、西路指挥部，冯平为西路总指挥。

1927 年 12 月，琼崖工农讨逆军奉命改为工农革命军，为配合广州起义，特委向各地下达全琼暴动令。冯平立即进行西路暴动的准备工作，招兵买马，扩大革命队伍。12 月 1 日，冯平、符节、王文儒率领西路工农革命军 500 多人在屯昌县西昌乡的南田举行暴动，革命军横扫了西昌、下水、仁教、海军、大坡等地的反动民团，杀死反动分子十余名，没收反动分子财产 2000 余元，并毁烧地主的农田宅基契约，震撼澄、临、儋三县的反动统治，史称"南田暴动"。"南田暴动"后，为了培养苏区和赤卫队骨干，王文儒等在加训尖石岭上创办了"列宁学校"，王明春、王明仁等 30 多人参加学习。

1928 年 2 月 18 日，琼崖中共第二次代表大会在乐会县第四区阳江墟召开，澄迈县委根据大会通过的成立苏维埃政府，发展区、乡苏维埃政权的决议，开始组建区、乡苏维埃政府。西昌作为先行点，首先成立了西昌特别区苏维埃（辖坡尾、西昌、石浮、加乐一带），区苏维埃政府主席王明成（后叛变）。并先后成立了西昌、坡尾、永泰（海军）等乡苏维埃政府，西昌乡苏维埃政府主席陈明仁，坡尾乡苏维埃政府主席王锡让，永泰乡苏维埃政府主席蔡启章。下旬，定九区、乡农会改称区、乡苏维埃政府。区苏维埃政府主席陈贵忠，副主席陈德芬，委员陈敬波、王丕章、符庆华、林照文、蒙家宏、文书何开茂，交通员陈汉强、陈贵文。七里乡乡长吕克明，副乡长吕克良，委员谢大友、陈明吉，乡政府驻深井村（该村同时也是区苏维埃政府的驻地）。三联乡乡长张其烈，副乡长王丕伦，委员符封禄、王法郎，传令兵王青儒，乡苏维埃政府驻高田村。琼桂乡乡长林之明，副乡长林之格，传令兵林之舫，乡苏维埃政府驻黎安委村。区、乡苏维埃政权建立后，积极开展武装斗争。

　　1928 年 3 月中旬，国民党第十一军第十师师长蔡廷锴率其所部及谭启秀独立团来琼，对琼崖工农红军和革命根据地进行反革命围剿。

　　4 月，敌第二十八团第三营及机枪连、第二十九团一部向澄迈临高苏区进犯，西路红军在北芳村一带奋起还击，因敌我力量悬殊，红军弹药缺乏，部队损失严重，被迫向西昌转移。在西昌根据地，西路红军指挥部和澄迈县委组织红军战士和赤卫队，在主要路口挖堑壕，布陷阱、竹笿，严阵御敌。中旬，澄迈县委和西路红军指挥部在西昌的庆云村召开西路党、政、军紧急会议。会议决定黄瑞三接任县委书记，还决定红军主力向定安转移，冯平、符节率 60 多名战士留在西昌一带，坚持斗争。下旬，王文儒部两个连的红军战士转移到海军地区，包围了银水园村反动团董、国民党澄迈县参议谢业清家，但被其逃脱。

　　5 月初，西昌区苏维埃政府主席王明成和胞弟王明金（西昌区苏驳壳班长）经不起残酷斗争的考验，暗中叛变投敌。10 日，叛徒王明成、王明淦带国民党兵到西昌大坡村后的石墓园，包围了西路红军总指挥冯平和红军政治部主任符节的草寮，冯平、符节相继被捕。12 月，冯平、符节被敌押送到澄迈县城。国民党澄迈县县长王光炜以同学的身份诱劝冯平投降，但被冯平严词拒绝，国民党师长蔡廷锴多次审问冯平，软硬兼施，冯平宁死不屈，后英勇就义。16 日，叛徒王明成又以开会的名义，将澄迈县委书记黄瑞三诱往西昌珠宝坡祠堂杀害，而后，又派人将住在加宋岭的澄迈县县委委员王锡让、陈明仁杀害。同时，叛徒王明成还引领敌人大肆搜捕红军战士及家属，在西昌墟一次就枪杀了 30 多人。

　　此后十余年间西昌地区革命斗争转入低潮。①

---

　　①　本节资料来自中共屯昌县县委党史资料征集研究办公室编《中共屯昌县党史大事记》，1985。

第五章 | 烽烟十年

——战争时期的屯昌地区（1939～1948）

从 1927 年中国共产党琼崖革命根据地创立，至 1950 年海南岛解放，琼崖革命凭着"二十三年红旗不倒"名著海内。在这几近尾声的烽烟十年里，作为军事要道的屯昌更为琼崖革命史留下重彩一笔。虽然抗日战争和解放战争范围几乎波及海南全岛，但屯昌地区几乎都是作为战争的枢纽而存在。无论是抗战时期的琼崖守备司令部，还是解放战争时期的琼崖纵队都曾将指挥中心建于屯昌。所以，屯昌对整个海南的革命史而言，具有重大的历史意义。

第一节　血肉长城

一　剑指琼崖

1931 年，日本侵略军借自编自导的"九一八"闹剧，登上第二次世界大战的东方战场，狼子野心昭然若揭。然而，国民党当局却以"不过寻常寻衅"自欺欺人，并且电令东北军"绝对抱不抵抗主义"。旋即，东北沦陷，伪"满洲国"成立，日寇侵略第一条生命线建立。1937 年，卢沟桥事变发生，由此全面侵华战争开始。日寇押上几乎所有的军事力量，叫嚣"三个月灭亡中国"，采取"速战速决"的战略，北平、天津、太原、上海、南京、武汉、广州相继沦陷。由于中国军民的拼死抵抗，1938 年 10 月侵占武汉之后，日本法西斯不得不调整策略，停止对正面战场的战略性进攻，转而对国民政府实施政治诱降，对中共敌后抗日根据地进行大规模"扫荡"，转为"以华制华"、"以战养战"的作战方略，四处寻求开辟一条新的海上生命线——矛头直指海南。

日寇剑指琼崖并非一时权宜，而是垂涎已久。东南亚诸国既可充当原料产地，又是绝佳的倾销市场，并且可资移民。最重要的是，把持南洋海权可以切断英、法与其殖民地的联系，最终实现日本制霸南洋、建立"大东亚新秩序"的野心。自 1936 年广田弘毅内阁成立起，就已制定"南攻南洋群岛，北攻西伯利亚"的侵略计划，而海南岛正是落实这一目标的关键：

> 在短时期内，即可集中优势的舰队于榆林港，日本便可一举而使香港的军事价值失去效力，使西贡的法国舰队潜伏而不敢出，在优势的美国舰队未曾到达之前，即已控制中国的南海于手中了。换言之，即南洋的海权将为我有，日本是南洋的主人了。[①]

其次，攻占海南岛，既可以掠夺南海及其诸岛的物资矿产，达到"以战养战"的目的，同时也是钳制两广、威慑滇缅，切断援华补给的重要战略，是"足以控制两广的军事上的重要地位"。

然而，由于日军内部各怀鬼胎，陆军忌讳海军攫取海南岛政治经济利益，而以不利解决中日问题为由，将海军占领海南岛的提案搁置起来。然而，海南军民并没有因此幸免于难，仅仅获得了四个月的喘息之机，局势仍然岌岌可危。

早在"九一八"事变之后，琼崖共产党人便号召广大人民和爱国同胞，积极参加抗日救亡活动，揭露日军恶行，对民众进行抗日宣传；此外，尽最大努力和国民党沟通，谋求建立抗日统一战线。可是，海南军

---

① 〔日〕石丸藤太：《日本之南进政策与海南岛》，樊仲云编《今日之日本》，文化建设月刊社，1937，第 55 页。

政当局却毫无诚意，在红军改编后独立自主等问题上多方刁难，妄图趁此机会吞食共产党武装，甚至中途扣押了中共琼崖特委书记冯白驹，最后在抗日声浪的声讨下才不得已释放冯白驹。1938年10月22日，在广州沦陷后的第二天，琼崖国共两党才达成协议，琼崖红军改编为"广东民众抗日自卫团第十四区独立队"，琼崖抗日统一战线在中国共产党的努力以及局势逼迫下，最终"勉强"形成了。

自日军进攻华南地区以来，国民党政府立即调遣一五二师师长陈章、六十二军军长张达南下海南驻防，并任命"长于交际"的黄强为行政专员，主政琼崖，为琼崖抗战做了两手准备：

> 南吕区东岭乡东面，南吕岭山脚下有一间武库，是国民党将军张达军长主管兴建。
>
> 1939年（《屯昌县军事志》"大事记"记为"1938年9月"；《屯昌县志》记为"1937年"。据考，张达部队于1938年10月回师广州，1937年9月兴建武库更为可靠——引者按）便委派当时国防军兵驻海南的张达军长兴建这间武库。武库的设计、施工、兴建都是中国人，水泥钢筋等材料都是从美国运进来的。武库从破土动工至工程结束，总共花了三年时间。①

这仅仅是军事准备。但是，面对装备精良、技术先进的日本军队，这尚未完整的武库无疑是杯水车薪，真正的抗战仅靠政府是远远不行的，另一件事例或许体现了国民党海南军政当局的更深层次考虑：1938年11月，国民党军队在乌坡墟吕氏祠堂放映电影《十九路军抗战》，这是最早在屯昌地区放映的电影。这看似只是文化活动，但显然也是在为全民抗战作思想准备，向民众拉响了警报——腥风将袭。光靠国民党孤军奋战是完全不够的，需要全民通力合作，建立统一战线才是制胜法宝。可是，出于私心，国民党的统一战线似乎是把共产党和许多"亲共"的团

---

① 符世忠：《武库》，屯昌县政协文史组编《屯昌文史》第1辑，第87页。

队与民众剔除在外。

然而，正值危急存亡之秋，蒋介石却认为，海南一地不会影响抗战全局，并且突然将海南驻防的张达第六十二军所属陈章第一五二师紧急调离琼崖，使国民党在海南的武装力量大为减弱。从日军侦获的情报看，当时的琼崖守备军竟不足 4000 人：

目前岛上守备部队的编成和兵力：

海南岛守备司令

兼　第　五　旅：旅　长　王　毅

　　　　　　　　副司令　杨永仁

　　保安第 1 团　团　长　文华胄

　　　　　　　　　　　　计 3 个营约 900 人

　　保安第 2 团　团　长　龙　驹　约 700 人

　　独立大队　大队长　冯白驹　约 300 人

　　新编守备部队 7 个营　　　　约 1750 人

　　海口以西的秀英炮台守备部队　约 250 人

　　海南岛　　游击司令　　云振中①

1939 年 2 月 10 日凌晨，日本侵略军的魔爪染指海南岛，以饭田祥二郎少将指挥的台湾混成旅团，即步兵两个联队和一个山炮联队及近藤信竹中将指挥的第五舰队，海陆联合侵入海南岛，并且迅速侵占了海南岛沿海诸多城镇。我军寡不敌众，海口、府城、三亚、榆林、崖城、定安、文昌等地一一沦陷，琼崖守备军被迫退守中部山区，特别是 1941 年 11 月上旬，面对海南沿海各市县的纷纷陷落，琼崖守备司令部决定暂退五指山区，以避免和日寇军队正面厮杀，减少不必要的人员伤亡，随即迁至定安县第四区的乌坡乡、鸡筋、鸭塘村（今屯昌乌坡镇）。此时的屯昌，正是琼崖抗战时期，党、政、军最高指挥中枢所在地。

_____

① 王辅：《日军侵华战争》，辽宁人民出版社，1990，第 1117 页。

海南孤岛命悬一线，如何守住最后一块琼崖阵地，牵制日寇兵力称霸南洋，这是摆在屯昌抗日军民面前严峻的问题。而屯昌军民历经六年顽强抗战，最终向人民交出了一份满意的答卷。

二　罄竹难书

海口陷落不到两个月的时间里，占领了沿海市县的日本侵略军便形成了对中部山区的合围之势，向海南中部进军，以"填空格"的作战方式肃清抗日军民的残余部队，企图完全占领海南岛，屯昌于是成为日寇攻击的首要目标。

1939 年 4 月 30 日，日寇侵略军从海口、嘉积出兵一个团，进犯屯昌墟，屯昌保卫战就此打响。在此之前，驻守在新兴地区的国民党保安七团早已在加留岭设伏，经过 10 小时的迎头痛击，日军伤亡 200 多人，缴获日军步枪 100 支、机枪 5 挺，保安七团伤亡 40 多人，首战告捷。

这次战斗的胜利并非偶然。距卢沟桥事变一年多的时间里，屯昌方面对日军的狼子野心早有防范，并且早已做好了军事准备；同时海南岛地处南海，屯昌潜居海岛中部，使得战争的发生顺时延移，不会让战略备战显得措手不及。此外，此时以蒋介石为首的国民政府且战且退的军事态度有了转变，所以屯昌保卫战在一开始就有了一个铿锵有力的态度——血战到底。从军事准备到思想准备，从政府意识到全民意识，使得屯昌的抗战一开始就显示了绝杀的决心。但是，这并不意味着持续六年的战争会轻易结束；相反，因为整个海南独居海中，几乎得不到更多的支援，整个岛屿的抗战完全陷入孤军之地。

1939 年 5 月 5 日，日方纠合了更充足的兵力卷土重来，大肆进犯屯昌地区，中路由定安县城出兵 1500 人，取道雷鸣、龙塘，东路由琼海的嘉积出兵 1000 多人，取道母瑞山、翰林，西路出兵 1000 余人，取道澄迈的金江经瑞溪、新兴，三路军队同时压境，侵犯南吕地区。沿途，日寇烧杀劫掠，乡村民舍横遭焚毁，多达 2000 余间，数万无辜民众被迫逃进山区避难，几近家破人亡。7日，日军饭田旅团再次出兵 700 余人，在飞机、大炮的掩护下，疯狂向南吕、屯昌的抗日军民阵地进攻。抗日军民奋起反抗，鏖战数日，双方均有伤亡，附近的居民死伤惨重，终因实力差距悬殊，屯昌墟沦陷。8日，定安县日军再次集中 700 多人由屯昌墟向南吕游击队阵地进攻，抗日游击队和附近抗日军民齐心合力，据险抵抗，因战斗力相差悬殊，南吕沦陷。

由于屯昌各地都是从墟市发展起来，没形成规模完备的防御壁垒，易攻难守，双方军队只能驻扎在临时搭建的军事据点，所以战斗异常胶着，在此后长达六年的烽火狼烟中，屯昌各地经过双方反复抢占争夺，直至 1945 年 10 月 1 日，侵略屯昌各地的日寇军队才最终投降缴械。

日本法西斯占领屯昌后，对屯昌居民实行了残暴的统治，给屯昌人民带来了前所未有的灾难。

首先是建立严密的政治管控。日本每侵略一地就建立一个军事据点，逐次蚕食，几乎是每个乡镇都有 1~2 个据点，有的甚至达 3 个。各个据点的驻军经常四处烧杀抢掠、残害居民。

> 据统计，至 1941 年底，日军在海南环岛沿海地带及内陆山区，建立了 360 个军事据点。其中，海口、榆林、三亚、黄流、那大、嘉积等为大据点；其次是各县县城，属中型据点，驻军有 2 至 3 个中队（1941 年后减少至一个中队）；分布在沿海公路、河流、铁道、桥梁、市镇、乡，以及一些小村庄的，属于小据点，驻军有 1 至 2 个小队。这些据点如同星罗棋布，形成从点到线，从线到面，对抗日游击区进行封锁、控制。[1]

在屯昌、南吕、乌坡、枫木、坡心、南坤、鹿寨、鸭塘等地，日本侵略者均设有大大小小的军部。1941 年，日本侵略军实行"三光"政

---

① 林日举：《海南史》，吉林人民出版社，2002，第 505 页。

策，对屯昌居民大肆捕杀。残害南吕乡民 427 人，吉安乡民 318 人，乌坡乡民 581 人，枫木乡民 526 人，岭南乡民 90 人，屯昌乡民 124 人。此后的四年时间里，多次对屯昌村镇进行烧杀扫荡，掠夺民众财物，累累罪行罄竹难书。

同时，日本法西斯还采取"以华治华"的方针，建立日伪傀儡政权，组建日伪军，对居民实行保甲制度加以管控。如日军在侵占乌坡墟后，立即以军部岭为据点，驻扎一个排的兵力，在汉奸的配合下建立"维持会"，诱迫人民来领取"良民证"，组织警察队伍，以配合日军侵略。

不仅如此，日本法西斯还对屯昌人民进行残酷的奴役，逼迫民众兴修军用公路以及堡垒、炮台等军事建筑，以方便其军事管控，据统计，全县共建碉楼、碉堡多达 13 所。许多无辜民众被迫充当"顺民"，受尽屈辱。

> 日本侵占海南时，日军在屯昌境内，强迫群众修了一些公路：（一）从西昌墟经周朝过岭肚墟达藤寨，再向西南延伸经南坤达榕木的西榕路。（二）从屯昌经安墩贯桂石洋过平坡达长圯岭，过长圯岭通黑盖坡（即现黄岭墟附近）的屯黑公路。（三）从澄迈石浮过土锡达新兴的石新路。（四）从大同的加浩经加乐潭达新兴，又从新兴经三眼沟、大同墟达屯昌的加屯公路。（五）从大同达龙塘、至南吕经东岭达鸭塘的大鸭公路。（六）从西昌经下水、仁教，过加丁村与三发桥相连的西三公路。（七）从西昌经土龙达奉土的西奉公路。（八）从坡心经白石达南台的坡南公路。（九）从乌坡达尖石和从乌坡经四角园达萃岭的公路。一般有日军据点的地方都开建公路。但这些路是临时性的，路面狭窄崎岖，质量很差，所以日本投降后，大多都荒废。①

其次是进行疯狂的经济掠夺，尤其是对羊角岭水晶矿区的掠夺。羊

---

① 王位彬：《屯昌县交通史略》，中国人民政治协商会议海南省屯昌县委员会编《屯昌文史》第 2 辑，1990，第 35 页。

角岭水晶矿区是当今世界上超大型水晶矿床之一，日寇为沟通军事据点，修筑旧的仙隆公路，在修路通过羊角岭的西坡山麓地段和在羊角岭的顶峰建立哨堡的过程中，发现了水晶矿石。1942年，日本侵略军派"三菱矿业株式会社"对矿床进一步勘探，随后便大肆采挖。

> 从1942年至1945年7月止的短短三年多时间里，日本鬼子共掠夺水晶矿石148.4吨（换算压电单晶约9.15吨），其中输出水晶矿石93.12吨（换算压电单晶5.75吨），尚遗留下水晶矿石55.1吨（换算压电单晶3.4吨），散落在矿区周围及海南的琼海、榆林等地。而被抓来挖矿被鬼子奴役惨死、饿死、病死及挖矿土崩压死的劳苦群众就有1600多人。[①]

日军在开采羊角岭水晶矿时，强行从屯昌地区各村镇征要民工。据回忆，这些征来的民工每天劳役时间长，劳动强度大，"早晨四点多钟起床，五点半钟到工地做工，12点收工，下午一点半钟做工，七点半钟收工，每天劳役十一个多钟头"。[②]

日伪政府还广发"军票"（见表5-1），压榨琼岛人民，除了辅币铜仙外，其他货币一律停止使用。很快，整个海南岛陷入通货膨胀阶段，民众生活苦不堪言。

表5-1 日侵时期海南岛沦陷区日伪银行发行货币一览

名称	发行单位	备注
"军用手票"与"日本银行券"	日本横滨正金银行	面额有壹元、伍元、拾元等专供军队使用。自太平洋战争爆发后，从1943年起不再发行。

---

① 海南地质六队供稿、黄家炎整理《羊角岭开发史略》，屯昌县政协文史组编《屯昌文史》第1辑，第45页。
② 符名凤：《日军强迫民工开采羊角岭水晶矿的惨况》，海南省屯昌县政协文史资料委员会编《屯昌文史》第3辑，1993，第72页。

名称	发行单位	备注
大日本帝国政府军票	日本横滨正金银行	主币分为壹元、伍元、拾元等面额钞票；辅币分为壹钱、伍钱、拾钱、伍拾钱。
台湾银行券	日本台湾银行	面额有壹元、伍元、伍拾元、壹佰元等票面钞票。
南方开发券	日伪琼崖银行	—
铜、镍辅币	伪"大满洲国"	壹分、伍分、壹角

注：以上日伪多家银行发行的各种货币，据资料统计总数近两亿元。1945 年日本无条件投降，日伪货币作废。

资料来源：韩海京主编《海南历史货币》，中国金融出版社，1992，第 17 页。

再次是文化入侵，推行奴化教育。1942 年，日本人封闭原有学校，强力改组，在屯昌、南吕等地兴办 4 间日语学校，展开大规模的日语教育，使屯昌的文教事业遭到严重破坏，以期屯昌人民忘记中华民族的历史文化传统，大肆宣扬"中日亲善"、"中日合作、共同提携"等无耻言论，对民众灌输奴化思想，消解民众的反抗意识。

对敢于反抗的屯昌民众，日寇以残暴的手段进行镇压，以此威慑反抗民众，强迫做其顺民。

1941 年春，日寇在占据枫木区佳塘岭后，随即在岭脚南边田角挖了一个长两米，宽一米多，深一米的蚂蟥窟，并强迫当地小孩抓蚂蟥，放进水窟里饲养。一旦有村民反抗，便抓来投入水窟，让蚂蟥叮咬吮血。

1942 年春，因百姓不愿为受日军奴役，为其修建军用公路，并破坏日军大木桥，阻碍日军窜犯。日寇当即抓俘了新兴卜文村三妈沟的 120 多名百姓，并将他们羁押在当地的天主教教堂里，全身泼上煤油纵火焚烧，竟将他们活活烧死。

1943 年，南吕军部的外围办慰安所，强行征调青年妇女供日寇行乐。

1944 年，日军在大同据点将抗日战士陈恭全、陈月金捆缚后，剥去衣服，将身上的肉一块块割下来喂狗，割一块撒一把盐，两人惨呼至喉干力竭而亡。

日军所犯下的滔天罪行远不止此，奸淫掳掠，无所不用其极，惨不堪言。

　　1987 年，有一位当年驻扎在乌坡四角园军部的年已 70 出头的日本军人访华，特地来屯昌县，要求县有关部门派人带他去乌坡四角园探望。这位当年的侵略军人，凡遇到群众，都以日本的礼节躬身作揖，行礼赔罪，以弥补过去对中国人民的罪过。[①]

可是，历史的创伤将永远烙印在国人心中，日本侵略军的滔天血债终将受到审判。

三　抗日与"剿共"——屯昌地区国民党的两面政策

屯昌的抗日战争起于卢沟桥事变发生后近两年，在这段时间中，蒋政府的抗日态度发生了两次转变，一是 1937 年 7 月 17 日，蒋介石发表庐山谈话，表明蒋政府抱定决心，誓守国土，国民党军队开始正面抗日；二是自 1939 年 1 月国民党五届五中全会之后滋生的"溶共、防共、限共、反共"思想，一方面消极抗日，另一方面积极反共。屯昌抗战始于国民党五届五中全会之后，这决定了屯昌国民党军队自始至终贯穿着两种态度：一是抱定抗战的决心，二是兼怀"剿共"的野心。

1942 年 6 月 8 日，日军为掠夺粮食，出兵千余人，分八路向驻田寮、佳里一带的国民党保安部队袭击，妄图一举摧毁国民党保安部队，从而将整个粮产区的屯昌、南吕、枫木全部据于囊中。保安

---

① 高日蕃、王家俊、符名凤等：《乌坡地区抗日战争时期史略》，海南省屯昌县政协文史资料委员会编《屯昌文史》第 3 辑，第 65 页。

六团第二营集中优势兵力伏击其一路，击毙日军 30 余人，缴获步枪 4 支，彻底粉碎了这次日军的夺粮阴谋。11 日，日军纠合士兵 1000 余众，在飞机掩护下，再次向田寮、里佳、加北园等处保安六团第二营进攻，为了保护粮产地区，保安六团增派一个营和特务连配合国民党军第一挺进队，点头打响后，敌兵死伤惨重，不得寸进，不得不向屯昌新村溪撤离，日军死伤 150 余人，缴获轻机枪 1 挺，步枪 40 支，保安部队阵亡排长 2 名，士兵 16 名。这是屯昌抗战以来最为惊心动魄的一次战斗。

由于屯昌一地地形狭小，以山地丘陵为主，森林茂密，并不适合双方陈兵列阵，这决定了国民党军部队选择以伏击为主的作战方式，和大陆以及海南沿海市县军队的作战方式大为不同。相对来说，森林地貌不利于日军坦克等重型武器作战，适当地弥补了中国军备上的不足，同时也减少了战争的伤亡，没有呈现中原会战伏尸千里的惊心触目的状况，但军队以及民众伤亡之惨重，不忍言状。大大小小的战斗不胜枚举，充分显示出国民党官兵在正面战场上保卫屯昌的斗志和决心，于整个海南岛抗日战争的胜利有不可磨灭的功绩。

1939 年 6 月，国民政府临阵换将，委任顽固派分子吴道南为广东省第九行政区督察专员兼保安司令，取代了王毅的军政职务，赴琼执行反共政策。同时，吴道南又将文华宙等团结抗日人士调离抗日队伍，任命李春农、林荟材担任保安团、壮丁常备队的指挥工作。抗战期间，国民党军对共产党所建设的抗日根据地一直存有敌意，并积极成立相应的"剿共"游击大队，对共产党人士进行捕杀。1940 年 11 月 4 日，国民党保安团七团团长李春农，派林苓材带领两个营兵力分兵三路，抢攻共产党美合抗日根据地外围重地——南坤墟。接着，又乘势相继攻占美合根据地外围的黄岭、岭肚、西昌、榕木铺、松涛、岭南、岭仑、仁兴、中兴等战略要点，对美合根据地形成合围之势，旋即进攻美合根据地，发动"美合"事变。随着"美合"事变的发生，澄迈县遭到了巨大破坏，而我党设在西乡坡黄肚村的交通站，南坤的石弄坡、加里园联络点均被破坏，不少同志因此惨遭毒害，统一战线几乎破裂，这为共产党所领导的抗日根据地又带来了新的困难。

四 夹缝求生——屯昌地区共产党的艰苦斗争

如果说，国民党军队的作战方式与其主体战略呈现差异的话，那么共产党军队机变灵活的游击战，则承袭于其传统作战经验。屯昌的山林地貌为抗日根据地的游击战提供了得天独厚的进击优势。1939 年 6 月 21 日，日军 1000 多人从东山、瑞溪、金江分路向新兴海公岭一带进攻，国民党保安七团一部及抗日游击队奋起抵抗，击退了日军的进攻。这是史料可见的屯昌抗战史上的首次国共合作御敌。游击战作为共产党军队的"看家本领"，特别在屯昌一地发挥了巨大的作用。同年 6 月 29 日，驻扎澄迈日军 200 多人向西昌、坡尾进犯，游击队奋勇抵抗，冲杀多次，日军受创后向加乐墟撤退。这是军事上的抗战。

日军在沦陷区广泛推行奴化教育，以瓦解屯昌人民的抗战意识。对此，共产党在各地持续进行抗日宣传，从思想上和日寇抗战到底。1939 年 7 月，中共澄迈县委指派符气临、王仲民、李玉英、陈秀群、吴爱英等到岭肚、藤南地区开展抗日救亡活动，发动群众参加抗日斗争。他们利用集市进行抗日话剧的出演以及家访宣传，以激发群众的爱国热情以及抗战斗志。广泛地进行抗日宣传，据王仲明所述：

> 南坤墟每隔一天便是群众集市日，我们每逢群众集市热闹时，就敲锣打鼓，到墟上表演话剧。如"流亡三部曲"及父母送子，妻子送郎到前线打日本鬼子的活报剧，并演讲时势，揭露日本侵略者的罪行。他们到处杀人放火，使我们的同胞妻离子散，家破人亡。只有大家觉醒起来，团结起来，组织起来，有钱出钱，有力出力，参加琼崖抗日部队，齐心抗战，才能保家卫国。我们的宣传队伍还深入到各个村庄去，进行家访，进一步深入宣传，使得家喻户晓，促进该地区的人民群众觉悟，尤其是青年男女，并指出他们的出路，前途之所在，我们又从中进行个别交谈、串连，以便培养骨干，为

下一步发展各种组织打好基础。[1]

对于共产党抗日的感召，屯昌群众纷纷响应，相继成立"农民抗日救国会"、"青抗会"、"妇救会"、"童子团"等民众抗日救亡团体，藤南乡民捐献大米 2000 公斤、光洋 330 元、食盐 25 公斤，支援抗日部队。同年 12 月，中共藤南乡副乡长陈冠英便带领"青抗会"在松株岭对进村扫荡的日伪兵进行伏击，大获全胜。一个庞大的、全民的统一战线在屯昌地区蔚然兴盛。1940 年 7 月，藤寨、南坤、黄岭、岭肚等地发动 150 名青年参军，成立抗日队伍，并收集 200 多枪支和一批弹药支援抗日，此外，中国共产党还在枫木岭背村组建"平民学校"，开设"识字班"，组织青年学习马克思主义，播散革命火种。1943 年夏，新兴墟西寺坡村成立中共西寺坡村党支部，支部书记谢昌祥带领西寺坡群众先后六次拆毁日军修建的卜南桥、中断日军交通。所以说，屯昌一地抗战的胜利，是国共并肩作战，全民通力合作的结果，共产党在统一战线的建立上做出了巨大的努力。

日军在占领武汉后改变战略，对共产党的抗日根据地进行大规模扫荡；而国民党又抱着"消极抗战、积极反共"的态度，多次派部队袭击抗日根据地。特别是到了 1944 ~ 1945 年，抗战接近尾声的这两年根据地显得格外艰难。据《屯昌县志》记载：

> 是年（1944 年——引者注），屯昌发生历史上罕见的旱灾，从农历一月到七月，没有下过透土雨，河水断流，农作物大多数失收。大米每升售价光洋 2 元，食盐每市斤光洋 4 元，因缺盐上万人患水肿病。
>
> 夏（1945 年——引者注），南吕、乌坡、枫木、屯昌、坡心一带连年受旱灾、蝗灾为害，粮食失收。大部分村庄闹粮荒，米价飞涨，每担谷价为国币四万五仟元，"民尽啼饥，嗷嗷待哺"。[2]

① 王仲民：《一支精悍的抗日宣传队》，屯昌县政协文史组编《屯昌文史》第 1 辑，第 22~23 页。
② 屯昌县地方志编纂委员会编《屯昌县志》，第 14 页。

人祸未祛，天灾又至，这无疑使身陷窘境的抗日根据地雪上加霜。面对三重压力，加强根据地建设迫在眉睫。1941 年 11 月 10 日，琼山县召开琼崖东北区人民代表大会，成立琼崖东北区抗日民主政府，是为琼崖抗日根据地最高政权机关，选举冯白驹任主席，所有根据地坚决贯彻琼崖政府施政纲领：

> 坚持抗日民族统一战线，坚持抗日战争的民族政策，黎、苗等少数民族与汉族在政治、经济、文化、教育等方面一律平等；争取华侨支援抗战；……发扬民主政治，保障各抗日党团派的政治地位，保障抗日资本家、地主在内的一切抗日阶级、阶层的民主权利；实行减租、减息，并规定农民要向地主交租交息，征收抗日救国公粮；保护发展抗日根据地工商业；积极发展农业，开垦荒地，增加粮食生产；……发行"琼崖东北区抗日民主政府代用券"，稳定金融市场，反击日顽封锁、控制政策；提倡机关、部队、学校发展生产运动，增加收入，解决财政经济困难，减轻人民负担……①

上述政策地实施，保障了根据地军民的生产生活，团结一切可团结力量共同抗战。同时也防止了日军以"军票"窃走根据地银圆，并由此展开了一系列的自救工作：

> 二区政府在区长李科史的领导下，在西坡乡和黄肚乡的仔石园山岭上自设农贸市场，（称盐坡），并组织西坡乡、加乐乡黄肚乡做生意的商人到澄迈四区盐厂运盐；到金江镇购火柴、火油、粮食等物品运回盐坡出售，把收购的农产品运销外地。藤南新村乡的人民群众也捐献大米四千八百斤，光洋三百三十个，白纸四百张，食盐五十斤，草鞋二百六十双，锄头三十六张，"六刀白纸"四百张，并由乡武装运送琼纵部队。这样，粉碎了敌人的封锁，战胜了困境，

---

① 引自邢治孔、王克荣主编《红旗不倒——中共琼崖地方史》，第 302 ~ 303 页。

渡过了难关。①

同一时间，许多后勤资备也相继建立，1943 年 5 月，琼崖红军修械厂和红军医院分院在西昌的董古山和背水山设立，这些资备在抗战期间救助了无数的伤兵、难民，也在后来的解放战争中扮演着举足轻重的角色。

1944 年 8 月，黑盖坡日军军事据点 20 多名日伪兵又到藤寨、南坤一带扫荡。藤南乡陈冠英带领当地人民武装在黄塘阻击，用群众自己制造的土炸药包炸死敌人 6 人，缴获长短枪 7 支，手榴弹 12 枚，子弹 300 多发，保卫了抗日根据地免遭日军侵吞蚕食。

面对国民党的"围剿"，共产党人从大局出发，做了两手回应——共御外辱和军事回应：1944 年 4 月，西坡乡人民民主政府遵照中共琼崖特委"坚持团结抗日"的主张，和国民党西昌乡政府协定共御外寇，与国民党西昌乡乡兵和保安六团一个大队共计 300 多名官兵合作，在合格墩村附近的深坑岭峡伏击日军一个中队，最终击毙日军指挥官 1 名，打死打伤日军 35 人，缴获机枪 1 挺，步枪 18 支。这次合作再一次证明了民族统一战线的重要性，以及国共两党合则两利、分则两伤的辅车关系。1944 年秋，琼崖抗日独立第一总队三支队第三大队在政委韩蕃元带领下，配合西坡乡人民武装军，在西昌凤土村附近的红土坎伏击从金江开往牙石园村驻防的国民党某守备队，一举消灭国民党军队 100 多人，缴获机枪 1 挺、步枪 20 支，以强有力的军事行动回击了国民党军队的挑衅行为。

1945 年，饱受战祸的中国军民终于迎来了最后的胜利。期间，无数华侨纷纷支援琼崖抗战，美军也参与了海南后期的抗日军事行动。1945年 4 月美军战斗机在南吕至乌坡的公路上炸毁两辆日军军车。9 月 2 日，日本裕仁天皇和政府以及日本大本营的代表在东京湾美军军舰密苏里号上签署向同盟国的投降书，侵华日军 128 万人向中国军民投降。

---

① 李科史：《新村抗日战争时期革命斗争史》，中共屯昌县县委党史资料征集研究办公室编《中共屯昌县党史大事记》，第 62～63 页。

1945 年 9 月，蒋介石派中将叶佩高率经济部、交通部、空军等部门人员南下琼崖，接收日军投降，30 日，美军飞行员哥德、荷兰友人汗司马、印度友人哥林以及国民党琼崖守备司令王毅抵达南吕司令部，准备接收日军投降事宜。翌日，屯昌、南吕的日顽最终缴械投降。在六年的浴血奋战里，无数军民用生命驻守最后一方琼土，牵制了日军南进的军事阴谋，粉碎了日寇制霸南洋的美梦，同时也保护了滇缅"援蒋补给"的畅通，保障了大陆抗战的后勤支援。海南抗战的最大胜利远不止此，在抗战过程中，中华民族文化身份意识也得以加深和巩固。

抗战的胜利是统一战线的胜利，是全民的胜利。但是，战祸并未消停，随之而来由国民党发动的内战再一次把屯昌人民置于战火之中。如果说，抗日战争所形成的"中华民族意识"刚为屯昌人民建立了一种"归属感"的话，那么随即他们将面对的是跟谁走、归向何处的十字路口。

第二节　国共内战

一　黩武琼岛

抗战胜利，中日之间的民族矛盾已基本解决，全国人民极度渴望在一个融洽的氛围里建设一个和平民主的新中国。但是，蒋集团建立独裁统治、"消灭"共产党人的野心从未改变，抗战一结束，便四处调遣部队接收日伪军投降，抢夺全民的抗战果实，甚至不惜动用武力。一切行动表明，和平建国只是共产党人以及人民大众的善良愿望，国共两党磕磕绊绊走过的"蜜月期"即将告终。

抗战胜利前夕，毛泽东于 1945 年 8 月 13 日的延安干部会议上发表了《抗日战争胜利后的时局和我们的方针》的重要讲话，警戒全党要随时保持头脑清醒，认清蒋政府的真实面目。另外，中共中央于 25 日发表《对目前时局的宣言》，提出"和平、民主、团结"三大口号，发出了全国人民的心声，真切希望蒋介石政府能给出一个明确的表态——和平建国。为了应付国内外舆论压力，同时打着将战争责任推诿于共产党，继而一举消灭解放军武装的算盘，蒋介石披上和平建国的伪装，三次电邀毛泽东到重庆共商大计，双方签署《双十协定》，约定"长期合作，坚决反对内战"；同时，又借《双十协定》瞒过大众舆论以及美苏政府，暗中积极调兵遣将，为发动内战做好军事准备，和平建国的期待即将破碎。

1945年10月20日，国民党广州行营主任张发奎召开会议，策划对广东解放区的共产党实行全面"清剿"，在全广州集中正规军8个军22个师的兵力，计划两个月内就要消灭人民武装。不久，全副美式装备的国民党四十六军登陆海南，军长为蒋介石钦赐"黄马褂"的亲信韩练成，① 下辖一七五师（师长甘成城）、一八八师（师长海竞强）和新编第十九师（师长蒋雄），共计两万余人。部队登陆后立即进驻海南中部要地，以接收日军投降为名，迅速完成军事部署，并使用武力抢夺已被琼崖纵队解放的南坤、新兴、旺商、福来等地。与此同时，国民党军还和日伪军串通一气，阻碍琼崖纵队接收投降。

当时，经过了抗日战争时期琼崖共产党人对抗日根据地的发展建设，中共的统一战线以及民族、民主政策深孚人心，在琼崖群众中树立了极高的声望，已有相当多的群众接受了共产党人的思想和主张：

> 全琼各县都建立了县（或联县）、区、乡各级党组织和民主政权，党员人数5000多人，党政干部（包括区、乡干部）达7000多人；中共琼崖特委和琼崖民主政府控制的地区拥有人口100多万，占全岛人口的近一半；武装力量近18000多人，其中琼崖独立纵队5个支队7700多人，各县、区基干队2000多人，不脱产的反攻预备

---

① 韩练成，著名爱国将领，曾受蒋介石器重。"九一八"事变爆发后，韩要求去古北口参加关麟徵部抗战，蒋对韩"不懂政治"的求战举动很不满意，加以冷遇。抗战期间，韩对共产党坚持抗日的主张深表认同，积极组织联共抗日，接受共产主义信仰，并于1948年正式脱离国民党军队，参加解放战争。

队 9000 多人。①

　　然而，为了实现和平建国，琼崖特委一再避免和国民党军队发生正面冲突，并多次致电国民党琼崖当局，提出共商和平建岛事宜。12 月，韩练成复信同意，特委派遣史丹为代表先后两次赴海口得胜沙路四十六军军部谈判。谈判结果既在意料之中，也在意料之外。意料之中的是，国民党当局毫无谈判诚意，只是一味要求琼崖纵队交出武装，其他事宜闭口不言，谈判一度陷入僵局。意料之外的是，会后韩练成主动密会史丹，并向史丹透露自己对共产党的好感以及国民党的"围剿"阴谋，让琼崖共产党人做好心理准备，避开风头，同时表态，希望与冯白驹有私下接触。但由于当时琼崖共产党人对国民党警惕颇高，又与中共中央失去联系；国民党特务眼线众多，韩练成又不能过于直白。一来二去，琼崖特委一度将韩练成视为"两面派"，因而错失了与韩练成合作的机会。再加上韩所率四十六军原属桂系白崇禧部，难以驯控，琼崖内战如箭在弦。②

　　谈判期间，国民党军队对琼崖纵队驻地屡屡加以军事挑衅。为了配合谈判进行，再者在没有达成协定之前也应保证我方军事筹码，对国军的军事摩擦，琼崖纵队便以军事答复还施彼身。1946 年 1 月 25 日，驻地南坤墟的国民党第四十六军新编十九师在师长蒋雄的带领下，企图攻打雷打村，在路过加训时被琼崖纵队第一支队陈球光部截击，驻守在雷打村的琼崖纵队第二大队紧急赶来支援，首尾夹击，国民党军队被迫撤离。这就是屯昌革命史上著名的加训阻击战。

　　1946 年 2 月 14 日，琼崖内战先于大陆开始，琼岛民众遭受六年日侵的残酷统治后，再罹锋镝：

　　　　国民党四十六军公然撕毁停战协定，以 5 个团的兵力分四路以主力一七五师一个团从那大经南丰向白沙挺进；以一八八师一个团

---

①　林日举：《海南史》，第 625 页。
②　详见史丹《海口谈判》，《天涯》1987 年第 9 期。

自定安经南闾、岭门进入巴沙；以新编十九师一个团从感昌、石绿向白沙逼近；以一八八师及新编十九师各一个团由万宁、崖县分别向保亭、乐东进攻，以配合主力向我白沙解放区大举进攻。[①]

面对敌军的汹汹来势，琼崖纵队之前早已做好了军事部署，除了第四支队仍守备儋县、昌江、感恩地区以外，其余三个支队和一个挺进队纷纷开赴沿海平原地区，以分散斗争应对敌人的集中进攻。琼崖特委均已转移到六芹山区，巧妙地避开了敌人的"一鼓作气"。内战初期，国民党军队势力庞大、人数众多、装备精良，所以十分狂妄。而琼崖纵队以不变应万变，游击战争再次成为克敌制胜的法宝。

二　浴血天涯

1946 年 3 月，琼崖纵队司令部和主力部队进驻西昌乡芽石园和南棍园村周围的山上，4 月，中共琼纵领导机关迁驻新海乡加训洞，5 月又进驻南坤孔葵头村。在琼崖反"围剿"斗争最艰难的这段日子里，屯昌一直是全琼解放斗争的首脑所在。

驻军屯昌，除了此地国民党势力较弱以外，还与当时琼崖特委的战略部署有充分的逻辑关联。屯昌一地扼守琼北台地进入五指山区的交通枢纽，一则可以方便通信联系，有效调度部队。二则攻守兼备，退可散入五指山区，最快到达西区地委管辖范围；进可伸入沿海，直插敌方心脏。如果把屯昌的军事地位放置于历史现场进行比较，那么驻军此地则进一步显示出琼崖指战员敏锐的军事眼光。若是死守五指山区白沙根据地，将陷入敌人的包围圈，完全陷于军事被动；若是进驻琼北、深探虎穴，那么将要承担捉襟见肘的风险。因此，继抗战时期琼崖守备司令部迁至乌坡乡、琼崖特委和抗日独立队总部迁至坡尾松岭之后，屯昌再一次成为琼崖革命的"中军帐"，于军事实践中显示出得天独厚的优越

---

① 中共海南省委党史研究室编《琼岛星火》第 19 辑，1992，第 170～171 页。

地位。

为了振奋士气，屯昌军民在避开敌军锐气的同时，也主动出击。

1946 年 3 月 5 日，中国人民解放军琼崖纵队第一支队采取迂回战术，先后袭击了定安的龙塘、南吕、龙门以及琼山的屯昌、岭肚、黄岭等国民党驻军据点，歼敌 30 多名。

4 月 9 日，琼崖纵队第一支队第二大队第四中队在南坤加英洞袭击国民党琼崖保七团一个中队，俘虏副中队长 1 名，缴获机关枪 2 挺、迫击炮 2 门、长短枪 60 支、弹药一批。

4 月 21 日，国民党四十六军某部 1000 多人，突然包围琼崖纵队第一支队驻地，第一支队第二、四、五、六中队全体指战员与国民党军展开激烈战斗，击退国民党军的多次进攻，第四中队中队长陈维良身负重伤。

海南地区军事上的针锋相对刚刚开始，然而，1945 年 10 月中共中央与国民党签署了《双十协定》，从大局出发，我党做出了一定的军事退让，同意交出包括海南在内的 13 个根据地，这为琼崖的解放战争带来了不小的思想波动。1946 年 4 月，国民党军队气焰正嚣，广东党委又派林树兰来琼传达 "北撤" 决议，消息一走漏，少数革命意识不坚定的同志或逃或降，甚至有些地方革命活动一度呈现停滞状态。5 月，按捺不住的张发奎突然现身琼岛，亲临督战，重新部署战略方针，精心筹策了一局 "政治瓦解与军事消灭并进"、"以分散对付分散" 的方略，以显 "不浪杀人"（麦朝枢语）的作风。对此，琼崖特委做出决定，暂时搁置 "北撤" 决议，继续与敌人周旋作战。考虑到琼崖孤岛作战，条件异常艰辛，8 ~ 10 月，中共广东区委分别委派张创、张瑞民传达 "南撤" 指示，以期撤往越南后再做打算。这一决议再次被琼崖特委搁置起来，并致电中央，坚持自卫反击，最终得到中共中央回电许可。

10 月，琼崖革命终于等来转机。国民党将第四十六军撤出琼崖战场，调防山东。屯昌驻军乘此机会主动出击，琼纵挺进支队在队长李振亚、政委符荣鼎的率领下，集中优势兵力，接连拔下加乐、石浮、仁兴、海军、大同等军事据点，歼毙、生俘了大量敌军。至此，琼岛国民党反动派全面"围剿"琼纵部队的阴谋彻底破灭，琼崖共产党人打破了完全被动的尴尬处境，国民党围攻由全面进攻转向重点进攻，战争随即进入第二阶段。

11月，广东省政府主席琼崖办公室主任兼第九区行政专员蔡劲军任保安司令，指挥琼崖国民党部队继续"剿共"，并制定了"分期分区、重点进攻、各个击破"的战略方针。同时还调来保二、保三、保四、保五，四个保安总队接替四十六军驻琼布防，琼崖国军兵力共达15000人，是琼纵武装的三倍。蔡劲军上任后，又喊出了高度自信的新口号：六个月解决琼崖共产党，头三个月内就要摧毁琼文游击根据地。12月，临委书记联席会议在屯昌南坤镇加总乡召开，专门部署作战方针，以分散对集中、以集中对分散，坚持游击战的作战方式，给新上任的蔡司令一个"见面礼"。从11月至12月，琼纵挺进支队于金江至海军、坡尾至加训、坡尾至金江，国军围剿的必经之路上，先后三次伏击国民党军队，共消灭国民党保安队120多人，缴获轻机枪5挺、步枪70余支。第一期"剿共"计划破产。

1947年2月，蔡劲军开始实施第二期"剿共"计划：

> 这次清剿侧重于万宁、定安和澄迈地区。敌以保六总队向万宁六连岭"清剿"；以保七总队向定安"清剿"；以保四总队向澄迈"清剿"。敌人这次"清剿"的战术着重于堡垒控制，配合焚山开路搜剿。针对敌人这次"清剿"的战术特点，特委和琼纵9日发出《关于反"清剿"工作的指示》决定采取如下对策：以少数部队配合民兵，坚持根据地斗争，以主力迂回敌后乘虚歼敌，开展新地区，粉碎敌人"清剿"计划的同时，积极向白（沙）、保（亭）、乐（东）地区发展。①

2月1日，国民党军以两个营600多人的兵力进驻西昌墟，以图

---

① 中共海南省委党史研究室编《琼岛星火》第19辑，第181~182页。

"围剿"驻解放区的挺进支队某部、兵工厂和后方医院。这一举动被我方民兵王明璋侦得，随后立即上报琼纵挺进支队，挺进支队即刻于国民党军必经的红土坎设伏，严阵以待。翌日，国民党军队闯进埋伏圈，挺进支队迅速发起冲锋，敌军惊惶应战，经过两个多小时的较量，我军击毙国民军官兵 200 余名，俘虏 70 余名，缴获机枪 2 挺，手枪和步枪共 70 多支，大获全胜。之后的三个月内，我军顽强抵抗，再度赢得了反清剿斗争的胜利。在此期间，我军还成功回师白沙，积极着手五指山根据地的创建工作。4 月 29 日，中央发电祝贺，并决定将琼崖特委改为琼崖区党委，由中央直接领导。

三　浴火而生——新民县成立

1947 年 6 月起，刘伯承、邓小平率领的晋冀鲁豫野战军主力，陈赓、谢富治率领的晋冀鲁豫野战军余部，陈毅、粟裕率领的华东野战军主力，三军"品"字形开进江淮河汉地区，开辟了中原解放区，大陆解放战争进入战略反攻阶段。大陆解放战争的胜利，相对来说也为海南的反"围剿"斗争减缓了压力。同年 9 月蒋介石派宋子文接替罗卓英任广东省政府主席，希望把广东省筑成抗共的最后基地，11 月蒋政府撤下广东行辕任上的张发奎，换上宋子文。同时，蔡劲军也因"剿匪不力"、损兵折将被撤换，新晋广东省第九行政区督察专员兼保安司令的韩汉英，采取"重点防御，相机进攻"的战略。

此时我军军事力量在敌消我涨的过程中占据优势，有了分庭抗礼的军事底气，琼岛内战也迎来了新的局面。而在此期间，屯昌县的前身——新民县浴火而生，成为与五指山区全面解放、土地改革、琼中县成立并举的一大喜事，屯昌第一次以政治概念独立出来。

1948 年 2 月 21 日，中共琼崖区委二次执委会决定，在屯昌地区建立新民县，县治所在今南坤孔葵头村，将原澄迈县二区（除加乐乡外）所属各乡及琼山特别行政区各乡划归新民县管辖。同时，新民县下属各乡又分为两个区：第一区包括松涛、林加、南坤、藤寨、岭肚、黄岭（含大同）；第二区包括西坡（西昌、坡尾）、石北（石浮、北雁）、新海（新兴、海军）以及附辖新吴、瑞溪、长安、新竹。

4月1日，新民县民主政府正式在南坤孔葵头村成立。新民县工作委员会书记张光兴、县长符孟雄、组织部长李科史、宣传部长兼财政科长韩光、民政科长符实。县政府还成立了县人民武装中队，名称"英工队"，又称"县大队"，队长陈大章。英工队成立不久，就获悉黄岭黑盖坡军部守敌一营人要开进南坤牛肠村。县政府便带领英工队和各乡民兵在敌人途经的九吉岭伏击敌人。中午时分，敌人进入伏击圈，战士们猛烈射击，打死敌人一人，伤多人，敌人惊慌抬着伤兵退回军部。县武装初战即大获全胜，有力地推动了区、乡工作的开展。

一个行政区划设置的出发点，在纵向上是为了方便上级管理、有效传达上级政令；在横向上则体现为与同级行政区划的分工与合作、互补与应援关系。因此，新民县的诞生，既有历史文化合力的内在推动，又与当时中共琼崖特委在敌人势力薄弱边区开辟根据地的战略思考有着贴切的因果关系。

事实上，早在明朝郑廷鹄的抚黎奏议中，就曾提及在海南岛中部地区设"立州县"：

> 西一百五十里，有隋延德县址；东南一百三十里，有唐临川县址；东五十里，有唐落屯县址；西一百里，有汉乐罗县址；感恩东北七十里，有宋镇州址，原附郭有镇宁县址。今俱在贼中，所当恢复者也，况又有德霞之膏腴，千家、罗活之饶足。招集之后，愿建州县，因以屯田，且耕且守，务庐其居，而东南其亩。又由罗活、磨斩开路，以达定安；由德霞沿溪水而下，达于昌化。道路四达，屋庐相望，井里既定，岂不为国家增拓舆地哉！①

上述论说或可看作新民县设立的思想根源，而最早关于海南岛中部

---

① （明）郑廷鹄：《平黎疏》，《石湖遗稿》，第233~234页。

设立市县的具体构思则出现于民国初年。彭程万、殷汝丽撰写的《调查琼崖实业报告书》说："黎境广漠，前既言之，各属管辖之地亘延，每至数百里，呼应不灵，鞭长莫及，半身不遂，百事废弛；故历代贤哲建言，无不以增设县治为急务。"① 并提出"添设五县之计划"，"添设三县之计划"。例如"添设五县之计划"中论道：

　　（一）自定安属之岭门，至崖属乐安交界之万冲，县治设岭门；（二）自崖属乐安至回风岭，县治设乐安城；（三）自陵水属保亭营至定安交界之思何岭，包含万宁、乐会二属之一部，县治设保亭营；（四）自儋属那大以东至定安交界，包含临高、澄迈、琼山三属之一部，县治设那大；（五）自儋属那大以西至崖县交界，包含感恩、昌江二属之一部，县治设东方。②

这一计划与今日海南腹地黎族聚居区有五县一市：乐东、保亭、白沙、琼中、屯昌五县和五指山市，确有相似之处，可证其远见。而新民县辖境本身是来自琼山、定安、澄迈三县边界，均具有边界性质，在政治文化上具有相似性。

在当时，边区国民党势力薄弱，人民受封建压迫严重，斗争意识最强，所以开辟边区根据地一直是我党的既定方略。新民县的由来还得从"美合事变"说起。1940年琼岛军民抗战正酣，国民党琼崖当局却突然掀起反共逆流，对琼崖特委所在的美合根据地发起进攻，根据地一毁殆尽。而后，特委为重建澄迈县委组织，派李科史回驻坡尾原澄迈办事处，和处长文龙等人联络失散同志，以图重建。1942年夏，经过长时间的准备，澄、琼、定边区党委成立，领导人民重新组织武装斗争，边区党办事处就设在坡尾，作为政治概念的屯昌可溯源于此。此后不久，1943年11月，琼崖特委取消澄、琼、定边区党委和澄迈办事处，重新成立澄迈县委和县政府，同时成立澄迈二区，统管海军、

① （民国）彭程万、殷汝丽：《调查琼崖实业报告书·黎情》，第20页。
② （民国）彭程万、殷汝丽：《调查琼崖实业报告书·黎情》，第20～21页。

新兴、西坡、石北四乡。琼崖共产党人在边区工作的同时，还与当地少数民族结下了深刻的友谊：

> 那时，我（李科史——引者注）在西坡乡南棍园苗村认识了一位苗族大伯盘琼富。当时，他患有眼痛病，请许多医生治疗，拖了好长时间都不能治愈，我很关心同情他，就把打日本鬼时没收来的一副水晶眼镜送给他带，并买了一些眼药水给他治疗，后来他的眼睛竟然治好了。因此，他对我万分的感激，一见到我们的工作人员就问："你看见李区长吗？"并宣扬是李区长治好了他的眼病。我每次到村里，他都一定叫我到家里吃饭，他心里显得很高兴。就这样，我和他建立了无比亲密的关系。在南棍园、合水、石弄坡、南坤、加里园一带，他有很高的威信和地位。我就通过他和那些村的头领建立了友好关系，给工作带来了极大的便利。[①]

这看似普通的人际交往，竟给琼崖解放战争带来意想不到的收获。1946年，琼崖特委突破六芹山区国军的包围后，旋进入澄迈边境的黎、苗、汉杂居地——南坤、岭肚之间的芽石园。正是由于之前李科史等人与当地少数民族所建立的友好关系，冯白驹即刻将司令部人员分散住在合水、石弄坡、南坤、加里园各村。同时，任命熟悉当地情况的李科史为澄、琼联区区委书记，负责筹粮工作，直至三个月后，总部撤离南坤，才取消澄、琼联区区委。

因此，新民县成立于战争年代并不是历史巧合，而是时局使然。它的成立与琼崖共产党人实施开进边区建设的方略有着深刻的缘分。在并肩的岁月中，屯昌人民与琼崖共产党人结下了深刻的友谊，同时也表现出坚定的革命信念。在民心向背之间，再次体现出共产党领导人有别于国民党当局的政治智慧。

---

① 李科史：《在复杂斗争中诞生的屯昌县》，政协海南省屯昌县文史资料委员会编《屯昌文史》第4辑，1995，第94页。

四　民主统一战线的建立

琼崖革命的胜利光靠共产党人所领导军队力量是远远不够，一如抗日战争的最终胜利，最广泛的人民民主统一战线在琼崖解放战争中同样发挥了重要作用。正如冯白驹在 1948 年 11 月 10 日琼崖东北区民主政府成立七周年纪念大会上所言，琼崖人民解放战争新的局面正在出现，其中最大的一个特点就是民心的转向：

> 在内战开始时，琼崖各阶层人士对我们能否坚持表示极大的怀疑，对琼崖人民的解放事业抱着观望犹豫的态度，但是现在不同了，各阶层人士（包括过去抱着中间态度的人士）对于人民解放事业的同情和拥护更加强烈。三年来的事实使他们看得更加清楚，国民党反动派横暴凶残和贪污腐败的行为，勾结美国帝国主义出卖琼崖的罪恶，一件又一件摆在人民的面前。在国民党反动派的统治下，人民大众所遭受的剥削奴役和凌辱，比之日本侵略者统治时期，并没有减轻。而国民党反动派在人民解放军面前，却表现得那样无能为力，一败再败。人民解放军愈战愈强，人民的力量空前壮大，共产党和民主政府各项政策主张都符合人民的利益，解放区一天天地巩固壮大。[①]

对于屯昌一地来说，人民民主统一战线的建立既简单又复杂。简单的是屯昌地处琼岛中部，处在国民党统治的边缘地区，阶级分化并不十分明显，封建生产关系显得单纯而顽固。复杂的是这里汉、黎、苗各民族杂居，协调各族关系是让历代统治者头疼的事情。所以，要想在琼崖建立人民民主统一战线，无外乎处理好两大关系，一是以土地为核心的封建生产关系，二是以汉、黎争端为主的民族关系。

[①]　琼岛星火编辑部编《琼岛星火》第 17 辑，1987，第 31 页。

1947 年 8 月 28 日，琼崖区党委发布《关于执行中央五四指示解决土地问题的工作指示》，指出土地问题是目前斗争的基本问题，是一切工作的中心。进而于 1948 年 2 月 15 日出台了关于土改工作的具体指示：

> 先打击大地主，然后打击其他地主，对恶霸与非恶霸，对大中小地主待遇要有区别；……先组织贫农团，几个月后组织农会，以贫农团，积极分子为骨干，吸收一部份中农积极分子参加……反动地主武装组织及特务组织，必须消灭，不能利用。[①]

为了搞好土地改革工作，各地纷纷召开土改会议，或是成立土改工作学习班。1947 年秋，一场浩浩荡荡的土改工作开始在屯昌顺利推进。土改工作组在民兵的保护下深入各乡，部分工作重点村还成立了农会，宣传土地改革的方针政策，领导农民向地主展开减租还押、分田分地的斗争。土改工作按"打烂平分"的方法，各村全面丈量土地，把所有的田无论好坏，一律按好、坏、肥、瘦重新搭配，再按人口平均分配给各家。农民得到土地后，生产积极性极大地提高，粮食收入也迅速提升。土改斗争中，南坤地区的茅坡岭、大柿脚、加里园、粟米坡、山柚坡、加揽坡、太安等村相继建立了 6 个党支部，发展党员 35 人，共产党的思想主张得到进一步宣传。此外，伴随土改工作，各县、乡还进行了清匪反霸工作，对于顽固分子如反动保长郭得香、情报员张德成一干地痞土匪，工作组坚决打击，严惩不贷。而为了联合进步地主阶级，建立一个最广泛的统一战线，谋取海南岛的解放，工作组则推行"地主减租减息、农民交租交息"的"双交双减"工作，保留地主部分利益，"前方打老蒋，后方挖蒋根"，这一举措，对于以蒋介石为代表的大地主、大资产阶级无疑是釜底抽薪。

相比之下，国民党当局所推行的"十杀"政策则显得十分"简单粗暴"。所谓"十杀"，即为"共"者杀、通"共"者杀、窝"共"者杀、

---

① 《琼崖区党委关于土改工作指示（一九四八年二月十五日）》，中共海南省委党史研究室编《琼崖解放战争史料选编》上，1989，第 303 页。

为"共"通情报者杀、为"共"抽丁者杀、济"共"者杀、知"共"不报者杀、为"共"征粮者杀、为"共"纳粮者杀，为"共"宣传及损坏公路桥梁、盗取电线电杆者杀。如此高压的手段反而会激发民众的反抗意识。

伴随土地而来还有一个问题，就是关于田赋的征收制度。

1929年，民国政府在各县乡建立保甲制度，随后从1930年起，田赋征收采取承包制，县政府按照省财政厅的要求将田赋的正供、杂费和一切地方附加捐合并起来，以总的任务下达各乡，由保甲长或其他投标人承包征收。征收的田赋税款，除按下达的任务上缴县库外，剩余部分归乡长和保甲长或投标人支配。采取这种方法征收，积弊丛生，往往在县下达的任务外，另以各种名目增加摊派，加重农户负担。这一方式在抗日时期有所改变，但抗日结束后，各县成立田粮科、各区成立田粮办事处，换汤不换药。

从1943年起，琼崖共产党所建立的民主政权开始在屯昌地区征收公军粮。而共产党所建立的民主政权在田赋的征收政策和办法上，表现出极大的政策柔和性：

> 抗日战争时期，民主政权向农民征收田赋实物，琼崖特委规定征收公粮所确定的数额是："贫农每年缴公粮6升，中农缴1斗，富裕中农缴2斗，富农按全年收获加一，地主缴加二，赤农免征。"但琼山第六区和澄迈第二区各乡抗日民主政府是处在游击区和敌统区，所征收的公粮无法按规定比例进行征收，而是以村为单位，按村的大小穷富分别摊派，主要是摊派给富户缴纳。[1]

抗战胜利后，1948年2月23日，经过一场土地改革后，琼崖区党委第二次执行委会议决定取消军粮，只实行单一的统一公粮制度，分为夏、秋两季征收：

---

[1] 吴维松主编《屯昌县土地志》，海南省摄影美术出版社，1996，第77页。

在巩固区（指解放区），是根据土改运动所分配的田地，及以前所派定的数量，到各村中召集村民会议了解，每季上中下等田所收得若干，按其中上下等分派。如新一区上等田分派每个工3升，中等田每个工2升半，下等田每个工1升或1升半；在游击区（指新二区部分敌占村），首先由乡政府按其各村的户数，并看村中穷富做决定，然后叫村代表来告诉或写信分派之。①

解放区土改政策的实行，极大地调动了农民的生产积极性，并且在与国民党赋税政策的对比下，屯昌人民更加深刻地认识到共产党政策的优越性，坚定了跟党走的决心。

通过改革政策，屯昌地区以土地为核心的封建生产关系得到了有效改善。此外，以汉黎争端为主的民族关系，则是在共产党与黎胞平等互信的交流互动中得到缓和。

抗战爆发，国民党琼崖守备司令部退守五指山区，对当地黎族同胞实行民族歧视与压迫，甚至乱设名目，肆意征收苛捐杂税，随意役使黎苗民工，更有甚者，国军官兵经常窜入黎苗村寨烧杀奸掠，制造了"五一三"大屠杀惨案。事后，1942年8月17日，黎族首领王国兴发动白沙起义，反对国民党暴政，随即遭到国军武力镇压。起义失败后，国民党当局却不知悔改，竟然扬言要"斩尽黎仔，杀绝苗人"。残暴的统治让黎苗民众深信，只有共产党才是穷人的队伍，才能救民众于水火，于是纷纷外出寻找共产党帮助。最终在琼崖纵队第四支队政治处主任江田的带领下，找到了驻于西坡乡松岭的特委总部以及司令员冯白驹。这一过程，不正是海南黎族千百年来寻找归属感过程的缩影吗？

同时，中共中央早已将认真处理与少数民族的关系作为工作的重心，特地指示琼崖特委：

认真在三十余万夷民中进行艰苦联络工作，尊重他们的民族风

---

① 吴维松主编《屯昌县土地志》，第77页。

俗习惯，使他们信任我们，不仅使他们不为敌伪利用，而且要使他们和我们一起抗敌。必须认识他们所在地的五指山脉一带山地，将是我们长期抗战的最后的可靠根据地。其他沿海地方都有敌伪盘踞的可能。只有有了夷民、山地作为我军的巩固后方，我们才能支持长期抗战。[①]

在后来的相处过程中，我军与黎苗同胞建立了亲密的战友关系。在琼纵司令部入驻南坤时，因受国民党部队的追击，必须处理掉马匹，混入百姓中。冯白驹司令立即下令，把马交给老百姓杀掉，可是过了两天也不见动静，于是就问当地首领盘琼富，而苗胞的回答令人大受感动："你们是苗族的父母官，我们杀父母官的马，良心上怎过得去啊！"[②] 冯司令听到后，立即叫副官把马杀了分给苗胞食用。一个是要将黎苗民众赶尽杀绝，另一个是与黎苗同胞骨肉相亲。共产党与国民党的态度截然相反，高下立判，这就是为什么少数民族同胞选择跟共产党走的原因。甚至可以说，在内战尚未开始之前，就注定国民党反动派是以败局收场。

然而这场注定胜利的战斗并不是那么顺坦，黎明前的黑暗也将再度降临。在迎接曙光的过程中，新民县将面临更多政治、经济、军事上的考量与抉择。

---

① 《中共中央书记处对琼崖工作的指示（一九四〇年十一月七日）》，中共广东省委党史资料征集委员会、海南行政区委员会党史办公室编《琼崖抗日斗争史料选编》，第21~22页。
② 详见李科史《在复杂斗争中诞生的屯昌县》，政协海南省屯昌县文史资料委员会编《屯昌文史》第4辑，第97页。

第六章 | 新生
——新时代的屯昌县（1948~1956）

　　1948 年 4 月 1 日，屯昌县前身——新民县在战火硝烟中成立，正式以行政区划的身份参演共和国史，屯昌地区迈向历史书写的新纪元。所谓"迈"，是指从新中国成立、海南岛解放到如今，屯昌确实是大跨步前进，并且有了飞跃性的发展以及"质"的改变；所谓"新"，意指屯昌的文化地位以及文化风貌，相对于过去呈现新的特点，举其大端有二。

　　其一，就其文化地位看，屯昌地区不断走出边缘化状态。如前所述，屯昌历史地处于"内陆—海外"、"汉族—少数民族"、"黎汉社团边境"的"三重政治边缘"的尴尬地位。自近代洋务运动以来，海防意识不断增强，屯昌随着海南岛地位逐步攀升而走出第一重政治边缘；民族融合不断推进、异族入侵带来中华民族意识的强化，以及自辛亥革命以来尤其是中国共产党奉行的民族平等政策，使屯昌走出第二重政治边缘；而自抗日战争以来，中共开辟边区革命根据地的策略，使得屯昌"黎汉社团边境"地位一跃而成为军事优势，并发挥了举足轻重的作用，走出第三重政治边缘。而自新民县成立后，屯昌与中央政府对接的程度不断加深，1952 年 6 月 19 日，因与辽宁省新民县同名，新民县改为屯昌县，时设一、二、三、四 4 个区，62 个乡。表面上只是一个很简单的行政区划名称变动，但对屯昌县来说，这是第一次被统一的中央政府通盘考量，而且是与远在辽宁的新民县统一规划。从此，屯昌以新的面貌完整地呈献在共和国的历史中。

其二，就其文化风貌看，屯昌文化中"稳步进取"的性格凸显出来。屯昌占据交通枢纽地位，曾是物资聚散地，因墟市贸易而发展起来，自然有商业精神中不懈进取的拼搏精神。随着屯昌不断走出边缘的窘境，屯昌人民在历史边缘游离数百年后，终于找到了自身价值和历史归属感。这种归属感带来历史使命感和责任感，并由之激活了"进取"精神。然而，这种进取精神下又潜藏着"求安"的移民者的本性。所以，在"求安"心理的制衡下，屯昌的进取性格又是非冒进的。因而，我们看到，在社会主义探索过程中，屯昌人民并非冲锋在前，而是在"学"字上开足马力，尤其是在 20 世纪 70 年代"农业学大寨"运动中，这种"模仿式创新"表现得特别明显。

新时期，屯昌仍然面临两大问题：一是如何完成人民解放、巩固新政权，这是以军事为主的政权问题；二是在新中国建设过程中自身定位问题，这是以发展为主的经济问题。

第一节 解放！解放！

1948 年秋，解放战争进入大决战阶段。虽然此时解放军与国民党军队军事实力基本持平，但国民党军队气势低落、不堪一击，被迫由"全面防御"转向"重点防御"。1948 年 7 月 14 日，中共中央军委发令，全国各个战场发动秋季攻势。解放军相继发动辽沈、淮海、平津三大战役，四个月歼敌 154 万余人，国民党主力基本被摧毁殆尽。与此同时，琼崖战场的琼崖纵队也发动大反攻，争夺最后的胜利。

一 大反攻

解放战争进入第三年，国民党军队多番"围剿"琼崖，每每失利，几番易帅。特别是自 1947 年 11 月宋子文、韩汉英主持琼崖军政以来，国民党军虽然尚有五个保安总队、一三一旅的三个团和要塞军的一个团，共计九个团的正规军和大量的地方武装力量，但是国民党军队气势低落到极点，不断地缩小防御圈。1948 年 4 月，韩汉英开始实行第一期"清剿"计划，侧重"清剿"县区乡沿边及交通干线交界地带的共产党组织及武装。

由于自身军事实力的增强，韩汉英"围剿"期间，琼崖共产党武装积极争取战争的主动权，依靠灵活机变的游击战，不仅粉碎了宋、韩第一期"围剿"计划，更是乘机挥师黎区，解放白沙、乐东两县。在半年多的时间里，琼崖解放战争局势渐见曙光，琼崖纵队实力壮大了一倍，各地人民武装有很大发展，根据地范围也在进一步扩展，有了与国民党军队一较高下的实力：

> 在全琼的土地上，人民解放军和民主政权能够控制和活动的地区，占了五分之四，其中完全巩固的解放区有三万方里，边缘区有二万五千方里，游击区有五万余方里；在全琼二百五十万人口中，在我民主政府领导下的占了五分之三，其中解放区和边缘区有三十五万人，游击区有一百一十余万人，现在民主政权的组织已遍及全琼；在琼崖临时民主政府领导下有五个行政专员公署，二十二个县政府（琼崖属有十六个县，新设六个县，共二十二个县），二百二十五个乡政府，除了敌盘据的城市外，民主政权的政令是可以普遍施行。[①]

1948 年 7 月，宋、韩二人策划发起新一轮的"围剿"，但是尚未整装，即被琼纵部队的秋季大反攻打溃。9 月初，为了执行中央军委发出的秋季大反攻的军令，琼崖区党委以及琼纵总部在白沙县的毛栈召开作战工作会议，最终筹定整个军事反攻的两线配合作战方式：一是主力进攻海榆公路要地，切断南北交通；二是余部相机进攻，牵制敌军兵力，分散敌军注意，以配合主线进攻。

---

① 冯白驹：《在琼崖东北区民主政府成立七周年纪念大会上的讲话》，中共海南省委党史研究室、海南省档案馆编《琼崖解放战争史料选编》上册，1989，第 387 页。

位于五指山解放区东南的陵水一带地区，敌人的机动作战力量薄弱，且又紧靠着我保亭解放区，有利于我军迂回周旋和出敌不意地出击，如果我军能胜利进占陵水广大地区，并挥师万宁、乐会，横扫盘踞在这一带的敌人据点，不但可以使琼东南地区与五指山解放区连成一片，还可以把敌人的南北交通大动脉海（口）榆（林）公路拦腰斩断，截断敌人南北的联系，进而分割消灭敌人。……

为了配合、策应秋季攻势的主力部队作战，会议还决定没有参加攻势主力部队的第一总队第二、第三支队在新民（今属屯昌县）、澄迈、定安一带地区相机出击，牵制敌一三一旅和驻守琼西的敌人；松江队（原三总第八支队）在琼山、文昌地区机动作战，牵制琼东北的敌人；第五总队留守琼南的部队在崖县地区飘忽行动，积极出击，牵制琼南的敌人。①

在这一军事方案中，新民县只是担任配合主力、策应作战的军事任务，但实际情况并非这么简单，如果我们结合海榆公路地图来看，新民县辖区的作战其实是具有双重军事含义。

如今的海榆公路共有西、中、东三条线路。除海榆中线公路是新中国成立后在清政府开辟的十字路基础上新修而成之外，海榆西线公路由于长期战争的破坏，许多路段不能通车，几乎废置，从海口至三亚的交通，主要靠海榆东线公路维系。海榆东线公路是在 1941 年日侵后最终定向，从榆林出发到陵水，经兴隆、牛漏到万宁、乐会，继续北上至嘉积，而后有东西两条线路：东行过琼东经文昌到达海口，而西折则达到黄竹。由黄竹至海口亦有三条要道，走西线过新民到海口；走中线经定安到海口，这是由榆林到海口的最短路线；走东线至文昌到海口（见图 6 - 1）。因此，新民县作战意义并不仅仅局限于牵制敌军、配合主力的辅战作用。在扰乱敌军军事行动的同时，控制新民县辖区，既可掐断海榆公路的部

---

① 《1949 年琼崖区党委军事工作报告》，引自琼崖武装斗争史办公室编《琼崖纵队史》，广东人民出版社，1986，第 246~247 页。

分路段，又可威慑由海口经定安、黄竹到达榆林这一交通路线，因而具有"一箭双雕"的重要意义。

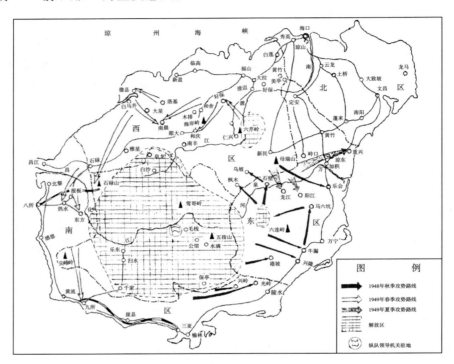

图 6-1 解放战争时期琼崖纵队三大攻势

资料来源：琼崖武装斗争史办公室编《琼崖纵队史》插图。

9月17～18日，琼纵部队连续作战，一举攻下陵水，进而转战万宁、定安。在万宁县牛漏战斗中，前线总指挥李振亚罹难牺牲，临时由第五总队长陈武英、第三总队长张世英接任正、副总指挥。因两人无大部队指挥经验，造成马六坑岭战斗140余人伤亡。其后，琼纵副司令员吴克之继任前线总指挥兼政委，指挥作战。

11月8日，琼崖纵队第九支队奉前线指挥部命令，亮剑屯昌，包围乌坡。据所侦情报，乌坡国民党军队守备共三处，联防中队、乡公所、自卫队互成犄角，构成三角交叉火力网，其中乡公所和自卫队驻在墟内"丁字街"北面的制高点上，控制住整个墟，对游击队威胁最大；联防中队驻守于东南面，西南面炮楼则是由联防中队的一个班驻守。根据敌军的军事布防，支队指挥决定，首先部署兵力，包围据点，然后再对三处守军各个击破，避免承受集中火力。

是夜，部队冒雨行动，完成包围部署。当时犬吠不止，但敌军却丝毫没有察觉，可见敌军士气涣散，毫无警备之心。可是，由于琼纵部队光富中队在据点前挖掩体时，过于靠近据点，不慎被敌军发现，袭击计划功亏一篑。9 日中午，支队重新调整军事计划，决定强攻据点守军，先由第一大队拔除对支队威胁最大的乡公所炮楼，进而孤立联防队，各个击破。深夜十二时，部队全部进入阵地，次日拂晓四时许，冲锋开始。琼纵战士以机枪扫射配合冲锋，敌军阵营霎时乱作一团。中队长符育文率领突击队乘乱冲进炮楼，守军仓皇北窜。此时部队才发现，乌坡墟不是"丁字形"，而是"工字形"，堵截力量出现漏洞，致使部分敌军漏网。战斗持续一个多小时，缴获长短枪二十三支，子弹四百多发以及大量粮食军备。

占领乡公所炮楼后，联防中队孤立无援，成了瓮中之鳖。支队指挥部立即召开作战会议，部署新一轮作战，决定：连续作战，不让守军有喘息之机。由林侠君支队长、吴爱民政委带领三大队担任主攻，具体任务是，第七中队占领制高点，以火力控制并杀伤敌人，掩护突击队切入；第八中队负责正面攻击，第九、第三中队在据点后埋伏，以拦截消灭逃亡之敌。

11 日中午，琼纵部队副司令员、前线总指挥吴克之亲自督战，审批支队的作战方案，极大地鼓舞了士气。下午四时许，部队进入阵地，发起猛攻，敌军错误地以为我军只会在夜间偷袭，所以毫无防备。占领制高点的中队同时向敌营开火，打得敌军龟缩一团。第八中队突击员个个身上带着六枚手榴弹，两个"火球"，一支驳壳枪跃出战壕，迅速突过敌阵三百米阔地，接近敌军守备工事，以榴弹、"火球"轰炸敌营。敌军夹尾逃窜，正中第九中队的伏击，前堵后追，死伤无数，纷纷投降。驻守西南面炮楼的联防中队见大势已去，不战而降。可见整个国民党军队士气低落，战斗力极低。国民党的地方武装靠强行征来的壮丁充数，临场应变能力差，缺乏军事素养，单纯凭借先进的军备建筑防御，在屯昌这种山区地带作战，威力大打折扣。

国民党乌坡守军被歼灭后，极大震惊了枫木、岭门的守军。第九支队马不停蹄地向枫木、岭门进军。直至 12 日止，枫木岭门守军在琼崖纵队第九支队、淮河支队、粤江支队的围攻下，枫木联防中队王桂高部投降，岭门守军王玉进中队弃阵逃跑，仅仅 5 天时间，琼纵部队一举解放了乌坡、枫木、岭门等地，定四区全线解放。

整个秋季大反攻，我军作战 20 余次，攻克和解放了兴隆、石壁等 18 座墟镇，拔除了 20 余处中小据点，取得了秋季战略大反攻的大胜利。

三大战役后，国民党精锐尽没，桂系军阀趁机再度"逼宫"，要求蒋介石下野，并与中共协谈"和议"。1949 年 1 月，蒋介石在外失美援、内陷党争的情况下，第三次"引退"。猬集华南军政大权的宋子文见蒋政府失利，迅速将大量财产转移美国，辞去广东省一应职务，以求脱身。由之而来的是广东军政界的大换血，由余汉谋接任广州绥靖公署主任，薛岳接任广东省主席。2 月，国民党政府拟建海南省，决定成立"海南省筹备委员会"。同月，"南天王"陈济棠来琼，继而出任海南特别行政区长官公署长官兼海南建省筹委会主任、海南特区警备总司令。此时，"南天王"手上兵缺将寡，海南可调度军队平均每个团要担负两个县的防御工作，机动兵力更是少之又少：

> （陈济棠）把原来的保安旅编为一五九师，下辖四七五团（即原保三总队）、四七六团（即原保四总队）、四七七团（即原保六总队），分驻澄迈、临高、儋县、昌江、感恩五县；把原来的一三一旅编为一五五师，下辖四六三团（即原四三团）、四六四团（即原四四团）、四六五团（即原四五团），分驻琼山、文昌、琼东、乐会、万宁、陵水等县；榆林要塞守备司令部仍驻防榆林、三亚。①

陈济棠素有独立经略琼崖的野心。之前提名人选张发奎、李汉魂都

---

① 琼崖武装斗争史办公室编《琼崖纵队史》，第 253～254 页。

因国民政府不提供权、粮、兵，而拒绝出掌海南，而陈济棠却认为海南大有作为：

> 海南素称天险，共军没有飞机和军舰，决不能飞渡。不用说固守一年半载，即三年两载亦不成问题。第三次世界大战必定爆发。只要美苏战事一起，形式即对我们极有利。到那个时候，不用说恢复以前的地位，连大总统也有我一份。[①]

曾任陈济棠秘书的甘尚武曾回忆道："在海口，陈济棠吩咐我和公署的建设处联络，草拟一份发展海南工商业的建设计划。啊，在这兵荒马乱之际，他依然雄心勃勃，犹如当年建设广州时一样，一丝不苟。"[②] 的确，陈济棠对"实业救国"的政见确有过人之处，治琼期间，琼崖实业几见复苏。在此期间，陈济棠一方面把海南经济大权独揽怀中，另一方面不断拜访海南地方势力，以寻求支持，坐稳海南。

1949 年 2 月，面对琼崖战局，琼崖区党委和琼纵总部在白沙县的毛栈召开党政军领导干部会议，决定发起第二波战略反攻，以扩大解放区和游击区，并确立以琼西为主攻方向。下旬，琼纵部队发起猛烈的攻势，势如破竹，先攻打西北部的澄迈、临高，折而西进，挥师儋县、昌江、感恩、崖县各县，相继拔下海尾、昌化、乌烈、通天、明山等据点，解放了感昌大片地区。

在春季大反攻期间，新民县作为巩固区，一方面进一步实施土地改革，另一方面也在积极为前方战士筹集物资，支援反攻战事：

> 为支援琼崖纵队发动春季攻势，屯昌地区农村筹集大米 7.6 万斤、光洋 100 多枚、铁锅 15 口、担架 150 副，还购买子弹 6597 发、

---

① 梁国武：《陈济棠、薛岳在海南的最后统治见闻》，中国人民政治协商会议广东省委员会文史资料研究委员会编《广东文史资料》第 17 辑，1964，第 65 页。

② 甘尚武：《世纪巨变九十回顾——从陈济棠秘书到执掌大马南顺》，三联书店（香港），2007，第 94 页。

炸药 659 斤，支援海南解放战争。同时，组织 300 多名民兵，为部队送粮食、药品，抬担架救伤员等，配合部队胜利完成春季攻势任务。①

按当时琼崖区党委政府的战略划分，整个海南战区按革命政权的稳定程度，被分划为巩固区、边缘区以及游击区，新民县虽然成立不到一年的时间，但也被划为巩固区。在对日作战中，屯昌地扼战略中枢，被中日双方反复争夺，战火不断，在解放战争中却略显冷清，这与当时日本妄图占领整个琼岛，尤其是中西部，进而方便对整个海南岛资源攫取的战略有关。相反，国民党政府一开始就将战略重心放在大陆，视海南岛为"鸡肋"，只需守住几个大城市就能把握住整个海南岛的政权。就琼崖纵队而言，目前也缺乏攻坚的能力，游击战虽能有效应对国民党的"围剿"，但琼崖革命若要取得真正的胜利，还需要来自大陆、具有强大攻坚作战能力的正规军队。所以新民县虽仍然是处在风口浪尖的军事要地，国民党军队一南进，新民县或首当其冲，但相对而言，其战略地位却略有所下降。

二　胜勇穷寇

至 1949 年初，解放战争已处于胜利的前夜，华南的国民党政权陷入混乱之中。1 月，国民党政府委派薛岳取代宋子文为广东省主席，余汉谋为广州绥靖公署主任。薛、余上台后虽然继续指挥全面"清剿"，但这已是垂死挣扎。

4 月，国民党拒签和平协定，毛泽东、朱德指挥中国人民解放军发动渡江战役，南京、上海、武汉、南昌、杭州等重要城市相继解放，国民党军节节败退，其中一部分溃散至琼崖。李宗仁在部署抵抗人民解放军南下防线同时，准备开辟一条从广州到琼崖的逃路。正当我军琼纵部

---

① 屯昌县军事志编纂委员会编《屯昌县军事志（1948～2005）》，第 188 页。

队大反攻节节胜利之时，被我大陆野战军打得落花流水的蒋军二十一兵团所辖的三十二军，从青岛于七八月间败退至琼崖，琼崖战局旋即转捩。这些败退的国民党和陈济棠部合力，企图凭借琼州海峡长期固守，与万山、台湾、金门、马祖、舟山诸岛构成封锁大陆的海上防线，负隅顽抗。琼崖国民党军势力壮大后，一改防守姿态，开始高调"清剿"，企图着手"光复"在春季攻势中被琼纵解放的地区，对琼崖革命根据地进行大规模"扫荡"。当即，冯白驹指挥部电令全琼作战官兵，立即停止夏季攻势，避敌锋芒，另做谋策。

10月29日，蒋介石派东南军政长官陈诚飞抵海南。陈诚用人一向假公济私，排斥异己。余汉谋依附于何应钦，陈济棠则与宋子文交好，所以，陈诚以统一指挥为名，首先撤销了广州绥靖公署和海南警备总司令部，任命"陈系打手"薛岳为海南防卫总司令，统一指挥海南的陆、海、空部队。薛岳素有"百战名将"（张治中语）之称，上任后，把整个岛上的守军编成四路军，各自防守东西南北四个守区，并对解放军渡海登陆后可能发生的情况，预先制订各种应急方案，其中心思想是依托海险，充分发挥海军、空军优势，防止解放军里外策应，布防详表见6-1。

表6-1　薛岳军事布防概况

防区	司令	部队	人数	驻地	守备地段
琼东防区	李玉堂	第32军	2.3万	嘉积	分驻于琼山、文昌、琼东、乐会、万宁、琼中等县，担任琼东自木栏港起至南部乌石港间342公里地段的守备任务。
琼北防区	李铁军	第62军	1.4万	澄迈	分驻于海口、澄迈、定安等市县，担任琼北自木栏港起至林诗港间158公里地段的守备任务。
琼西防区	容有略	第4、第64军	1.3万	那大	分驻于儋县、临高、澄迈等县，担任琼西至林诗港起至领头湾间396公里地段的守备任务。

防区	司令	部队	人数	驻地	守备地段
琼南防区	陈骥	第63军	1.7	榆林	分驻于陵水、崖县、保亭等县，担任琼南自乌石港起至领头湾西南303公里地段的守备任务。

注：另在海口成立了海军和空军指挥部，由薛岳统一指挥海空军，担负巡逻封锁琼州海峡的任务。

资料来源：刘统：《解放战争全记录》，青岛出版社，2010，第724~725页。

薛岳得意扬扬地将其防线称之为"东方马其诺防线"。但国民党党内有派，平时各据其地，一下集中于海南，冲突更加频繁，防守的国民党守备军早已貌合神离、同床异梦。薛岳行事一向我行我素，这次得到陈诚的支持，在改编和扩充海南部队的过程之中，又表现出他一贯强悍、霸道的风格，乾纲独断。在这次改编中，薛岳是要兵不要官，且逃亡到海南的各级官佐极多，编余的军官、官佐生活无着，扶老携幼，流落于海口、嘉积、榆林等县市，壮者迫于生活，或铤而走险，明抢暗劫，沦为盗贼；年老体弱的，则沦为乞丐，卖妻鬻女，或忍痛令眷属卖淫维生。海南各地陷入一片混乱之中：

> 论兵力，薛岳只有一个第四军，仅五千多人；属于余汉谋的，还有第六十二、第六十三、第六十四军共三个军，不下五万人；属于陈济棠的和列入海南特区警备总司令部战斗序列的，则有第二十三兵团的第三十二军和一些新建部队，也不下四五万人，按理自应以大统小。况且余、陈二人，一个是广州绥靖公署主任，一个是海南特区警备总司令，都是现成的军事长官，而薛岳则是一个流亡的省主席。要统一部队的指挥，也应该在现成的军事长官中遴选。现在，陈诚为了支持薛岳，不惜以小统大，放着现成的军事指挥机构和军事长官不要，却去另成立一个海南防总，这样选帅，海南的前途很暗淡。①

———————————

① 申晓东：《剑指南粤——四野解放广东纪实》，广东人民出版社，2009，第107页。

1949 年 12 月 14 日，广西战役宣告结束。四天后，正在苏联访问的毛泽东主席向人民解放军第四野战军发出准备渡海作战解放琼崖的命令，"以四十三军及四十军准备攻琼崖"。林彪等四野前委按指示决定，以四十军、四十三军并配属两个炮兵团和部分工兵、通信、防坦克兵共十万余人组成渡海作战兵团，由十五兵团司令员邓华、政委赖传珠、第一副司令兼参谋长洪学智等统一指挥。

而当时摆在新民县面前的有两大任务，一是如何反"扫荡"，二是如何筹措十万大军的军粮。

12 月 29 日，琼纵第五总队在屯昌县新宁坡击溃国民党一五六师的进攻，歼灭国民党军近一个团，击伤国民党军师长张志岳，创琼纵作战史上击溃一个师的战例。与此同时，琼纵第三总队包围了屯昌镇国民党军联防中队据点，准备占领这一军事要地。

屯昌镇据点驻有琼山县保安营营部及其第二连和屯昌、黄岭等四个乡公所的自卫队共约 280 余人，并有 30 多个连环地堡，工事坚固，易守难攻。当琼纵围攻部队炮击时，守军便躲进地堡，炮击停止时，守军即出来阻击。根据守军的这个规律，琼纵围攻部队全歼守军，第一团就组织起 120 人的突击队，分成 9 个突击小组，晚利用黑夜靠近地堡，翌日凌晨 3 时许，琼纵突击队在炮火掩护下，迅速越过铁丝网，占领交通壕，攻破了碉堡。经过两天的激战，屯昌镇解放。我军全歼守军 200 余人，击毙国民党军营长殷鹤龄，战斗中，琼纵 50 多名战士牺牲。至此，屯昌解放。

屯昌的解放可以说有三重意义：一是打退了敌人的"扫荡"进攻；二是可以借助屯昌这一切口骚扰敌军，吸引敌军注意以便大陆解放军偷渡；三是为筹措军粮提供了军事保障，扩大了征粮范围。

筹粮问题是配合于军事问题的政治问题。如何筹备粮食，新民县委颇动了一番脑筋：

敌情方面：在县政府讨论布置时，敌区的屯昌市有保安第一营驻及区三乡公所驻，共二、三百人的力量，二区的石浮市有县兵营一个连驻，加乐市有一三一师二个连驻，大同市保安营一个连，大部分不出动，但通过布置时，一区屯昌已经解放了，二区的大同也撤出向新兴去了，加乐与石浮之力量是依前。但该匪就派出一部分力量到北雁活动，新兴也派出小股力量来大同市附近村庄活动，西坡乡也同样有小股力量二十余人来勒款及捕人。控制我们的行动和威胁人民，使人民不安。

粮食方面：一三区是我较内地的解放区，系地瘦瘠人稀的地区，加上这秋季收成大减，因此，粮食的重心就放在二区，其次是一区。民工的重心是放在三区，至于区又根据各区实情确定各区的工作重心〔点〕。一区放在黄岭，次是岭肚。二区放在石北，次是新海。三区放在南坤，次是林加。①

有条不紊地进行工作还需要一定的军事辅助。一区的屯昌镇虽然解放了，但我军不久就向别地行动，为了征粮工作更加顺利地进行，新民县将新编练的主力调到黄岭乡屯昌附近村庄活动，以便牵制敌人，保卫干部完成工作。二区集中所有力量在重点地区北雁工作完成后，就将卫民队分为两部分派到敌占区活动，牵制敌人。

1950 年 3 月，解放军分两批成功偷渡海南，4 月 16 日，大规模的渡海作战正式打响，国民党看似铁桶般的防线一触即溃，23 日拿下海口，28 日定西特别区全部解放，5 月 1 日海南岛全境解放。当天，中共新民县县委县政府从南坤的孔葵头村迁至屯昌墟，定西特别区同时并入新民县，新民县县委书记周训堂，县长符孟坚。县人民政府在屯昌镇召开庆祝海南解放大会，3 万余人参加庆祝活动。白天 30 个秧歌队、腰鼓队和 20 多个舞狮队在街上游行表演，晚上游灯、演戏。

在整个解放战争时期，他们先后输送 300 多名青年到部队参军

---

① 《新民县执行配合大军渡海解放全琼的紧急指示的工作小结（一九五〇年一月三十日）》，中共海南省党史研究室、海南档案馆编《琼崖解放战争史料选编》下，1989，第 348 ~ 349 页。

打仗，组织支前民工 3 万多人次，捐款 6 万余元，粮食 5 万多担，药品 3 千多箱以及布匹、食盐、纸张、草席、棉被、门板等生产用品难计其数，而且他们的支前工作一直坚持到全岛解放。[①]

无论是从军事作战还是军事支援，屯昌一地都付出了巨大的代价。而战争对屯昌一地造成的巨大创伤，将在新的时代逐渐愈合。

第二节　愈痕

1950 年 5 月 1 日，人民解放军攻克海南岛西岸的八所港，海南全境解放。海南岛的解放，也使包括新民县人民政府在内的人民政权得到巩固。从明代郑廷鹄在中部黎区建立州县的初步设想，到民国初年彭程万、殷汝丽《调查琼崖实业报告书》中提出的具体方案，屯昌地区置县构思最终在新中国得以成为现实，一个健全的社会主义制度亟待建立。

然而，新中国成立后却面临重重困难。政治上，西方列强抱着敌视的态度审度这个新兴的社会主义国家，联合国的"中国代表权"问题长期悬置；美国第七舰队驶进台湾海峡，公然阻碍新中国统一台湾的军事行动；新解放区土地革命尚未完成，预示着新民主主义革命道远而任重；蒋介石集团不断叫嚣"反攻大陆"，中国大陆残留的反革命分子也在不断破坏新中国的建设。经济上，迭经两千年的封建剥削尚未根除，遭受百余年的列强侵夺伤痕未愈，深罹十数年的兵燹之难又添新伤，再加上西方列强实行的经济封锁、国民党撤退台湾时运走了大量物资，留给大陆的几乎是一片千疮百孔、百业待举的废墟。

在如此背景之下，海南岛既是维系南海领海权、打破帝国主义军事包围、遏制国民党"反攻大陆"的军事要塞，亦是种植橡胶、发展

---

① 海南省革命老根据地建设办公室编《海南省老区概况》，1997，第 438 ~ 439 页。

工业的重要关节。所以从解放初期直至 1988 年经济大发展下海南建省，海南岛长期隶属于广东省，主持广州军政大局的正是名帅叶剑英，这也许更能说明在当时海南岛具有重要的军事位置。而屯昌地区在历史的游离中终于找到了自己的定位，不仅不再是处于边缘化的蛮荒之地，更因其丰富的自然资源，在新中国成立初期的工业化进程中备受关注，见表 6 - 2。

表 6 - 2　中共中央领导视察羊角岭水晶矿记录

时间	视察领导
1955 年	中共中央政治局委员、国务院副总理兼国防部长彭德怀元帅到矿视察。
1957 年 1 月	中共中央副主席、全国人大常委会委员长朱德到矿视察工作。
1957 年 2 月	中共中央政治局委员、全国政协副主席、最高人民法院院长董必武到矿视察。
1959 年 2 月	中共中央副主席林彪到矿视察。
1960 年 12 月	全国人大常委会副委员长、中国科学院院长郭沫若到矿视察。

资料来源：屯昌县地方志编纂委员会编《屯昌县志》，第 20 ~ 24 页。

党和国家领导人频繁到屯昌县视察工作，不仅说明中央领导的重视，也能看出屯昌地区在新中国发展战略中举足轻重的地位。

一　新生政权的巩固

1950 年 6 月 25 日，历时三年的朝鲜战争爆发。6 月 27 日，美国宣布出兵朝鲜，实行武装干涉，并派遣海军第七舰队驶入台湾海峡，"阻止对台湾的任何进攻"，公然干涉中国内政。9 月 15 日，以美军为主的联合国军队在朝鲜半岛的仁川登陆，并将战火引至中国东北。中美之间剑拔弩张，二者的隔阂达到了历史顶峰。1950 年 6 月 28 日，毛泽东发表讲话，号召"全国和全世界的人民团结起来，进行充分的准备，打败美帝国主义的任何挑衅"。周恩来代表中国政府发表声明，强烈谴责美国侵略朝鲜、台湾地区及干涉亚洲事务的罪行。号召"全世界一切爱好和平正义和自由的人类，尤其是东方各被压迫民族和人民，一致奋起，制止美国帝国主义在东方的新侵略"。1950 年 7 月 10 日，中国人民反对美国侵略台湾朝鲜运动委员会在北京成立，于是，一场"保家卫国"的抗美援朝运动应时而生。1950 年 10 月 19 日，中国人民志愿军在司令员兼政治委员彭德怀率领下，跨过鸭绿江，开赴朝鲜战场，1950 年 10 月 25 日，抗美援朝战争揭开序幕。远在中国南端的新民县民众也积极响应，支援前线志愿军的抗美援朝战争：

> 1950 年 10 月，县成立抗美援朝分会，各区、乡成立抗美援朝支会，村成立小组。从 1950 年 10 月 ~ 1953 年 7 月，全县人民特别是民兵纷纷支援"抗美援朝"捐献金银首饰制品，折合人民币 50 多万元。①

1953 年 7 月 19 日，面对中朝军民的沉重打击，以美国为首的联合国军队不得不在《朝鲜停战协定》上签字，在朝鲜境内的板门店，双方谈判代表在所有问题上达成停战协议，抗美援朝战争以美军的失败而结束。在抗美援朝战争的过程中，中国军民也付出了沉重的代价，而战争的结果也为新中国赢得了国际声望和相对稳定的国际环境。

国民党败逃台湾后，在大陆留下一大批特务、土匪、恶霸、反动党团骨干分子、反动会道门头子等反革命分子。他们进行种种破坏活动，如炸毁工矿、铁路、桥梁，烧毁仓库，抢劫物资，杀害干部，妄图颠覆新生的人民政权。特别是朝鲜战争爆发后，他们认为"第三次世界大战即将爆发"，"蒋介石即将反攻大陆"。因此，反革命气焰更加嚣张。据统计，从 1950 年春天到秋天的半年多时间内，新解放地区就有四万多干部和群众积极分子遭到反革命分子的杀害。屯昌地区也不例外，遭到了国民党特务和地方土匪、恶霸的不断骚扰，国民党特务也想借助屯昌边

---

① 屯昌县地方志编纂委员会编《屯昌县志》，第 545 ~ 546 页

缘山区的独特地理开展反革命活动：

> 1950 年 10 月，4 名国民党特务在南吕区思河岭（现属琼中县）空降，南吕区委连夜动员思河、岭门、乌坡、枫木、南吕等两千余名民兵配合县大队和公安队进行包围搜捕，经过五天五夜的搜山清剿，击毙特务 1 名，捕获 3 名。同年 11 月，匪头丘岳观带领 40 多名土匪逃窜到南吕区海株岭，南吕区民兵 60 多人配合县武装中队进行围剿，击毙土匪 16 人。[①]
>
> 同月（1952 年 8 月——引者注），5 名国民党特务在思河岭空降，南吕 2000 多名民兵包围搜捕，击毙 1 名，俘虏 4 名[②]

为了巩固新生的人民政权，稳定社会生活秩序，1950 年 3 月，中共中央发出《关于镇压反革命活动的指示》，各地开始对从事反革命破坏活动的各类反革命分子严加清查。同年 10 月，由于朝鲜战争爆发后，美国把战火烧到中国的大门口，国内反革命分子的气焰更加嚣张，加紧进行破坏活动，中共中央再次发出《关于镇压反革命活动的指示》，强调"必须镇压一切反革命活动，严厉惩罚一切勾结帝国主义，背叛祖国，反对人民民主事业的国民党反革命战争罪犯和其他怙恶不悛的反革命首要分子"，必须对于一切"继续进行反革命活动"的分子，"予以严厉制裁"。同时，要求坚决纠正镇压反革命中"宽大无边"的偏向，贯彻镇压与宽大相结合的政策。

1951 年 4 月，屯昌县第二届各界人民代表会议在县城召开。出席代表 110 人，会议讨论通过了《关于镇压反革命活动的决议》。在镇压反革命运动的同时，人民政府还取缔了娼妓、贩毒吸毒、聚众赌博等旧社会陈习恶俗，社会风尚为之一新。

在新中国成立初期，土地改革运动是与抗美援朝、镇压反革命运动并称的三大运动之一。土地改革运动是中国革命运动的重要一环，

---

① 屯昌县地方志编纂委员会编《屯昌县志》，第 546 页。
② 屯昌县地方志编纂委员会编《屯昌县志》，第 18 页。

土地所有权的改革，乃是消灭封建剥削的核心举措。中国共产党在1927年至1937年间，就曾实行过这种废除封建剥削基础的土地改革，强制没收地主的土地，分配给没有土地和缺乏土地的农民。抗日战争爆发以后，为了团结一切人民力量抵抗日本帝国主义的战争，停止强制没收地主土地的政策，因此相应地修改了这项土地改革办法，代之以实行减租减息的办法。人民解放战争开始后，中共于1947年召开全国土地会议，制定土地法大纲，又再度有计划地实行废除封建性剥削的土地改革。

新中国成立之初，广大的新解放区还没进行土地改革，封建土地所有制没有清除，也就预示着中共领导的新民主主义革命并未完全成功。对此，1950年6月30日，中央人民政府正式公布《中华人民共和国土地改革法》，并规定，在开展土地改革运动之前，县以上的领导机关要选择在少数地区进行典型试验，在做法上采取以点带面、点面结合、总结经验、分批开展。此次土改采取保存富农经济、政治上中立富农的政策，在中国大陆彻底结束封建土地制度。出于历史地理的因素，新民县的这次土地改革面临的任务看似简单实则繁重。

所谓的简单，一是屯昌内部的经济结构简单。从横向上看，新民县不同于海口、文昌这类的典型侨乡，文昌等侨乡市县在土地改革过程中还要充分考虑如何柔和处理华侨土地，为新中国的建设争取国外华侨财力和智力的投资。时任中共中央华南分局第一书记叶剑英认为，"最好对华侨土地决定不动，否则土改时会为这个问题花费很多时间，原则不易确定，下面执行时容易有偏向，造成纷乱局面，反而不好"。① 而后的土地改革过程中，华侨的小量出租地多受争议。而且，新民县也不是典型的合亩制地区，这种黎族经济的刻板模式在海南岛中部黎区更是需要谨慎处理。而上述错杂的"民族情绪"在新民县都是不存在的。简单的另一方面，是屯昌地区土地改革任务相对较少。在1951年的土地改革运动中，曾对海南区户口、人口、土地进行丈量（见表6-3）。

---

① 郑群、刘子健：《叶剑英在土改过程中保护华侨》，《炎黄春秋》2007年第8期。

表 6 – 3　1951 年海南区人口土地统计

县市别	户数	人口		土地			
		合计	人口密度（人/平方米）	总面积（平方公里）	耕地面积（亩）	耕地占总面积（%）	人均耕地面积（亩）
海南区	526431	2620462	78	33556.25	4422358	8.79	1.69
海口市	16494	103071	639	161.35	28573	11.81	0.28
琼山	78793	324237	114	2840.90	915248	21.48	2.82
文昌	88499	496167	167	2966.50	452271	10.16	0.91
崖县	22568	147152	32	4594.75	224973	3.26	1.53
儋县	34617	180013	54	3344.25	329876	6.58	1.83
临高	40650	167722	97	1733.50	150163	5.78	0.90
澄迈	44062	171843	86	2002.00	438830	14.61	2.55
定安	26078	143581	53	2712.25	380926	9.36	2.65
乐东	18508	88841	23	3806.55	308744	5.41	3.48
万宁	35451	147237	52	2848.00	288230	6.75	1.96
琼东	14907	119252	122	977.50	136810	9.33	1.15
陵水	20214	96595	37	2634.75	179271	4.53	1.86
白沙	14955	67375	13	5318.94	190345	2.39	2.83
保亭	15660	73886	16	4656.47	150000	2.14	2.04
乐会	23513	131012	52	2499.50	112480	3.00	0.86
昌感	18944	89038	21	4241.00	92011	1.45	1.03
新民	12500	73440	—	—	43607	—	—

　　资料来源：海南省史志工作办公室、海南省档案局编《海南土地改革运动资料选编（1951～1953）》，2002，第763页。

　　作为新辟的新民县，土地面积还未勘定，户数是最少的，人口也仅有7万余人，可供耕地面积也仅4万余亩，在整个海南区屯昌县的土改任务相对较少。

　　同时，此次的土地改革任务又是繁重的。从纵向上看，新民县地处琼山、澄迈、定安的交界处，长期悬置于"三不管"的政治氛围中，封建旧势力盘根错节，地方反动势力强势，封建剥削也根深蒂固。在 1953 年土地改革结束以前，无田少地的贫雇农向地主、富农租地耕种，收获时实行"分稻"或"交田心"。"分稻"就是按稻把分，一般是四六分成或三七分成。地主、富农占大头，佃农得小头。所谓"交田心"就是佃农用白米向地主交租。"交田心"为固定租，地主、富农定每亩交多少斤白米，不管年成好坏，佃农都是照数交租。一般佃农交租后剩得的"田心"只占产量的三成至四成，歉收年则只占两成，甚至一成。所以大旱年头，佃农常是"挂起镰刀无米煮"，地主还强行收租，大量佃农不得已只能上山逃荒，甚至饿死。所以不能单纯地"以量称质"，新民县的土改运动量少却任重。

在这次土改运动中，新民县汲取已往土改过程中的教训，1951 年 4 月 4 日，县委在枫木乡搞土改试点，历时 40 天，避免 1948 年土地改革工作中曾出现的谈"改"色变现象：

初期（1948 年——引者注）进行土改工作时干部无这工作经验，且又无深入的研究政策，做有计划有步骤的进行，而是一律的进行打烂平分，不但不把大中小地主富农分开斗甚至中农贫农亦连同抽其田来分。如藤寨乡二保加榄坡村有一个贫农自己有几个工，田是上好的田，在打烂平分时好恶相参分，他也被抽三个好补三个恶的。杀人是无详细的深入调查研究，找出事实材料启发民众斗争使其大众认识其罪状，做三言两语在大会上宣布即行枪决。如藤寨乡捕十〔五〕名即杀死五名，那时的民众形已变色，说有语不敢言，并说死期将到，吃一餐甜死也罢……是夜民众即走了十分之三四。[1]

在全面开展土地改革之前，1951 年 9 月，新民县全县召开第三届各

---

[1] 《新民县土改工作总结（一九四九年一月）》，中共海南省党史研究室、海南档案馆编《琼崖解放战争史料选编》下，第 66～67 页。

界人民代表会议，布置开展"八字"（清匪、反霸、减租、退押）运动。随即进行了"清匪、反霸、减租、退押"的斗争，镇压反革命分子，对地主进行斗争，其中，对个别地区还实行"二五减租"。而后，1952 年 1 月，县政府又组织 382 名土改工作队员下乡，新民县土地改革运动方才正式展开，1953 年 4 月结束。在土地改革过程中：

> 评定地主 750 户、富农 352 户、小土地出租 687 户、中农 5402 户、贫农 11865 户、雇农 925 户，没收征收土地 0.38 万公顷，房屋 1911 间，耕牛 3026 头，农具 5400 件，谷 396 万斤。4.68 万贫雇农，平均每人分得田地 0.08 公顷。[①]

此次土改，彻底废除了两千多年封建土地剥削制度，广大农民在政治、经济上翻了身，成为土地的主人，为农业的发展和国家工业化开辟了道路。

在抗美援朝、镇压反革命、土地改革三大运动进行的过程中，还在党政机关工作人员中开展了"反贪污、反浪费、反官僚主义"的"三反运动"，以整治爱国增产运动中揭发出的大量贪污、浪费现象和官僚主义问题。1951 年 12 月 1 日，中共中央做出《关于实行精兵简政、增产节约、反对贪污、反对浪费和反对官僚主义的决定》，"三反"运动普遍地开展起来。

在运动中，发现"三害"（贪污、浪费、官僚主义）和"五毒"（不法资本家的行贿、偷漏税、盗骗国家财产、偷工减料、盗窃经济情报）混在一起。在新中国实行一系列有效措施恢复国民经济后，资本主义工商业得到迅速发展，但资本家中的不法分子不满足于用正常方式获得一般利润，利用和国营经济的联系，以行贿、偷税漏税、盗骗国家财产、偷工减料、盗窃国家经济情报等手段牟取暴利，企图抗拒社会主义国营经济的领导，削弱国营经济，在政治上、思想上腐蚀了工人阶级和

---

① 屯昌县地方志编纂委员会编《屯昌县志》，第 19 页。

国家工作人员，为此，1952 年 1 月 26 日，中共中央发出了《关于在城市中限期展开大规模的坚决彻底的"五反"斗争的指示》，决定"五反"运动与"三反"运动同时进行，要求向违法资本家开展一场大规模的"五反"运动。

1952 年 1 月，新民县党政机关正式开展"三反"运动，2 月中旬在全县私营工商业者中开展"五反"运动。因当时屯昌地区经济落后，生产和经营规模甚小，私营工商业薄弱，没有资本家，"五反"运动中没有发现突出问题。县直党政机关和区一级开展"三反"运动，参加人数达 375 人，运动期间经过自我揭发、"打虎"（"虎"系指有严重贪污行为的人）、追赃、定案、交代关系、鉴定、总结等阶段，于 1952 年 6 月结束。

　　运动中共揭发出有贪污问题的 17 人，确定贪污款额（含实物折款）1300 元（新人民币），发现浪费 12000 元。追回赃款 560 元（含实物折款），政纪处分 15 人。10 月进行复审，全部结论为无贪污行为。运动中，组织干部学习毛泽东主席在党的七届二中全会上的讲话，号召全体干部保持和发扬谦虚谨慎，不骄不躁和艰苦奋斗的作风。当时，无论是县委书记、县长或是工作人员的家属来机关探亲，一律到机关食堂排队买饭，而且只允许住 3 天时间。①

二　屯昌经济的恢复和发展

战火后，百业待举的新民县积极调整各方力量，开展战后重建。然而，从 20 世纪 50 年代初期开始，持续五年的自然灾害，给饱受人祸的屯昌地区又添一记重创：

---

① 屯昌县地方志编纂委员会编《屯昌县志》，第 452 页。

1950~1954 年，屯昌县自然灾害频繁，连年发生风、水、旱、虫、霜等自然灾害，毁坏农田，农作物失收，刮倒民房 2000 多间，年均缺粮农户占总农户的 50%。县政府一方面派出工作队下乡，发动群众，生产自救，战胜灾害，恢复生产；一方面多种渠道筹集救灾粮款，赈济灾民，避免逃荒。①

1950 年 12 月，新民县召开各界人民代表会议，会议讨论了治安、财政、民政、文教和生产建设工作；选举产生了新民县第一届各界人民代表会议常务委员会，通过了第一届各界人民代表会议决议，新民县陆陆续续开始战后重建。

首先是水利工程。

新民县传统生产方式是农耕，有充足的灌溉水源是农业发展的关键。尽管海南岛雨水充沛，但由于屯昌地区的水利设施简单而粗糙，使得屯昌地区的农业长期发展滞后。在新中国成立前，全县仅有 80 宗用土石堆堵的临时性水陂，能灌溉 200 公顷农田。按照 1951 年的海南区人口土地统计数据，新民县耕地共 43607 亩（约合 2907 公顷）②，这一灌溉面积连耕地总面积的 7% 都不到。而且，没有一宗永久性水利工程，农民靠天吃饭，遇到严重旱灾时，大部分农田颗粒无收。不仅仅是新民县如此，解放初期海南全岛的水利设施都相当落后，据 1956 年广东省海南区亚热带资源开发委员会对海南岛热带资源的勘测数据：

解放前，水利设备缺乏，建设的农田水利仅有 65 宗，其中已完成的有 50 宗，未完成的有 15 宗，受益农田共 19 万市亩。工程本属草率，又不重视管理，至大部残破已失去效用。各地农民除用水及很简单的水车灌溉或造临时水陂外，没有其他灌溉工程，每年种植

① 屯昌县地方志编纂委员会编《屯昌县志》，第 478 页。
② 海南省史志工作办公室、海南省档案局编《海南土地改革运动资料选编（1951~1953）》，第 763 页。

时期均赖天雨。①

所以说，水利设施的落后是整个海南岛的共性问题。早在民国时期，陈植在《海南岛新志》中就曾强调水利工程对海南的重要性："尝考海南之所以引为严重问题者，厥惟民食之不足，而粮食问题，如从稻作之改良、水利之改进上着手，则其增产绝非难事。"②

改良稻作要依靠先进的科技手段，还要承担选种、培植、嫁接等风险，而水利设施建设则是标本兼治的最佳选择。对此，在新民县恢复经济发展的初期，就把水利工程建设放在了第一位，先后编制了《屯昌县水利、林业、农业技术改革计划》、《屯昌县1955年各区乡兴修群众性小型水利计划》两个草案。随后《1953～1957年国民经济发展计划（草案）》，即"一五计划"，也是在前两个草案的基础上扩充而来。

> 1950～1955年，屯昌县的水利建设规模小，受益少。当时，以打井为主，同时挖一些山塘，筑一些水陂。五年时间，共打井5200眼，挖塘816个，筑陂12宗，其中较大的水陂有曲尺、清华、石片、三岭坡4宗。井、塘、陂共灌溉233.3公顷。
>
> 1954年10月，县政府在南吕乡大木根村举办第一期水利培训班，参加人员123人，时间半个月，以曲尺陂工地为课堂，讲授一些勘测、规划、施工技术课程，为今后的水利建设打好基础。③

新中国成立后至2000年，全县共兴建中型水库4宗，小型水库54宗，小型以下的塘坑66宗，引水渠65宗，灌溉面积达1.18万公顷，现达0.56万公顷，至2000年，共投资8923万元，其中国家投资3820万元，社队投资3364万元；共投工3318万个，完成土方1402万立方米，

① 广东省海南区亚热带资源开发委员会编《广东省海南岛热带亚热带资源勘察资料汇集（第三部份：农业、林业、水利）》，1956，第335页。
② （民国）陈植编著，陈献荣编《海南岛新志》，第239页。
③ 屯昌县地方志编纂委员会编《屯昌县志》，第225页。

石方 39 万立方米。种种水利工程，一改屯昌县"三月无雨田干裂，一遭大旱度日难"的窘境，使得农业生产灌溉技术发生了"质"的改变。

其次是交通运输事业的发展。

历代统治者发展海南中部山区，言必称"开路"。清末，洋务派大臣张之洞发展海南中部的所有实业举措，都是建立在"开路"的基础之上。古时至民国初期，货运靠手提肩挑，而且往往是先走水路。商贩多雇挑夫，把货集中运到江边摆渡，南渡江边古渡口有南坤的藤吊铺、李典铺渡口，日运货物 3～5 吨不等。

20 世纪 20 年代末，屯昌开始修建汽车公路。随后，全县汽车运输兴始于 20 世纪 30 年代，时为仙龙公司所经营。而且当时交通道路多受水患，不甚通畅。民国时期国民党将领黄强考察海南岛时，便因交通不便受阻于龙塘："翌晨拟赴屯昌，因留府城来车备用。龙屯路线中间桥梁，多为大水冲坏，公司派工赶修，明日能否通车，候至深夜，仍无消息。"①

至日军侵琼时，屯昌仅有公路 3 条，长 38 公里。日军侵琼至投降，为了掠夺屯昌地区的自然资源而修建了 8 条公路，即西昌至榕木线，屯昌至黑盖线，澄迈石浮至新兴线，加乐潭至屯昌线，大同至鸭塘线，西昌至三发桥线，西昌至奉土线，坡心至南台线，日军投降后，半数以上荒废，唯有加乐潭至屯昌、屯昌至黑盖、澄迈石浮至新兴、坡心至南台四线勉强通行。到 1949 年海南解放战争胜利前夕，全县仅有公路 4 条，长 98 公里，都是简易公路。

屯昌地区的经济发展离不开交通建设，要获得持续的发展也离不开交通。如今连接屯昌县的国道海榆中线公路，以及屯昌县现有的五条省道，都是在经济恢复发展的这段时间开始兴建的，并且都在三四年间竣工完成："国道，1952 年，国家兴建海榆（海口—榆林）中线公路，途经屯昌。县政府成立工程指挥部，动员民工 3000 多人配合工程队筑路。1954 年春，完成屯昌路段 55 公里工程。1972 年，全程路面铺上沥青。""省道，1953～1957 年，广东省和海南行政区先后拨款

---

① （民国）黄强：《五指山问黎记》，第 3 页。

组织民工修建省级道路。1957 年末，屯昌完成省级道路 5 条，总长 61.9 公里。"（见表 6 – 4）①

表 6 – 4　2000 年屯昌县省道公路

单位：公里

编号	线路名称	动工年度	起讫地点	屯昌县养护里程	竣工年度	等级
1	屯大线	1953	屯昌—大拉	14	1957	等外路
2	黄屯线	1954	黄竹—屯昌	7	1957	等外路
3	羊榕线	1954	羊角岭—榕木	22	1957	四级路 10 公里等外路 12 公里
4	三枫线	1953	三宿—枫木	13	1956	四级路 7 公里等外路 6.9 公里
5	里乌线	1953	里佳—乌坡	5	1955	四级路

资料来源：屯昌县地方志编纂委员会编《屯昌县志》，第 275 页。

新中国成立前，屯昌县无专业客运，旅客往来大都步行，少数人乘人货混载卡车。1952 年，屯昌汽车站成立，但无客车。汽车从海口开来，在屯昌过夜，第二天返回，每日对开一班。

交通道路的建设，为屯昌地区的长足发展创造了条件。交通道路的发展不仅仅是为了走出去，也方便了县外资本走进来。

民国时期，屯昌县有零星私营手工作坊，行业有打铁、木工、编织、纺织、酿酒、榨油、制糖、烧石灰、砖瓦等。由于时局动乱，从业人员大部分不稳定。新中国成立后，县政府欢迎外地手工业者来屯昌县设坊开业。屯昌县工业随着国家进行大规模经济建设而兴起。1951 年始建火力发电厂，有工人 6 人，是县工业的萌芽。1957 年，全县全民所有制工业企业有县发电厂、砖瓦厂、印刷厂、县城粮食加工厂、陶瓷厂、石灰厂、南昌粮食加工厂，从业人员 884 人。1958 年掀起"大办工业"高潮，全县工业企业发展到 38 家，从业人员 2400 人。

---

① 屯昌县地方志编纂委员会编《屯昌县志》，第 274 页。

再次，屯昌文教事业以及医疗卫生也有所起步。

民国时期，屯昌县是海南汉区文化最落后的地方，1948 年开始创办南吕益才初级中学，学生 130 人，88 所小学，学生 1000 多人，全县读大学的不到 10 人，85% 人口为文盲。新中国成立后，从 1950 年至 1958 年，县政府重视教育事业，在农村实行鼓励群众兴资办学，兴建学校、办教学点，小学发展到 167 所，其中完小 16 所，初小 151 所。1958 年适龄儿童入学率达 85%。1985 年全县学校 108 所，教学点 63 所，适龄儿童入学率达 98%，至 2000 年，全县共创办中学 14 所，在校学生 9917 人；小学 112 所（另有教学点 37 个），在校学生 27381 人；幼儿园 15 所，87 个班，入园幼儿 4639 人。小学入学率 99.8%，中学升学率为 95.4%。全县中学教师 814 人，小学教师 1504 人。1980 年，每千人拥有大专文化程度的 1.8 人，1990 年上升到 6.97 人，2000 年上升到 15.13 人，文盲人数从 1950 年的 92% 下降到 2000 年的 8%。50 年来在上级教育部门的支持下，经历届县政府的努力，屯昌县的教育事业迅速发展。

1950 年 5 月，县人民政府设立文化教育科（简称文教科），兼管文化事业。1956 年 11 月屯昌县政府将文教科分设置文化科专管文化事业，设科长 1 人，科员 2 人。1951 年底设置屯昌人民文化馆，馆址在屯昌镇新华路 28 号，设阅览室 1 间，有图书 1000 多册，报纸杂志 10 多种，幻灯机 2 台，馆长 1 人，工作人员 1 人。主要任务是辅导农村业余剧团，办农村文化室，油印演唱材料发至各业余剧团和文化室。1952 年改名为屯昌县文化馆。设馆长 1 人，工作人员 2 人，以图书、图片、幻灯对人民群众进行扫盲教育，并组织政治时事讲座，普及科学知识，辅导农村俱乐部、业余剧团、办文艺骨干培训班。

民国时期，屯昌县缺医少药，传染病四时流行，以霍乱、疟疾、天花为甚，新生婴儿死亡率高，产妇生命往往是听天由命。新中国成立后，县政府重视医疗卫生事业的发展，经过 50 年努力投资，各乡镇建起卫生院、村委会办起卫生所，全县初步形成医疗、预防、保健、接生网络。在预防免疫、妇幼保健，计划生育、劳动保险，改水改厕等方面取得了显著成绩，群众健康水平和人均寿命有了明显提高。2000 年，全县有公办医疗机构 13 个，其中县级医院 2 个，中心卫生院 2 个，乡镇卫生院 9 个，卫生保健站 4 个。全县 118 个村委会，设有医疗网点 94 个，国营农场和枫木鹿场、药材场卫生院 8 个。县属卫生系统医务人员 519 人，其中副主任医师 13 人，中级医务人员（主治医师）56 人，初级卫生技术人员 291 人，其他人员 159 人。

第三节　"一化三改造"

　　1952 年底到 1953 年初，中国的发展面临新的形势和新的问题。抗美援朝可望结束；土地革命的任务已在全国范围内基本完成；国民经济恢复工作提前实现预定目标；第一个五年计划即将开始。1953 年 8 月毛泽东同志在一个批示中指出：从中华人民共和国成立，到社会主义改造基本完成，这是一个过渡时期。党在这个过渡时期的总路线和总任务，是要在一个相当长的时间内，基本上实现国家工业化和对农业、手工业和资本主义工商业的社会主义改造。这条总路线应该是照耀我们各项工作的灯塔，各项工作离开它就要犯"右倾"或"左倾"的错误。这条总路线的主要内容可以概括为"一化三改造"。"一化"，即逐步实现国家的社会主义工业化；"三改造"即逐步实现对农业、手工业、资本主义工商业的社会主义改造。这是一条社会主义建设和社会主义改造同时并举的总路线。围绕党在过渡时期的总路线和总任务，周恩来、陈云同志主持制定了《1953～1957 年发展国民经济的计划》，即"一五计划"。

　　1952 年 6 月 19 日，因与辽宁省新民县同名，新民县改各屯昌县。到 1953 年初，土地改革运动也进入尾声，全县经济发展步入正轨，水利、交通等基础设施建设有序进行，文教卫生等事业有了新的发展，并开始转移到社会主义工业化建设中，同时也根据县情，编制了《屯昌县水利、林业、农业技术改革计划》、《屯昌县 1955 年各区乡兴修群众性小型水利计划》两个草案，并在此基础上编制了屯昌县《1953～1957 年国民经济发展计划（草案）》。

一 工业化的诉求

天然橡胶是关系国计民生的重要物资，它和钢铁、石油、煤炭并列为现代社会四大工业原料，不仅民用工业大量需要，军用工业更离不开它。正如叶剑英在华南垦殖局工作人员大会动员报告中所指：

> 要发展工业，巩固国防，必需有几种物资，就是：钨、橡胶、石油等……工业没有钨像人没有骨头，工业没有橡胶像人没有脚，走不动。没有橡胶就没有轮胎，飞机没有轮子飞不起，车子没有轮子走不动……我们要工业化，国防要现代化，缺乏了橡胶都不成……所以我们要自己种橡胶，摆脱对帝国主义的依赖，打破帝国主义的封锁。[①]

共和国成立之初，帝国主义对我国实行经济封锁，橡胶十分紧缺，国内年产不过 300 吨，远远满足不了工业生产的需要，而抗美援朝前线急需的飞机、大炮、汽车、胶鞋，样样离不开橡胶。为了粉碎帝国主义的经济封锁，1951 年，中共中央提出，一定要建立我们自己的橡胶生产基地，决定成立华南垦殖局，由叶剑英任局长。1951 年 9 月，陈云和叶剑英在广州主持召开华南垦殖局筹建工作会议，提出了尽快在华南建立橡胶生产基地的具体意见，并研究决定了组织机构、发展规划和科研工作等方面的事项。1952 年，中共中央和陈云采纳了叶剑英提出的抽调部分军队组建华南林业工程部队的建议，迅速抽调了约两万名部队指战员，组建了林业工程第一师、第二师和一个独立团，分驻湛江、海南和广西地区，担负起垦殖橡胶的光荣任务。

同样面对西方经济封锁困境的还有苏联。从苏联的地理维度来看，在当时完全没有种植橡胶的可能性。因此，在 1952 年 8 月，周恩来率中

---

① 叶剑英：《大力发展橡胶事业》，《叶剑英选集》，人民出版社，1996，第 255～256 页。

国政府代表团访苏，请求苏联对中国橡胶事业的经济与技术提供支援时，斯大林热情表示："你们的志愿军在朝鲜作战和发展橡胶生产两事上也是援助苏联。"[1] 并于 9 月 15 日签订《关于橡胶技术合作协定》，双方展开合作。

但天然橡胶并不是任何地区都能生产的，它对地理环境、土壤、气候、湿度等自然条件要求很严。世界上天然橡胶主要生产国，大多集中在南纬 10°至北纬 15°之间，其中有马来西亚、印尼、泰国、印度、斯里兰卡等。因此，国际权威人士通常认为，橡胶只能生长在界限分明的热带地区，大约赤道南或北 10°以内，超越这一地区都是禁区。然而，负责此事的中央领导，时任政务院副总理兼财经委员会主任陈云，做事从来"不唯书、不唯上、只唯实"，先后于广东的海南、湛江，云南的西双版纳，广西的龙州，福建的漳州等地区进行试种，最终在试种和实地考察的基础上，把发展橡胶事业的工作重心转移到海南岛，同时还包括云南的西双版纳。其实，早在 1906 年，海南华侨何麟书就从马来西亚带回橡胶苗种植，至 1950 年海南解放前，全岛共有胶园 2343 个，面积3.63 万亩，分布在全岛 12 个县，年产干胶约 200 吨。1951 年初，海南建立了坡塘、南太、南桥、美文 4 个橡胶垦殖场和木排育种站，说明中国具备发展橡胶事业的可能性。

于是，新中国第一批国营垦殖农场相继建立，其中就包括屯昌地区的中坤农场（1951 年 10 月）和中建农场（1952 年 3 月）。1951 年 10月，县民政科科长陈扬明率队，以解放军林业第一师部分官兵和大专院校部分师生为骨干组成的垦殖队伍，进驻南坤，筹建垦殖所。

屯昌年均降雨量 1960～2400 毫米，与橡胶原产地亚马孙河流域的贝伦降雨量、日照、气候接近；槟榔所需的气温是 23℃，本县气温则在 23～24℃。这里，大部分地区属砂页岩丘陵森林棕色沙壤土，土层较厚，一般有 25 厘米以上，并且具有圆粒结构，土壤疏松、湿润。据1956 年热带亚热带资源开发委员会的勘察，全县有 2.53 万公顷土地

---

① 师哲：《在历史巨人身边——师哲回忆录》，中央文献出版社，1991，第 519 页。

（含国营农场）适宜种植橡胶，0.2 万公顷适宜种植槟榔，0.2 万公顷适宜种植其他热带作物。1952 年，国家看准了这片热土，于是组织浩浩荡荡的垦荒大军，从四面八方汇集而来。除了部分军队组建的林业工程部队的军人、地方干部以及当地民众外，这批垦殖大军还包括南洋回来的橡胶工人和科学工作人员。叶剑英在给中央并陈云的报告中曾要求：

> 一般技术干部拟主要从归国华侨中解决……另请求中央准将中大、西大两校林业专修班改为橡胶训练班，提早毕业并全部拨给华南使用……为集中人才，增强力量，请求中央把国内橡胶专家都调到华南来。[①]

垦殖人员满怀革命豪情，不顾森林茂密、交通不便、蛇咬蚊叮、疟疾横行的恶劣环境，创办国营垦殖场。1952 年办场的第一年，中坤和中建农场的 3000 多名工人开出胶园 0.07 万多公顷，培育胶苗 200 万株。至 1955 年，两个农场共种上橡胶 1866.7 公顷。

国营农场发展橡胶事业并非一帆风顺。办场初期，由于干部职工对橡胶树生长的生态环境和规律性缺乏认识，不加选择和区别地开垦种植，有的把橡胶树种在既干旱又无防风林的土地上；有的种在土质差、地层薄的秃岭上，结果橡胶苗死亡率高，损失大，保存率仅达 20% 左右。1956 年后，国营农场总结经验教训，对县境内的热带、亚热带农业资源进行广泛勘测，并制定出"山、水、胶、林、路、房"的全面规划：

> 1956 年 5 月，屯昌县进行热带亚热带农业资源勘察。通过勘察，不仅摸清热带亚热带农业资源，而且初步了解各区（含国营农场）的土壤成份和特性，为全县（含国营农场）后来的土地规划打下了基础。年底，县委作出规划：西半部山林地区（即现在的南

---

① 叶剑英：《目前橡胶工作应抓紧之重点》，广东叶剑英研究会、中共广东省委党史研究室编《叶剑英在广东》，中央文献出版社，1996，第 437 ~ 438 页。

坤、黄岭、西昌、藤寨、大同西半部和国营中坤、黄岭、晨星、广青农场），南面边境万泉河上游支流北岸（即现在的乌坡、枫木、南吕、坡心和国营中建、南吕农场）为发展橡胶、槟榔地区，面积2.13万公顷。各国营农场于1957~1958年先后进行具体规划，安排0.8万公顷种植橡胶。[1]

勘测规划后，屯昌县执行"宜胶则胶，宜林则林"的原则，采取"提前育苗、提前造林、提前修梯田、提前种覆盖"的生产措施，使农场生产得以发展，至1957年，这两个国营农场共种上橡胶0.2万公顷。直至2000年，屯昌县已有国营农场6个（中坤、中建、晨星、黄岭、南吕、广青农场），农场土地面积618068亩，占全县土地总面积的33.45%。橡胶的生产不仅为国家工业现代化建设、国防安全做出巨大贡献，同时也拉动了屯昌地区经济的发展，促进了屯昌地区的交通发展。

除了开展橡胶大会战以外，屯昌县还有一个发展工业的明显的优势，就是羊角岭的水晶矿藏资源。羊角岭水晶矿位于屯昌县城城南4公里处，矿区面积3平方公里，海拔高度200米。羊角岭有丰富的水晶矿石储藏量，是全国最大型、最富集的水晶矿床，也是当今世界上超大型水晶矿床之一。1940年，日本侵略军发现羊角岭的水晶石，从1942年开始，日本三菱矿业株式会社进行掠夺性开采。抗战胜利后，国民党派遣到海南的受降部队没有延续日军的开采工作，羊角岭水晶矿于1945年7月停产。国民党没有恢复羊角岭水晶矿的开采，可能基于两大原因，一是没有开采意识，二是没有开采条件。

从民国粤汉铁路管理局拟的《海南岛铁路概况及修复工程通车计划》中，可以看到，海南铁路交通因昌江石碌铁矿而兴建：

> 海南资源丰富，民国廿五年宋子文氏倡导兴筑滨海路线，交通部因组测量队开始测量，芦沟桥事变未能兴工。迨廿八年冬，日寇占领

---

[1] 屯昌县地方志编纂委员会编《屯昌县志》，第181页。

作为海军根据地，同时发现铁矿，乃修筑矿山及沿西南海岸铁路。①

按当时民国粤汉铁路管理局的规划，修复铁路共计 5 条，见表 6－5。

表 6－5　抗战后期民国粤汉铁路管理局海南岛铁路概况及修复计划

单位：公里

线路	起止地点	线长
海南本线	榆林港至北黎	178.9
三亚港支线	六乡至三亚港	7.7
汐见支线	干沟至汐见	3.6
石碌支线	八所至石碌	52.3
田独支线	田独至安游	11.8

资料来源：粤汉铁路管理局编《海南岛铁路概况及修复工程计划书》，《海南民国档案资料选辑》，第 6388 页。

在中部屯昌地区的羊角岭水晶矿，开采交通极其不便，再加上开采后开发利用等一系列问题，会加大投入，无巨利可图，这可能致使国民党政府放弃开采；而且国民党接收人员根本也没有开采意识。苏云峰先生在《抗战胜利后的海南政经社会》一文中指出：

> 战后日本人于海南留下相当可观的物资、财产与工农交通设备。这些资产本应由广东省政府与海南地方政府共同接收，并尽速恢复生产，以维持地方经济。可是，政府没有作好接收计划，导致各军政单位，纷纷抢先来到海南，争夺日本人留下的这块肥肉。在短短的半年中，换过三四次以上的接收单位……最令人痛心的是，接收后的工厂与有关设备并不恢复生产，而是拆散机器，运出海南。或

---

① 粤汉铁路管理局编《海南岛铁路概况及修复工程计划书》，中国第二历史档案馆、海南省档案局编《海南民国档案资料选辑》，海南出版社，2013，第 6388 页。

只派人看管，甚至无人看管，令其生锈腐烂。[①]

正如海南石碌铁矿一样，国民党的接收部队接管石碌铁矿后，第一步不是恢复生产，而是大量变卖机械设备，以充私囊。

新中国成立后，为发展现代工业，1953 年 12 月，国家正式开采羊角岭水晶矿，由军委通讯部组织开采，并命名为 701 矿。1954 年 12 月，地质部邀请以谢格洛夫为首的四位苏联专家来羊角岭踏勘。1955 年，在尼齐基切夫为首的苏联专家指导下进行勘探设计。同年 10 月，改为地方国营，由中央第二机械工业部十局改名国营 701 矿。至 1983 年，701 矿"共采压电单晶 56.07 吨，熔炼水晶 2092.5 吨，总产值 4096.73 万元（80 年不变价），上缴利润 3659.09 万元，全员劳动生产率为 3217 元/人年"。[②]

由于开采量逐年减少，该矿于 1981 年停产。1984 年 1 月起，该矿划归海南地质矿产局领导，改名地质大队。至 1985 年，共生产和收购熔炼水晶 125.68 吨。1996 年 1 月 6 日，伟华工艺水晶厂建成新厂房，以屯昌县羊角岭水晶为原料，采用高科技制成项链、手链等 50 多个系列产品。

1976 年 12 月 27 日，701 矿提前完成中央下达毛主席水晶棺生产 10 吨一级熔炼水晶任务，受到北京毛主席纪念堂工程专用设备研制组的通令嘉奖。[③] 屯昌 701 矿对国家、对人民做出巨大贡献。该矿不仅为国家提供了大量优质的压电单晶和熔炼水晶产品，促进了我国电子工业的发展，还为国家培训了一大批水晶工业方面的技术人才和技术骨干。

二 社会主义制度的确立

过渡时期的总路线提出后，1952 年下半年至 1956 年，我国仅仅用了 4 年时间，就完成了对农业、手工业和资本主义工商业的社会主义改

[①] 苏云峰：《抗战胜利后的海南政经社会》，《海南历史论文集》，海南出版社，2002，第 176 ~ 177 页。

[②] 屯昌县地方志编纂委员会编《屯昌县志》，第 272 页。

[③] 屯昌县地方志编纂委员会编《屯昌县志》，第 33 页。

造，实现了把生产资料私有制转变为社会主义公有制，使中国从新民主主义社会跨入了社会主义社会，初步建立起社会主义的基本制度。从此，进入社会主义的初级阶段。同样，屯昌县也进入了社会主义改造的新时期。

从 1951 年 12 月开始，党中央颁发了一系列的决议，规定了农业社会主义改造的路线、方针和政策，到 1956 年底，农业社会主义改造在经历了互助组、初级社、高级社三阶段后基本完成，全国加入合作社的农户达 96.3%。

1953 年 6 月 18 日，县委在大罗乡石弄坡村组织起第一个互助组——李永安互助组。全组 18 户、13 头耕牛、146 亩地。下半年，全县各乡陆续组织互助组。1954 年底，全县共组织起互助组 4006 个，入组农户 1.67 万户，占总农户的 70.8%。互助组贯彻自愿、互利的原则，互帮互助；形式有临时的，也有长期的；有的以工换工，有的按工计价。互助组解决了农民在生产上、生活上的困难，深受农民拥护。由于这时期农民在经营管理上有自主权，自愿劳动组合，农业生产发展较快，1954 年全县粮食总产量比 1951 年增长 39%。

第四节　农业生产合作社

1954 年 3 月，全县办起第一个初级农业生产合作社——大罗乡石弄坡村合作社，社长为李永安。1955 年 6 月底，全县办起初级社 471 个，入社户数 20321 户，占总户数的 86%。1956 年 6 月 20 日，成立第一个高级农业生产合作社——南吕区大罗合作社。该社由 6 个初级社组成，共有 428 户，1504 人。至 1957 年 1 月，全县有高级社 162 个，除了 1369 户不入社外，其余 19816 户全部入社。初级合作社的劳动组织分为专业作业组、固定作业组和临时作业组，作业组的大小，按生产队大小、生产条件而定。劳动实行定额管理，根据土地、耕牛农具等生产条件，以一个中等劳力按技术规程，劳动一天能完成的农活指标，制定劳动定额。

并按田头远近、操作难易，确定差别定额。高级社实行包工制，即按生产任务、要求，预算劳动日，包给生产队。初级社和高级社都实行按工分（劳动日）进行分红（实物和现金）。因初级社成立时，按劳力分摊股份基金，土地、耕牛、生产工具折价入社作股金，多退少补。因此，每年分配时，社里都要留下公积金，分期偿还农户股份基金。高级社成立后，土地、耕牛、生产工具都归集体所有，分配之前必须完成公购粮任务，缴纳税金，提留公积金、公益金，留存种子、饲料粮，然后才按工分分配。粮食，30%～40%按工分分配，60%～70%按人定等按等定量分配。在此期间，由于实行"统一领导，统一计划，统一生产，统一核算"的管理体制，财务、劳动、收益分配等管理较好，农业生产有所发展。1957年与1954年相比，粮食总产量增长34%。

手工业的社会主义改造从1953年11月开始至1956年底结束，通过合作化道路，把个体手工业转变为社会主义劳动群众集体所有制经济，全国90%以上的手工业者加入了合作社。

新中国成立后，中共屯昌县委和县人民政府加强对手工业的领导，帮助开展购销，恢复和发展手工业生产。1951年，全县个体手工业户由1949年的211户增加到256户。随着手工业的发展和国民经济的逐步巩固，个体手工业者开始萌发组织集体生产的愿望。1955年手工业户260户，从业人员330人。由于个体手工业规模狭小，经营分散、技术落后，阻碍生产力发展。因此，必须通过合作化道路，使之成为社会主义集体经济。1956年1月，开始进行私营工商业、手工业改造，县成立社会主义改造领导小组和社会主义改造工作队，开展手工业社会主义改造工作。1957年6月，社会主义改造工作全部结束。改造个体手工业者263户，335人，组成10个手工业社，人数从1956年的335人发展到559人，工业总产值从1956年的63万元增加到160万元（1957年不变价），品种增加34种，产品质量也比以前提高。

1958年，掀起"大办工业"高潮，全县10个手工业生产合作社，全部转为社办工业。原属集体所有制的县城铁器社、农具社、木器社、铸犁社转为全民所有制。1962年，贯彻"调整、巩固、充实、提高"的方针，除关、停、并、转 4 家国营工厂外，手工业社也从原来的 21 个调整为 16 个，人员从 725 人减为 650 人。

消灭资本主义私有制是过渡时期的一项基本任务。资本主义工商业的社会主义改造，从 1954 年至 1956 年底全面进行。通过国家资本主义的形式，将民族资本主义经济逐步转变为社会主义经济。在此过程中，党对之采取了"和平赎买"的政策，逐步将其改造成社会主义公有制企业，而且将所有制改造与人的改造相结合，努力使剥削者成为自食其力的劳动者。

1953 年，县政府开始采取由点到面的积极稳妥的方针，对私营、个体工商业进行社会主义改造。在私营工商业中加强爱国守法和端正经营作风的思想教育，对投机倒把、偷税漏税、消极经营、分散资金、抗拒改造的工商者开展批评与自我批评，以达到改善经营、爱国守法、服从人民政府管理和接受工人群众的监督。第一步，实行公私商业合作改造和私营商业完全过渡到国营商业的改造。公私合资企业，自负盈亏，股息分红。对县城的夫妻店也纳入公私合营，小商小贩纳入合作小组；有的成立自负盈亏的联购分销店，有的仍保持代购代销。第二步，在公私合营的基础上，私营商业按照经营的不同行业、不同范围、不同品种，直接过渡为国营企业。据统计，1953 年全县原有商户 557 户 646 人，经过改造，参加公私合营企业 80 户 149 人；过渡 65 户 65 人，参加合作小组 265 户 280 人，代销 82 户 82 人，个体商贩 115 户 170 人。经过改造后的 1956 年，全县社会商品零售总额达 943.3 万元。其中，国营经济 327.6 万元，占 34.6%；合作社经济 21.4 万元，占 2.22%，农民贸易额 69.2 万元，占 7.13%。国营商业从 1950 年的 7% 上升到 90.47%，占主导地位。

通过对农业、手工业和资本主义工商业生产资料私有制的社会主义改造，在理论上和实践上丰富和发展了马克思列宁主义的科学社会主义理论，极大地促进了工、农、商业的社会变革和整个国民经济的发展。实现了把生产资料私有制转变为社会主义公有制的任务。政治上社会主义的基本制度在我国初步建立；经济上社会主义计划经济在我国基本确立；为我国的社会主义工业化开辟了道路；从此进入社会主义初级阶段。

在屯昌县的"第一个五年计划"中，各项安排有序可行，至1957年，各项指标都超额完成计划，详见表6-6。

表6-6　屯昌县"一五"计划完成情况

年份	计划产值（万元）	实际完成情况（万元）	占计划百分比（%）
1953	20	22	110
1954	30	44	146
1955	40	44	110
1956	35	38.4	108
1957	56	63	125

资料来源：屯昌县地方志编纂委员会编《屯昌县志》，第398页。

然而，正在各项事业有序进行时，苏联领导人斯大林辞世，继任者赫鲁晓夫在1956年的苏联共产党第二十次代表大会上作"秘密报告"，对斯大林展开全面批评，并大力推动"去斯大林化"，震惊了社会主义国家阵营，促使中国共产党和中国人民重新审视苏联模式（或斯大林模式），在社会主义建设道路上开始了艰难而曲折的探索。

第七章 求索

——社会主义建设时期的屯昌县（1957年至今）

　　1956年底，中国政府对农业、手工业和资本主义工商业的社会主义改造步入尾声，这标志着社会主义制度在中国大陆正式建立起来，中国社会主义建设的进程也由政权进一步上升到制度层面，由此，中国进入建设社会主义时期的新里程。步入社会主义建设时期的中国人民，并没有获得一个充分宽裕的国际背景，相反，西方资本主义的敌对态度一直持续并未松缓，而中苏社会主义阵营的亲密关系又突现裂痕。自苏共二十大以来的"去斯大林化"，给中国的社会主义建设走出"苏联模式"提供了新思路，同时也对国内的经济发展带来了紧张气氛。随之而来的是"多快好省"建设社会主义的"非理性"狂潮以及"以阶级斗争为纲"的错误认识。几经波折，直至1978年中国共产党十一届三中全会之后，中国的社会主义建设才经由"拨乱反正"步入经济建设正轨。对内改革、对外开放的新理念，既为中国特色社会主义的发展方向提供了新的思路和新的可能，也是一次"摸着石头过河"的新尝试。

第一节 歧路："运动"中的二十年

一 一哄而起的 "大跃进"

早在 1949 年 6 月 30 日发表的《论人民民主专政》一文中，毛泽东首次公开宣布推行"一边倒"的对外政策，同时明确提出：

> 严重的经济建设任务摆在我们面前。我们熟习的东西有些快要闲起来了，我们不熟习的东西正在强迫我们去做。这就是困难……我们必须克服困难，我们必须学会自己不懂的东西……苏联共产党就是我们的最好的先生，我们必须向他们学习。①

与苏联结盟的同时，也在全国开展了一个全面学习苏联"老大哥"先进经验的群众运动。作为社会主义阵营的"老大哥"，苏联也为支援中国的经济建设提供大量人力物力援助。然而，随着斯大林去世，苏共二十大以后，苏联全面肃清对斯大林个人崇拜的激烈方式，使得中苏关系在不经意间"悄然恶化"。

1956 年 2 月 14 日，在斯大林逝世近三年后，苏联共产党首次召开全党代表大会，即苏共二十大。会上，继任苏共总书记赫鲁晓夫在代表苏共中央所做的政治报告中提到，要反对个人崇拜，强调加强集体领导。这一言论是否在为几天后的秘密报告做舆论背书，我们不得而知。唯一可以确定的是，从当时苏共二十大代表发言总的情况看，并没有公开谴责斯大林。对斯大林的彻底否定，发源于苏共二十大闭幕时，赫鲁晓夫所做的一份历来被研究者认为是"苏共蜕变的开端"的"秘密报

---

① 毛泽东：《论人民民主专政》，《毛泽东选集》（一卷本），人民出版社，1964，第 1369 ~ 1370 页。

告"——《关于个人崇拜及其后果》，从根本上否定斯大林，要求肃清个人崇拜在各个领域的流毒和影响。

苏共二十大对斯大林的批判引起中共高层两个反应：一个反应是针对"批判"所指向的内容，这涉及中国社会主义正在进行着的以及将要面临着的经济建设问题。毛泽东曾经说过，赫鲁晓夫对个人崇拜的揭露和批判"揭了盖子，又捅了娄子"，[①] 揭了"苏联模式"的盖子，无疑打破了国人对于苏联"教条"的信仰，为中国自主探索社会主义建设腾出了思维空间；捅了"社会主义"的娄子，全面否定斯大林这样一个"重要的国际人物"，就如同全面否定了斯大林时期全苏联的革命历史。另一个反应或许对今后二十年的国民生活走向影响更大，即是"批判"这一行为本身，触动了高层领导人对"修正"二字的敏感神经，进而转向对"修正主义"和"右倾机会主义"的防备心态。1956年12月29日，人民日报编辑部根据中国共产党中央政治局扩大会议的讨论，发表了《再论无产阶级专政的历史经验》一文，文中中共高层对"修正主义"和"右倾机会主义"的防备心态已现端倪：

> 一部分共产主义者由于对斯大林采取了否定一切的态度，由于提出了反对"斯大林主义"的错误口号，因而帮助了对于马克思列宁主义的修正主义思潮的发展。这种修正主义的思潮无疑是有利于帝国主义对于共产主义运动的进攻的，而事实上，帝国主义也正在积极地利用这种思潮。我们在坚决反对教条主义的时候，必须同时坚决反对修正主义。[②]

当然，苏共二十大对中国后来二十年的走向只能说是一个前奏，关于"大跃进"、人民公社化运动的起因，亦有研究者表述为"国际环境压力"说、"摆脱苏联模式"说、"过分强调主观能动性的发挥"说、"社会主义建设准备不足"说、"政治体制弊端和毛泽东个人专断作风"

---

① 中央文献研究室编《毛泽东传（1949~1976）》，中央文献出版社，2003，第496页。
② 人民日报编辑部：《再论无产阶级专政的历史经验》，人民日报出版社，1959，第18页。

说、"国际赶超热潮影响"说、"国民心态推动"说、"存在社会基础"说等等。[①] 但是，接下来的二十年，中国的社会主义建设确实朝着这两个思考维度发展：探索自己的社会主义建设模式以及防范资本主义与修正主义。由于历史的原因，这些思考最终发生错位，走向歧路，质变为"大跃进"以及"文化大革命"。

第一个五年计划超额完成后，在全党全国各族人民迫切要求迅速改变我国"一穷二白"落后面貌的情况下，社会主义建设总路线逐渐形成和发展起来了。

1957 年 9 月 20 日至 10 月 9 日在北京举行的八届三中全会上，毛泽东提出了要避免苏联所走过的弯路，要比苏联搞得更好的可能性。这是"总路线"的萌芽。到了 1958 年 3 月召开成都会议时，毛泽东在讲话中就提出了"鼓足干劲、力争上游、多快好省地建设社会主义"的基本观点。1958 年 5 月 5 日至 23 日的第八次全国代表大会第二次全体会议上，正式通过了毛泽东提出的"鼓足干劲、力争上游、多快好省地建设社会主义"的总路线。

总路线提出后，一场浩浩荡荡的全民"大跃进"运动一哄而起，包括三个方面的主要内容：一是要提前"跨农纲"——达到《全国农业发展纲要》所规定的各项指标；二是"钢铁元帅升帐"——全民大炼钢铁；三是实现工业化——使工业产值在国民经济中所占比例超过农业的产值，十五年超英赶美。在具体做法上，什么都"全民大办"，打擂比武，苦战夜战，"大放卫星"。

1958 年 3 月，中共中央政治局成都会议通过了《关于把小型的农业合作社适当地合并为大社的意见》。《意见》指出，为适应农业生产和文化革命的需要，在有条件的地方，把小型的农业合作社有计划地适当地合并为大型的合作社。会后，各地农村开始了小社并大社的工作，有的地方出现了"共产主义公社"、"集体农庄"，有的地方出现了"人民公社"。

---

① 高其荣：《近十年来关于大跃进运动成因研究综述》，《党史研究与教学》2004 年第 5 期。

于是，1958 年，在"总路线、大跃进、人民公社"三面红旗的鼓舞下，广大干部群众建设热情空前高涨，急于求成。领导层出现了以高指标、瞎指挥、浮夸风和"共产风"为主要标志的"左"倾错误，导致生产力和生态环境遭到严重破坏。全国工农业战线掀起了"大跃进"高潮。

1958 年 5 月 12 日，屯昌县召开第三届人民代表大会，会议审议和批准县委叶寿山做的《屯昌县人民委员会工作报告》，其中提出：全县人民鼓足干劲，深入开展反浪费、反保守运动，打破陈规，打掉"五气"（即暮、官、骄、娇、阔气），为 1958 年工农业生产全面跃进而奋斗。

1958 年 6 月，县委召开 1000 多人参加的跃进誓师大会，要求全县各行业全面大跃进，并开展"坐火箭，放卫星"争先进的评比竞赛。会议批判"条件论"，在农业生产上喊出"人有多大胆，地有多高产"、"叫河水让路，要高山低头"的口号。县委制订农业跃进计划，指标越定越高，水稻提出亩产"双千斤"的高产指标。为了高产，大力推行违反自然规律的深翻改土和高度密植等措施。插秧要求"满天星"、"双龙出海"、"蚂蚁出洞"，株距 0.5 寸 ×1 寸或 1 寸 ×1 寸，同时大搞"并秧并禾"。由于土地深翻几尺，破坏了土壤结构。高度密植达到不透气的程度，造成了减产。南吕公社大罗大队把 8.67 公顷正在打禾苞的禾秧拔起来洗根、剪根，并成 1.33 公顷。由于过密，不通风透气，只得用鼓风机吹风，造成禾苗枯死。

与此同时，工业生产的指标也"大跃进"。县委根据"全党和全国人民用最大的努力为在 1958 年生产 1070 万吨钢铁而奋斗"的指导思想，掀起一个轰轰烈烈的全民大炼钢铁运动，大搞"小（小高炉）、土（土法炼铁）、群（群众运动）"。农村抽调 3 万多个劳动力，干部停止工作，学校师生停课投入炼钢铁。全县共建起小高炉 10 座，土法炼钢点 120 个，收集农民铁锅 1 万多个，砍伐山林 4267 公顷，但炼出的是废铁，造成劳民伤财。1958 年，由于屯昌县"大搞车子化"、"大炼钢铁"、大建万头猪场，当年毁林 6.4 万亩。四顶岭、南旧岭、乐才岭、加峰岭、深坡岭、夹石岭、多六岭、岭尾岭、春花岭、青华岭、大坡岭、南吕岭的林木基本砍光。

文化艺术方面也搞"大跃进"。文化部门要求人人能创作，人人能画画，人人能唱歌，人人能跳舞，一时，形式主义的赛诗会、诗画满墙在全县城乡出现。

伴随"大跃进"运动的，还包括"反右倾"、"民主补课"以及"人民公社化"运动。

1958年9月10日，屯昌县成立第一个人民公社——钢铁人民公社。紧接着，东风、长征、八一、超美等公社相继建立，9月20日至22日举行了三天的庆祝大会。"钢铁"、"东风"、"长征"、"八一"、"超美"这一连串极具时代激情的词汇，预示着一个狂潮的到来。据统计：

> 全县共成立5个公社。东风公社（屯郊乡和屯昌镇）、超美公社（现中建农场）、长征公社（现新兴镇和大同乡）、钢铁公社（现南吕镇、乌坡镇和枫木镇）、八一公社（现藤寨乡和黄岭乡）。下设枫木、乌坡、南吕、黄岭、藤寨、新兴、大同、屯昌、西昌、屯昌镇10个管理区。1961年大公社为分小公社，原来的管理区改为人民公社。1961年11月，南坤公社从琼中县划归屯昌县管辖，1974年4月从南吕公社划出关朗、马朗大队，从屯昌公社划出南台、海株、白石、高朗、加买大队成立坡心公社。1980年，全县共有12个公社、104个大队、1个居委会。①

11月1日，中共屯昌县委宣布全县"吃饭不要钱"，村村办起公共食堂。全县共办782个公共食堂，共有10.05万人在公共食堂吃饭。由于物质的匮乏，"吃饭不要钱"实行三个月便宣告停止。

或许受到"集中力量办大事"思想的影响，广东许多县市还出现了区划合并的现象：

---

① 吴维松主编《屯昌县土地志》，第19页。

（1958 年——引者注）12 月 1 日，屯昌、定安两县合并，称定昌县。县委、县政府机关驻屯昌镇。县长叶寿山、副县长李积才、王俊才、吴爱英（女）、李遵元。县委书记陈克攻、副书记叶寿山、叶佐平、莫逊、张书来、吴强、陈维良、王霞立。同日，《定昌报》创刊。[①]

这种行政区划的合并重组，不只是发生在屯昌与定安之间，根据 1961 年国务院下发文件，当时广东改组的县市多达 29 个。[②] "大跃进"运动被叫停后，1961 年 10 月 5 日，国务院全体会议第 113 次会议通过《国务院关于恢复广东省佛冈等 29 个县市设立昌江等 3 个县和撤销定昌等 6 个县的决定》："恢复屯昌县。以合并于定昌县的原屯昌县行政区域为屯昌县的行政区域。"[③]

定昌县县委、县政府进驻屯昌镇，这一行政布局深层次的含义是"行政重心的内移"。一方面，表明"大跃进"和人民公社化运动使国家权力扩张至乡村社会中，其对于中国乡村社会的传统的破坏确实起到一定作用，并且加速了中国传统封建主义政治、经济旧体制的衰落和解体。另一方面，"大跃进"运动造成了国民经济主要比例严重失调，使社会主义经济遭到了重大的损失，直到 1960 年冬，党中央和毛泽东开始纠正农村工作中的"左"倾错误，决定对国民经济实行"调整、巩固、充实、提高"的方针，"大跃进"运动才被叫停。

这场"一哄而起"的"大跃进"，也给屯昌历史带来深刻的思考。虽然屯昌只是全国形势下的一个小小缩影，但"浮夸风"确实是此次"大跃进"的第一症结，它不仅反映出屯昌人民建设社会主义的急切心态，也折射出当时"左"倾冒险的时代氛围，因而这是全国症结的共性所在。再从屯昌方面来看，这种建设热情正好调和了明代王士衡在《劝

---

① 屯昌县志办公室编《屯昌县大事记长编》，1989，第 36 页。
② 《国务院关于恢复广东省佛冈等 29 个县市设立昌江等 3 个县和撤销定昌等 6 个县的决定》，中华人民共和国国务院公报，1961 第 14 期。
③ 《国务院关于恢复广东省佛冈等 29 个县市设立昌江等 3 个县和撤销定昌等 6 个县的决定》，中华人民共和国国务院公报，1961 第 14 期。

谕乡里种麦文》中指出的"惰耕"情绪，因而"跃进"式心态也并非一点作用没有的。

对屯昌来说，在"大跃进"过程中更应该深刻检讨的是不切实际的一味跟风。事实上，由于屯昌地区自然条件极具优势，再加上"人民公社化"运动直接促使国家权力向农村山区深入扩展，如定昌县县治直接设立在屯昌镇，这些都为屯昌县发展提供了机遇，并且我们也可以从结果中看到，屯昌县在 1958 年至 1961 年间，其养殖业以及橡胶种植一直处于发展状态，据《屯昌县大事记长编》记载，1958 年，"屯昌县被评为全国养猪先进单位，林马代表出席全国群英会"。① 这些成就实际上是立足于屯昌自然资源充沛的实际情况。而相反的是，屯昌县并没有足够的铁矿资源，也没有足够的冶炼技术，却一味"大炼钢"，大搞"小土群"，砸锅卖铁搞钢铁，出现大量毁林现象，不仅不能促进钢铁事业发展，反而破坏了自身的自然生态。

二 "红色运动"

1960 年 9 月 30 日，中央批转了经周恩来审定的国家计委党组《关于 1961 年国民经济计划控制数字的报告》，报告中首次提出"调整、巩固、充实、提高"的八字方针，至此，国内民众的建设情绪才从"大跃进"中冷静下来。屯昌的经济建设也渐入正轨，然而，5 年过后，"文化大革命"的红色运动，再次将屯昌引入歧途。

1966 年 5 月，中共中央"五一六通知"下达，中共屯昌县委贯彻《通知》精神，于 1966 年 6 月 28 日成立由县委副书记马继宗为组长的 5人"文化大革命运动领导小组"，县直各单位抽调干部 100 多人组成工作组，分别进驻县劳动大学、屯昌中学、枫木中学、南吕中学、南坤中学、新兴中学等领导运动，组织师生揭批邓拓、吴晗、廖沫沙"三家村"的罪行。各中学掀起"四大"（大鸣、大放、大字报、大辩论）的

---

① 屯昌县志办公室编《屯昌县大事记长编》，第 36 页。

高潮，把斗争矛头指向广大教师，一时师生关系紧张。一些教师被定为"黑帮分子"，戴高帽游街和遭批斗。农村小学校开展"破四旧"（旧思想、旧文化、旧风俗、旧习惯）"立四新"（新思想、新文化、新风俗、新习惯）运动。8月8日，中央《关于无产阶级文化大革命的决定》（即《十六条》）发表，指出这场运动的目标是斗垮那些"走资本主义道路的当权派"，批判"资产阶级反动学术权威"。一些外地学生陆续来屯昌"点火"，各中学很快成立"红卫兵"组织。屯昌中学、县劳动大学和各中学组成第一批"红卫兵"代表100多人，由工作组长王锡辉带队赴京接受毛泽东主席检阅。同时，屯昌县城的红卫兵及群众也掀起了"破四旧"、"立四新"、"横扫一切牛鬼蛇神"的高潮，抄家之风顿起。凡属五类分子（地主、富农、反革命、坏分子、右派分子）均被抄家；养花喂鸟被视为资产阶级生活方式，机关花盆均被摔坏，禁止庙宇烧香和一切宗教活动；连衣着也"革命化"，男女青年以穿绿色军装为荣；车站及主要路口有红卫兵和红小兵站岗，不背熟"最高指示"（即毛主席语录）不得通过，结婚登记、买商品、会前会后都要背诵"最高指示"；"五类分子"被勒令扫街、洗厕所，强迫劳动改造。10月，屯昌县第二批"红卫兵"代表600多人赴京串联接受毛主席检阅。11月中旬，各中学师生自行组织徒步"长征"到全国各地串联，全县中小学校"停课闹革命"。"文化大革命"很快殃及机关、厂矿，干部职工停工，用公费参加"大串连"。下旬，县与各基层单位成立了"文化大革命领导小组"，取代各级党政的实际领导权，红卫兵及造反派开始揪斗教师、学校领导及各级领导干部。12月上旬，名目繁多的"战斗队"、"造反兵团"等群众组织纷纷成立。全县共有500多个群众组织，参加人数达3万多人，有的家庭分为两派，夫妻不和，兄弟反目，儿女造父母的反。12月26日，屯昌县"革命造反总部"成立，取代原县委"文化大革命"领导小组，宣布原县委"文化大革命"领导小组派工作组驻各学校是执行资产阶级反动路线，立即撤销，并掀起批判资产阶级反动路线高潮。

1967年1月27日，县委造反派发出《一二·四夺权通告》，夺县党、政、财、文大权。随之，各公社、县直各单位党政领导机关也被夺权。全县各级党政领导机构瘫痪，领导干部靠边站。县委书记陈明深，县长王位任，县委副书记黎光电、马继宗、张成蛟等一批领导干部被扣上"走资本主义道路当权派"（简称"走资派"）帽子，屡遭批斗。1月28日，屯昌县革命联合委员会成立，主任胡安新，副主任陈明深、张发华、张成蛟、王彤。2月，海南"东方红"（东方红海南革命造反司令部）、"海联司"（海南革命造反联合司令部）两个对立组织派人到屯昌串联，全县各中学和劳动大学分裂为两大派：一派是以"红旗造反司令部"为主的红旗派，另一派是以"三七造反总部"为主的东风派。接着，党政机关、企事业单位先后成立了109个观点鲜明的"战斗队"。派性斗争步步升级，大字报贴满街头巷尾。县城先后召开60多次清算屯昌县前任县委书记黄进修，后任县委书记陈明深，副书记黎光电等大型批斗会。此外，对县委、县直各单位及各公社的主要领导"上挂下联"，当作"黑爪牙"、"代理人"、"活靶子"多次进行批斗，"炮打"、"砸烂"、"火烧"、"横扫"、"罢官"之风刮遍城乡。2月5日，中国人民解放军驻屯昌部队由副师长张发华带领100多名指战员进驻各单位实行"三支"（支左、支工、支农）、"两军"（军管、军训）。2月26日，成立屯昌县革命生产指挥部，张发华任主任，陈明深、张成蛟为副主任，抽调一批干部下乡"抓革命，促生产"，维护社会秩序。3月，屯昌琼剧团改名为"屯昌县文艺宣传队"，开始上演《沙家浜》、《红灯记》、《智取威虎山》等"革命样板戏"。3月25日，撤销屯昌县造反总部，学生开始回校"复课闹革命"。

群众组织分化为两派之后，各自标榜自己正确，相互间的辩论、围攻夜以继日。不久，两派以江青提出的"文攻武卫"为口号，由口头辩论升级为拳棒相加，最后发展到动用真枪实弹的武斗。8月9日，屯昌公社的加宝、屯昌、加买等大队20名"五类分子"出身的无辜子女被民兵打死。8月22日，"造反派"开汽车到县武装部仓库抢走一批枪支，被民兵打死1人，成为震惊全县的"八二二"抢枪事件。

1968年2月20日，屯昌县革命"造反派"实行大联合，解放了一批干部下放到农村"抓革命，促生产"。3月29日，成立"屯昌县革命委员会"（简称县革委会），召开了万人庆祝大会，并给党中央、毛主席发了致敬电。接着，县直各单位、各公社、各大队先后成立了"革命委员会"或"革命领导小组"。在"工人阶级必须领导一切"的口号下，工宣队、贫宣队进驻各级学校，县公安司法机关实行军事管制。8 月 12 日，县革委会政治部做出关于"努力学习，坚决执行，大力宣传，全面落实"毛主席亲自批发的中央"七三"、"七二四"《布告》的决定，将县委副书记黎光电等 86 名党政领导和红旗派的头头，关押到"三八厂"办"学习班"30 天。在"学习班"里进行刑讯、追供，甚至毒打，扣上"走资派"、"三反分子"、"叛徒"、"特务"、"牛鬼蛇神"、"黑手"、"黑干将"等帽子，每隔几天在绑架干部的脖子上用细铁丝挂上 1.3 米长的牌子，上写"走资派×××"、"三反分子×××"等字样，姓名被倒写，打叉，拉上街示众、批斗。一些人被揪着耳朵，两手向上高高扭起，头被压低，名曰坐"喷气式"，并被拳打脚踢，有的鲜血淋漓，致伤致残。共青团县委书记王敬吾身患重病，仍被绑游街。县委副书记黎光电被打得全身重伤不能站立，还被戴上六七尺高帽子游街。县委代书记马继宗被戴上"叛徒"帽子，蒙冤投深田水库而死。10 月 16 日，县革委会在雨水岭创办"五七"干校，县直机关"站错队"的干部 1897 名，被下放到"五七干校"劳动。干校按照军队建制编成 3 个连，9 个排，30 个班，除劳动改造外，还进行"三忠于"（忠于毛主席、忠于毛泽东思想、忠于毛主席无产阶级革命路线）、"四无限"（对毛泽东主席无限热爱、无限忠诚、无限信仰、无限崇拜）、"一紧跟"（紧跟毛主席）教育，开展"早请示"、"晚汇报"（即面对毛主席像请示和汇报一天的活动思想），跳"忠"字舞，献"忠"心活动。

1968 年开始掀起"知识青年上山下乡"运动，到 1979 年止，全县接收上山下乡知识青年 3488 名（其中来自广州 28 人、汕头地区 125 人、海口等市县 1585 人、屯昌县 1750 人），安置到各公社、农场、林场等。12 月，县革委会在黄岭公社曙光大队召开教育革命现场会，要求把公办中小学下放到公社、大队、工厂办。并提出"读小学不出村，读初中不出大队，读高中不出公社，读大学不出县"的口号。南昌公社东岭小学、藤寨公社周朝小学还附设高中班。缩短学制，小学"四二制"改为五年制，中学"三三制"改为"二二制"；参照军队建制，教学班改为排、教学年级改为连。公办教师回原籍教学。学校搞开门办学，厂校挂钩，师生到工厂、农村进行"教育革命实践"，教学秩序出现混乱。

1969 年 1 月，县革委会从工厂、机关、学校、县"五七"干校抽调500 人，配合解放军 105 人组织农村斗、批、改，与毛泽东思想宣传队到南坤、藤寨公社，搞斗、批、改试点。各公社革委会也相应地组织以贫下中农为主体的毛泽东思想宣传队 928 人，开展以两个阶级、两条路线斗争为纲，以革命大批判为动力，以解决领导为重点，肃清修正主义流毒斗争。在斗、批、改中以"大批判"开路，主要批判所谓"唯生产力论"、"阶级斗争熄灭论"、"地主、资产阶级人性论"等。4 月 1 日至24 日，中共第九次全国代表大会召开，县革委会全面学习和贯彻"九大"精神，通令全县各革委会及群众组织连夜游行庆祝。庆祝活动持续数日，男女老幼手执"向阳花"，抬着毛主席巨幅画像，扛着横额、彩旗，载歌载舞，规模之大，前所未有。之后，"三忠于"、"四无限"活动达到高潮，城乡（特别是县城）街道不少墙壁涂成红色，到处涂写毛主席语录（称"红色海洋"），跳"忠"字舞，唱语录歌，佩戴毛主席像章风行一时。从机关、学校到农村盛行"早请示、晚汇报"。连脸盆、毛巾、厕所等都印上"最高指示"或毛主席头像。7 月，县革委会组织以工人、贫下中农为主体的 1000 多人毛泽东思想宣传队，进驻机关、学校、工厂，领导"斗、批、改"和"清理阶级队伍"，重点清查"叛徒"、"特务"、"走资派"。被清查对象集中吃住，不准外出，"重点"对象，罚苦役，干重活、脏活，边劳动边检查交代问题。全县立案清查对象 280 人，由于林彪、江青反革命集团的破坏，极"左"思潮的影响和派性的干扰，清查中，把干部、党员、群众中早已查清并处理的政治历史、家庭出身、社会关系等问题，重新翻出来进行审查，滥用专政手段，大搞逼供，根据各种诬陷不实之词，制造了大批冤假错案，伤害了许多干部群众。

1970 年 1 月 31 日，中共中央发出《关于打击反革命破坏活动的指示》，不久又发出《关于反对贪污盗窃、投机倒把的指示》、《关于反对铺张浪费的通知》。此后，全县开展"一打三反"（打击反革命分子、反对贪污盗窃、反对投机倒把、反对铺张浪费）运动，掀起大检举、大揭发、大批判高潮，清理出各种"反革命分子"73名，查出贪污、盗窃、投机倒把272人，查出浪费国家财产31万元。在"一打三反"运动中，采用"逼供信"手段，再次出现乱批乱斗现象。3月27日，中共中央发出《关于清查"五·一六"反革命阴谋集团的通知》，县成立清查"五·一六"专案小组，由于派系干扰，又没有明确的政策界限，造成一批干部、群众遭到打击。

"九大"以后，进行上层建筑领域的革命。中共中央批准《北京大学、清华大学关于招生（试点）的请示报告》，规定高等学校招生废除考试制度，"从有实践经验的工人、农民中间选拔学生"。入学的工农兵学员任务是"上大学，管大学，用毛泽东思想改造大学"。屯昌县从1970～1976年共选拔工农兵学员130名上大学，160名上中专，177名上中师。1971年8月13日，《全国教育工作会议纪要》提出"两个估计"（一是"文化大革命"前17年，"毛主席的无产阶级教育路线基本上没有得到贯彻执行"，"资产阶级专了无产阶级的政"；二是教师中的大多数和17年中培养出来的学生中的大多数的"世界观基本上是资产阶级的"，是"资产阶级知识分子"）。屯昌县贯彻这"两个估计"，称教育干部为"走资派"，称教师为"臭老九"。

1972年2月22日，全县开始组织干部群众揭发批判林彪反革命集团的政变纲领《"571工程"纪要》，同时揭露批判极"左"思潮和无政府主义思潮的危害，清除它们的影响。

1973年8月，全国开始了"批林批孔"运动。屯昌县首先在全县中小学中开展"批林批孔"、"评法批儒"、宣传"白卷英雄"张铁生和"革命小将"黄帅敢于"反潮流"，批"智育第一"，破"师道尊严"，中小学普遍出现学生写大字报谩骂教师的现象，"读书无用论"的思想泛滥。此后，又学习"朝农"（朝阳农学院）和大寨的办学经验，提出"把教育纳入农业学大寨的轨道"、"与十七年对着干"。县委组织200人的工农讲师团，开进学校，走上讲台，扩大工农兼职教师队伍。学校开荒造田，大办农场，整治大寨坡，大种高产甘蔗，参加社会斗批改等，这些做法得到中共广东省委、国务院科教组、教育部中小学司的肯定，并被总结为"屯昌县教育革命经验"加以推广。江苏、浙江、上海等16省（市）和省内各地代表及中央、省新闻单位的记者络绎不绝前来参观取经和报道。1974年11月6日，国务院科教组中小学负责人杜英、中共广东省委副书记雍文涛、海南区党委常委黄大仿和中央、省、区教育部门领导参加在枫木中学召开的教育革命经验座谈会。1975年8月2日，《南方日报》发表《党委要管教育革命》的社论，推广屯昌县"教育革命经验"。同时还发表中共屯昌县委《为巩固无产阶级专政，认真管好教育》的文章，8月8日晚上，海南区党委召开全区教育革命广播大会，推广屯昌县"教育革命经验"。1976年初，在新兴公社的洁坡小学和枫木公社的大葵小学搞"校队合一"、"农教对流"试点，全县学校更加混乱。1978年7月，广东省召开教育拨乱反正会，剖析和否定了屯昌县"教育革命经验"。

　　1976年4月，"批邓"、"反击右倾翻案风"的浪潮波及屯昌，使略有好转的屯昌局势又一次出现反复。1976年10月，江青反革命集团被粉碎，长达十年的"文化大革命"宣告结束。

三　"大寨"与"大庆"

　　"文革"期间，对屯昌县经济发展影响最大的莫过于"农业学大寨，工业学大庆"运动。

　　1964年毛泽东提出"农业学大寨，工业学大庆，全国人民学习解放军"的号召。1970年进一步提出"农业学大寨"的号召。

　　1970年5月17日，县革命委员会做出《关于进一步掀起学习木赖的新高潮的决定》，县革委会成立学木赖办公室，宣传学习木赖艰苦奋斗精神和爱国家、爱集体的共产主义风格。1970年10月9日，县革委会做出《关于在全县开展学乐昌、学罗定的决定》，号召以乐昌、罗定为榜样，立即在全县进一步开展农业学大寨运动。同年12月，县革委会制定《关于学大寨、赶昔阳的规划》，提出"树雄心，立壮志，学大寨，赶昔阳，跟上靠下，努力学，拼命干，奋战两三年，实现队队变大寨：誓把屯昌变昔阳"的口号。

1971年春，《人民日报》介绍了昔阳三年建成大寨县的经验，发表了《农业学大寨》的社论，向各县的领导同志提出了一个十分尖锐的问题："昔阳能办到，你们难道不行吗？一年不行，两年不行，三年行不行，四年、五年总可以了吧！"县委领导同志受到很大震动。经过反复地讨论、研究，大家一致表示，要像昔阳县委那样，带领全县人民，迈开大步，大干社会主义，"重新安排屯昌的山河"。县委召开了常委扩大会议，做出两项决定。

一是大张旗鼓地动员全县人民开展学大寨，以大寨、昔阳为榜样加快步伐改变屯昌面貌，与此同时，总结、推广本县学大寨的先进典型——枫木公社木赖生产队的经验。这个生产队只有8户人家，10多个劳动力，他们队小志气大，人少贡献多，干群团结一致学大寨，认真贯彻执行党的基本路线，顶住了刘少奇"三自一包"、"四大自由"修正主义路线的干扰和破坏；打击了阶级敌人利用封建宗族观念，妄图搞垮集体经济的阴谋活动；坚定不移地走社会主义道路。这样，公社化后的十多年间，穷山村发生了深刻的变化，集体经济壮大了，粮食生产连年超千斤，每年卖给国家的粮食达五六万斤，平均每户七八千斤，并为国家提供了大量生猪，三鸟（鸡、鸭、鹅）、蛋等农副产品，社员生活也不断提高，社会主义阵地愈来愈巩固，成为闻名全岛的先进单位。

二是根据屯昌的自然条件，组织起一支6000人的水利专业队伍——水利建设兵团，用专业队伍和大搞群众运动相结合的办法，奋战三五年，切实解决农田水利的问题。

2月27日，县革委会组建6000人的"屯昌县农业学大寨民兵建设兵团"，投入农田水利基本建设，先后兴建了满昌园、征洪、南药、合力、雷公滩、草坡一、草坡二、高山、深田、加丁、合格等中、小型水库。至1979年，全县共兴建了144宗工程，其中新建80宗，配套15

宗，中小水电站 26 个。至此，全县引、畜、提水量年增加 500 万立方米，有效浇灌面积达 6400 公顷，正常年份，80% 水旱田有水灌溉，大旱之年也能保证 50% 以上农田有水灌溉。1972 年，县革委会组织县、公社、大队领导干部 300 多人，分批到山西省昔阳县大寨大队参观学习。1973 年，全县投入 6 万多人整治大小田洋，把原来弯曲的 4750 条旧田畦改成 1930 条笔直的新田畦，把 2080 块高低不平的田块整治为 1280 块能排能灌的方格田，把 3000 公顷荒坡改造成"三保地"（保水、保土、保肥）。粮食产量，1971 年亩产达 800 斤，比 1965 年增长 34%，比 1970 年增长 56%；1975 年在连续跨《纲要》的基础上，亩产达 1053 斤，总产和单产都比 1965 年翻了一番。

1973～1975 年，贯彻"以阶段斗争为纲"，批判了"重副轻农"、"重钱轻粮"、"重个人轻集体"等"资本主义倾向"。就地划定"代表人物"，将富裕的个体缝纫户定为"暴发户"、承包搞运输的定为"黑运输头目"、行医的定为"游医诈骗"、搞砖瓦厂的定为"地下工厂"、搞家庭副业和种自留地的定为"资本主义带头羊"等，没收财物，办"罪行展览"。全县被错划"暴发户" 19 户，划为"资本主义带头羊"和"新生资产阶级分子" 405 名（1979 年已平反并退还财物）。同时，县、公社、大队三级成立管理、改造集市贸易领导小组，把集市贸易当作"滋生资本主义和资产阶级的土壤和条件"加以限制，采取"上市贸易要出证明"，"明令非国营和供销社企业不准从事农副土特产品商业活动"等。1975 年 5 月，县委派出工作组在新兴公社筹办"社会主义大集市"，农民把农副土特产品全部交供销社收购。县组织文艺宣传队在街头表演，目的是要"关掉自由市场闸门，用社会主义占领农村阵地"。在学大寨运动中，兴建了一些为农业服务的地方国营工业建设。1974 年 7 月，投资 300 万元，建成年产 3000 吨合成铵的氮肥厂（1980 年由于原料短缺，成本高连续亏损而停产）。1975 年投资 556 万元，扩建日榨 500 吨的屯昌糖厂等。

1974 年 6 月 10 日，新华社发表通讯报道《喜看屯昌变粮仓——广东省屯昌县学大寨、赶昔阳的事迹》；6 月 28 日，《南方日报》发表社论

《一个带根本性的经验——向屯昌学习，把全省农业学大寨运动提高到新的水平》；同一天，发表县委书记李清文的发言《一批二干三带头》（摘要）。

李清文（1926~1986），汉族，辽宁省太康县人，1950年随军南下解放海南岛。1971~1978年任屯昌县武装部政委，1971年4月至1976年12月任中共屯昌县县委书记。李在任职期间，为屯昌人民着想，千方百计为屯昌建设出力。1971年2月，刚上任的李清文跟副书记王霞立深入11个公社104个大队调查研究，勘探屯昌的山山水水，决定学习河南林县，组织水利建设专业队，大打水利建设的"人民战争"，改变屯昌县"三天无雨田干裂，一场大雨水毁田"的状况。2月7日，成立了6000多人的屯昌县农业学大寨民兵建设兵团，1971~1976年，建起满昌园、征洪等60宗水库，增加灌溉面积0.11万公顷，改善灌溉面积333公顷；兴建九浪等11宗水电站，装机容量3890千瓦。大办水利水电的同时，还发动群众整治枫木洋等6个田洋，基本做到能排能灌。因而，全县连续6年粮食获得丰收。李清文在屯昌学大寨中，受"左"的影响，提出"一批二干三带头"的口号，把正当的多种经营当作资本主义来批判，挫伤了人民群众发展多种经营的积极性，但他在任职期间，为发展屯昌粮食所做的努力，加强县领导班子革命化建设做出了贡献，深得广大干部和人民群众称赞。1986年病逝，享年60岁。

1975年3月，广东省决定屯昌县农业学大寨成果参加全国农业学大寨先进典型展览。3月9日，《人民日报》发表反映屯昌学大寨经验的报道《一批二干三带头》和署名屯昌县委的文章《我们是怎样领导全县人民学大寨的?》。8月，广东人民出版社出版了屯昌学大寨的故事书《遍地英雄》。9月，县委书记李清文出席在昔阳县召开的全国农业学大寨会议，并在会上做了题为《一批二干三带头》的发言，屯昌县被大会列入全国300个学大寨先进单位之一，成为"广东省农业学大寨先进县"。所谓的"一批二干三带头"即指：

一批：就是坚持党的基本路线，大批修正主义，大批资本主义，用马列主义、毛泽东思想教育农民，引导他们坚定不移地走社会主义道路；

二干：就是在党的基本路线指引下，"鼓足干劲，力争上游，多快好省地建设社会主义"，象大寨、昔阳那样，树雄心，立壮志，自力更生，艰苦奋斗，大干社会主义农业，为巩固无产阶级专政建立强大的社会主义经济基础；

三带头：就是坚持继续革命，带头学，带头批，带头干，带头坚持"三要三不要"原则，带头参加集体生产劳动，发扬党的优良作风，搞好领导班子革命化建设。①

屯昌县农业学大寨运动闻名广东省，这次运动是与政治运动同时进行的。大批判大斗争贯穿始终，犯了许多"左"的错误。群众对学大寨中的"假、大、空"，形式主义，弄虚作假行为大有意见。1978年，中共十一届三中全会后，屯昌学大寨经验被否定，"左"的错误得到纠正。

紧随"农业学大寨"的还有屯昌"工业学大庆"运动。具体规划是：

（一）大批促大干，紧跟屯昌建成大寨县的步伐。一九七六年把我们单位办成"大庆"式的公路工区；培养大同、西昌、南吕道班和工区修理班为"大庆"式班组；培养王玉江、周贞法、林所玉等"铁人"式干部和工人占工区职工15%。

（二）全面加强养护工作，干线平均路面良好率达90%，支线达80%。

（三）积极改善公路，第二季度在屯昌—黄竹线改弯降坡三公里，取直改线地段达二点二公里，四方土方。改线后，扩大水田五十亩，扩大可开荒造田的坡地三千多亩。积极修通羊角岭—榕乐坡十一公里公路，如计划被批准，下半年动工修建该线四座桥梁。该

① 《一批二干三带头》写作组编《农业学大寨先进典型一批二干三带头——屯昌县学大寨、建设大寨县的基本经验》，农业出版社，1978，第4页。

线修通后，屯昌—腰子班车，比走乌那线缩短廿多公里，并为我县实现生产队队队通公路创造更好的条件。

（四）为实现干线公路"五化"努力奋斗。

（五）走"五·七"道路。在养好路的基础上，积极组织职工、家属搞集体的农副业生产，平均每个职工种甘蔗二分、水稻二分、蔬菜半分；每个道班养猪二头，三鸟（指鸡、鸭、鹅——引者注）三至五只。积极改善职工住宿条件和文娱生活。①

屯昌的"工业学大庆"运动，虽然也有盲目跟风、不切实际的种种问题，但在客观上促进了屯昌部分基础设施的建设。

第二节　正轨：改革开放

1976 年，毛泽东去世，华国锋担任中国共产党中央委员会主席，坚持"两个凡是"的观点。1978 年，邓小平批评"两个凡是"，领导了全国范围内"真理标准大讨论"，提出"实践是检验真理的唯一标准"正确主张，并且开始纠正"文化大革命"期间造成的错误，平反冤假错案。

一　拨乱反正

1978 年 11 月 10 日至 12 月 15 日召开的中央工作会议开始后，陈云在分组讨论中提出要系统地解决历史遗留问题的意见，得到与会者响应。在与会者强烈要求下，11 月 25 日，中共中央政治局做出为"天安门事件"、"反击右倾翻案风"等重大错案平反的决定。

1978 年 12 月 18 日至 22 日，中国共产党第十一届中央委员会第三次全体会议在北京举行。这次全会前，召开了历时 36 天的中央工作会议。

① 《屯昌县公路工区一九七六年学大庆规划》，1976，海南省档案馆，卷宗号：124－7－29。

在中央工作会议上，党的许多老一辈革命家和领导骨干，对"文化大革命"结束后两年来党的领导工作中出现的失误提出了中肯的批评，对党的工作重点转移到经济、政治方面的重大决策，党的优良传统的恢复和发扬等，提出了积极的建议。邓小平在会议闭幕式上做了题为《解放思想，实事求是，团结一致向前看》的重要讲话。这次中央工作会议，为随即召开的十一届三中全会做了充分准备。邓小平的讲话实际上成了三中全会的主题报告。

以十一届三中全会为起点，中国人民进入了改革开放和社会主义现代化建设的新时期。从十一届三中全会开始，以邓小平为核心的党中央逐步开辟了一条建设中国特色社会主义的道路，30多年来，中国人民沿着这条道路取得了举世瞩目的建设成就。会议揭开了中国社会主义改革开放的序幕。1978年12月中国开始走上对内改革、对外开放的道路。我国的对内改革首先从农村开始，1978年11月，安徽省凤阳县小岗村开始实行"农村家庭联产承包责任制"，拉开了我国对内改革的大幕。

邓小平为中国特色社会主义作了两个恰如其分的比喻，一个是"猫论"，一个是"摸着石头过河"。前者解决了中国未来走向何处的问题，"发展才是硬道理"，"贫穷不是社会主义"；后者解决"如何走"的问题，面对新的国内国际形势，如何实现马克思主义理论的中国化并指导社会主义实践，理论和实践孰先孰后，邓小平为核心的党中央第二代领导人提出要"摸着石头过河"，在实践中不断丰富理论。

二 体制改革与经济发展

在屯昌，三大改革广泛而深刻的进行，即农村经济改革、城市经济改革以及政治体制改革。

1960年至1976年，依靠大兴水利建设，改革耕作制度、改良品种，农业生产稳定增长。1977年起农村经济呈现徘徊局面。1980年春，县委召开三级干部大会，学习贯彻中共中央十一届三中全会精神，学习《中共中央关于加快农业发展若干问题的决定》、《中共中央印发〈关于进一步加强和完善农业生产责任制的几个问题〉的通知》，按照"三靠队"（吃粮靠返销、生产靠贷款、生活靠救济）可以包产到户包干到户的精神，县委提出解放思想，完善生产责任制，坚持因地制宜，分类指导的原则，实行专业承包，联产计酬责任制。"三靠队"可让群众实行包产到户、包干到户。1982年，贯彻《中共中央批转〈全国农村工作会议纪要〉》，县委提出"解放思想，解除禁令，放开手脚，大胆改革"的口号，将中央文件直接同群众见面，组织县级机关干部360多人下乡贯彻落实，支持农民实行包产到户、包干到户责任制。是年，联产承包责任制广泛实施，公社经营管理体制渐废。1987年后，以建设有中国特色的社会主义理论为指导，农村围绕自给半自给经济转向商品生产转化，由传统农业向现代农业转化，深入进行农村经济体制改革，继续稳定和完善联产承包责任制。土地、山林等承包期由15年延长到30年不变。发展专业户和各种经济联合体。召开致富、专业户代表会，交流经验，为劳动科技致富鸣锣开道，树立一批专业户典型，形成社会舆论。为一批运销户发营业执照；国家金融、商业部门对专业户在资金上支持，进行产前、产中、产后服务，开展公证和常年法律顾问业务，用法律手段保护专业户和经济联合体的合法权益。调整农村产业结构、农业布局方面，以"稳粮增收"为目标，增加经济作物面积，扩大种植业、养殖业、运输业、加工业。农村经济发展速度加快。

1982年开始对企业全面整顿，从领导班子、职工队伍、管理制度、劳动纪律、财经纪律、党的作风、思想政治工作等方面综合治理，逐个检查验收。期间，针对经济管理体制中权力过于集中使企业失去活力的问题进行了有限的改革。1984年贯彻《中共中央关于经济体制改革的决定》，县委组织50多名企业领导到广东、江苏、浙江等地参观学习，研究考察，加强对经济体制改革必要性、紧迫性和加深对改革方向、性质、任务、基本方针政策的理解。1984年起重点理顺国家、企业和职工三者关系。国营企业的所有权和经营权实行"两权分离"。政府主管部门简政放权，着手解决向企业放权中存在的放小不放大，明放暗不放等问题，把工作重点转到为企业服务，加强规则，搞好统筹、协调。县委、县政府对主管经济的委、局实行目标管理责任制。1986 年，对二轻局、乡镇企业局、劳动局、农业局、水电局、交通局、供销社、商业局、经委等 9 个部门实行管理目标责任制。1987 年起各企业全面推行厂长（经理）负责制和任期目标责任制。在企业内部，逐步完善各种形式责任制，各种经营落实到班组和职工个人承包或租赁经营。

1980 年 4 月，县党政领导机关分设为县委、县人大常委会、县政府、县政协四套班子，克服以党代政病弊。1983 年 9 月，撤销人民公社设区党委、区政府和农工商联合公司，取消"政社合一"体制，克服"以政代企"，以经济、行政、法律手段相结合指导农村经济。1984 年，县一级机关机构进行改革、精简，撤销行政局级单位 10 个，改行政局为公司 6 个，新建各类经营公司 15 个；改革干部任用制度，推广干部聘用制、任期制，实行干部分流和合理流动。加强对干部队伍的宏观控制，克服官僚主义，提高工作效率，使之与经济发展相适应。1986 年区改为乡镇，健全乡镇政府职能，搞好村民委员会建设，调动和发展基层政权的积极性，促进改革开放，加快经济发展。1994 年后，深化和完善企业厂长（经理）选拔任用制度改革，实行公开、公平、公正的竞争机制。

在发展屯昌经济方面，屯昌县也因地制宜，积极采取措施，取得了一定的成绩。南坤区地处山区，土地肥沃，雨水充沛，气候温和，适宜经济作物生长。十一届三中全会后，农民积极贯彻党的农村经济政策，因地制宜，开展开发性生产，积极发展家庭种养业。1984 年统计：

> 全区有种养专业户六十六户。其中坡寮乡较为突出，全乡一百七十五户，人口九百四十人。造林一千二百四十亩，种植橡胶一千零七十一亩，人均造林一点三亩，橡胶一点一亩，到一九八五年止，全乡共有二十三户农民上山建造房屋，创建家庭农场，搞开发性生产，发展种养业，以短养长，长短结合。种植橡胶、甘蔗、槟榔、益智、菠萝、香蕉、石榴、造林；养殖有牛、鸡、鸭、鹅、鱼塘等。①

---

① 屯昌县南坤区编史修志办公室编《南坤区志（初稿）》，第 87 页。

而大力发展以蔗糖生产为中心的种植业，也充分契合屯昌的实际情况：

> 蔗糖为海南岛一大经济作物，因其地气候适宜，很早就有所栽培，惜以政府无暇及此，人民墨守旧法，一向故步自封，迟迟毫无进展，常年全岛蔗糖产量，皆不过二十万公担左右，而台湾则皆在千万公担以上……本岛所有蔗糖品种，有竹蔗、黄皮蔗与红皮蔗之分。其中竹蔗专用以榨糖，黄皮红皮二种除榨糖外并可生食。糖蔗的主要产地，在北部有琼山、澄迈、临高、儋县等四县，在南部有崖县与陵水等两县；土法制糖事业，亦以上述各县为较盛。本岛所产的蔗糖，除供当地消费外，尚有盈余可资输出，运销上海天津等埠，年约十万公担。[①]

然而，刚从市场经济中找到自己位置的屯昌地区，在海南建省后，在更加宏大的经济发展大潮中，却仍然面临着经济总量偏低、结构失衡、产能不足、市场经济不健全等更加严峻的考验。

第三节　新程：建省后的屯昌

1988年4月13日，第七届全国人民代表大会第一次会议通过《关于设立海南省的决定》和《关于建立海南经济特区的决议》；1988年4月26日，中共海南省委、海南省人民政府正式挂牌。从此，海南成为我国最年轻的省份和最大的经济特区，海南的发展进入了一个崭新的历史时期。

海南建省是海南发展史上的一件大事，也是中国实行改革开放伟大事业中的一件大事。早在清王朝张之洞、岑春煊督粤时便有了海南建省

---

① （民国）陈正祥：《海南岛地理》，正中书局，1947，第35页。

之动议。随着海南地位的日趋重要,民国时期伟大的革命先行者孙中山先生更从各方面论证了海南设省的必要性和可能性。孙中山先生关于海南建省的主张,最早是在1912年9月11日对广东旅京同乡的谈话中提出的,当时仅仅简单言及。他比较全面地论述海南建省之理由,则是在《琼州改设行省理由书》一文中,提出了海南建省的五大理由,即"巩固海防"、"启发天然物源"、"发达该岛文化"、"国内移民殖民政策"、"行政之便宜上"。①

一 发展概况

海南建省后,20世纪90年代初,面对新的经济形势,为了更好地发展,屯昌县县委、县政府专门请了暨南大学经济学院的专家为屯昌的发展进行了专门规划:

> 以改革开放促开发,充分利用特区政策优势,以国内外两个市场为导向,立足开发本地资源,积极吸引外地资源;以海口市为依托稳步发展农业,加速工业发展,转变农业为主的产业结构,努力提高经济效益,积极完善投资环境,力争到本世纪末把屯昌县建成经济、生活接近国内发达地区水平的特区县份。②

经过近十年的发展,屯昌经济建设等各方面取得了不错的成绩。

在工业方面:屯昌县工业基础薄弱,1962年全县仅有国有企业24家,1990年增加到52家,工业总产值达到6507万元。1997年后,屯昌县工业生产发生了变化,非国有工业企业异军突起,特别是木材、橡胶、槟榔等加工业发展很快,据统计,非国有中小型企业到2000年已发展到

---

① 中国社会科学院近代史研究所等合编《孙中山全集》第2卷,中华书局,2011,第563~567页。

② 中国共产党屯昌委员会等:《海南大特区屯昌经济发展战略研究》,暨南大学出版社,1992,第1页。

1129 家，工业总产值达到 29394 万元。与此同时，国有工业企业发展缓慢，困难重重，全县没有一家大型以上的工业企业，原有 35 家国有企业到 2000 年，仅存 17 家，工业总产值仅 4448 万元，占全部工业总产值的 15.13%。总体经济效益指标和产品销售率远低于全省平均水平，

农业方面：屯昌地区是传统的农业生产地，土地肥沃，生产条件较好。改革开放以后，屯昌县因地制宜，调整农业生产结构，根据市场需求和自然资源优势，在种植好粮食作物的同时，实行以热带作物为主，农林牧三者相结合的经营方针。重点发展以橡胶、槟榔为主的热带作物生产。至 2000 年，全县重点建设热带作物、优质稻、水果、瓜菜、甘蔗、木薯、林业、淡水养殖、畜牧"九大"基地，农村人口人均年收入达到 2544 元，比 1979 年人均收入 79 元增长 31.2 倍，比 1990 年 522 元增长 3.9 倍。①

但是，总体来说，屯昌的发展是缓慢的，这固然有经济发展中基础差、底子薄的硬件缺陷，也和屯昌在整个海南省发展大局中区位优势减弱不无关系。

二　机遇与挑战

海南建省，对屯昌而言既是机遇也是挑战。改革开放以来，海南赢得了三次发展机遇，每一次机遇都为海南的发展提出一个新命题：

1988 年 4 月全国人大正式决定在海南建省办经济特区，从而把海南从一个贫穷落后的边陲地区推到了中国改革开放的前沿，实现了一系列率先：率先在全国提出建立社会主义市场经济体制；率先实行省直管县体制；率先实行"一脚油门踩到底"的燃油附加费改革——海南在率先改革开放中踏上了追赶国内外经济发达地区的新征程。

2009 年底海南国际旅游岛建设上升为国家战略，海南在加快

① 以上数据均来源于屯昌县地方志编纂委员会编《屯昌县志》。

经济转型中走上了科学发展道路……积极发展服务型经济、开放型经济、生态型经济，逐步将海南建设成为生态环境优美、文化魅力独特、社会文明祥和的开放之岛、绿色之岛、文明之岛、和谐之岛……

2012 年 6 月国家批准设立地级三沙市，这既是中央赋予海南的新的历史责任，也是又一次重大的发展机遇。国家设立三沙市，不仅是海南国际旅游岛建设机遇的延伸，而且是国家实施海洋强国战略的重要布局。①

但是，如果我们从屯昌县的立场重新审视改革开放以来海南岛的三次发展机遇，这一处境无疑是尴尬而困窘的。海南的三次机遇，完全是建立在中央政府对海洋资源的战略眼光之上，海口、三亚等诸多环海城市，无疑是三次发展机遇的最大受益者。作为中部城市的屯昌，既非绝对前沿，又无海洋资源，面对百年难遇的"海南机遇"，既不能照搬"海口经验"，也无法模仿"三亚模式"，从 20 世纪 90 年代开始跟风的屯昌房地产热潮，也随着整个海南的房产泡沫而破灭。这对本就缺少大型企业、急于用土地来换发展的屯昌而言无异于一次较大的打击。

大力发展旅游业是新时期屯昌为振兴经济所做的又一努力。2010 年 1 月 4 日，国务院发布《关于推进海南国际旅游岛建设发展的若干意见》，将海南国际旅游岛建设正式纳入我国重大战略部署，并计划在 2020 年将海南岛初步建成世界一流海岛休闲度假旅游胜地，各地旅游资源本身各呈特色：

海南省旅游区划分为五个区：

北部旅游区　以海口市为中心，包括琼山县、文昌县、定安县、澄迈县、临高县。

东部旅游区　包括琼海县、万宁县。

---

① 中共海南省委宣传部：《坚定不移走绿色崛起之路——纪念海南建省办经济特区 25 周年》，《求是》2013 年第 10 期。

南部旅游区　　以三亚市为中心，包括陵水县、保亭县、乐东县。

西部旅游区　　以儋县为中心，包括东方县、昌江县、白沙县。

中部旅游区　　包括通什市、琼中县、屯昌县。

五个旅游区的主要旅游内容和特色是：

乐在北——商贸、游乐、文娱、博览、信息。

食在东——食品、水果、游乐、度假、特产。

玩在南——避寒、海浴、游泳、游乐、水上运动、康复、休息。

买在西——购物、自由贸易、游乐、旅游、旅游纪念品加工。

尝在中——文化艺术、民族风情、高山森林、工艺特产、避暑。①

在海南岛建设国际旅游岛的新一轮经济发展中，屯昌县的民族风情是其主打品牌之一。应该说，这一规划还是比较符合屯昌发展实际的，这也是在海南国际旅游岛建设大背景下屯昌经济发展所能寻找到的最佳出路。屯昌县旅游资源比较丰富。自然景观有木色旅游度假风景区、卧龙山旅游度假区、深田湖避暑山庄、西昌银岭山洞探险旅游区、南吕岭探险旅游区、南渡江畔山地探险旅游区和羊角岭水晶天池等七处游览区，人文景观有东坡石与铜鼓岭、新兴石峡海瑞祖居、南坤民族风情旅游区等处。但在屯昌旅游总体规划方面，在基础配套设施建设方面，在景区前期资金投入方面，在旅游品牌打造方面仍然比较滞后，最重要的是在海南全岛皆是旅游资源的背景下，屯昌旅游业显然缺少核心竞争力。

目前，屯昌县的社会经济发展背景发生了较大变化：随着海口至屯昌高速公路即将建成，屯昌县被纳入海口"一小时经济圈"的范围，海南"国际旅游岛"、东环铁路、卫星发射基地的建设及杨浦保税港区的设立，必将为屯昌县带来大量的发展机遇。但在经济全球化以及海南国际旅游岛建设背景下，如何探索出一条适合自身发展的道路，对屯昌来说仍然任重而道远。

---

① 海南省档案局编《海南省况大全》，吉林人民出版社，1991，第481页。

结语 | 屯昌历史的发展轨式

　　历史的编纂不仅仅是为了回答"从哪里来"的问题，在追问过去的同时，我们也需要回答"到哪里去"，获得终极意义的澄清。屯昌史的记叙到了第七章本应该结束，但并不能获得一个整体性的意义，现实与潜能之间应该在本书的最后一部分得到一个联结。整体性包括空间位置的整体性（作为更大整体的部分与更大整体）和时间序列的整体性（已发生和未发生），因此，本书结语的叙述将回到两个开始，一是整个海南史的开始，将屯昌史放在一个空间比较的维度，观照屯昌的发展与海南其他县市发展的异同；二是屯昌县潜在历史的开始，从已有的屯昌史观照潜在的屯昌史。"结束即是开始"是历史循环论者所持的态度，当然，历史并非进入一个简单的"死"循环，而是向着更高一层次迈进。

一　比较的维度

　　本节我们从大语境——海南史出发，检视屯昌史的发展过程。就整个屯昌发展史来看，屯昌的发展可以大致分为四个时期。

（一）肇始期

　　从上古到明代初期是屯昌史的孕育期。这一时期，屯昌地区由少量的黎族先民居住，并伴随大陆汉族移民而开始汉化。因此，本时期的屯昌文化外显为黎族文化。但是，和整个海南岛的文明进程相比，屯昌的发展无疑是缓慢的。

屯昌的初民是黎族族群，屯昌优越的自然地理环境和气候条件，一方面为屯昌先民的生产生活提供了温床，另一方面也阻碍了屯昌先民生产意识中"危机感"的形成，进而阻碍了黎族社团发展出先进的生产文化。黎族族群的社会组织形式的基本单位是"峒"，"峒"多半处于山区中的小盆地，土地肥沃、水源充足，这种生活环境将黎族族群的发展放置于一个相对封闭的场所，与外界接触较少，使得黎族先民"自给自足"的封闭意识日渐浓郁，也阻碍了其发展。再加上黎族本身没有文字，文化的传承与传播因缺乏媒介而难以深化，屯昌地区发展的滞后不言而喻。

此外，迟到的汉族开发者长期将海南岛视为蛮荒之地，弃而不顾；进入隋唐时期，才渐渐重视环岛开发：

> 中央和地方政权一般说来比较强大，绝大部分时间处于统一局面，对边疆开拓也颇注要。本岛四周沿海均建立州县，并有部分深入内地。大陆移民日增，黎族退入山区，地域日蹙，经济文化陷于落后。沿海开发未能与山区配合，限制了自身发展。①

正如论者所议，早期的汉族移民并没有促发汉黎文化之间的充分融合，反而使得黎族族群退居山区，海南岛文化呈现"黎黎汉汉"的带状文化。沿海城镇迅速发展，中部山区因未能和沿海开发形成互补配合，发展陷入窘境，因而早期海南岛的这种发展是割裂的，是不充分的，这也就是隋唐及其之前屯昌地区发展缓慢的原因。这种发展状态在宋元的移民潮中得到延续，最终在明清移民潮中被打破。

（二）发展期

从明代初期到清代初期是屯昌史的发展期，或者说是屯昌发展的起步阶段。明初，中央政府将海南岛划归广东，作用之一便是将海南的民

---

① 司徒尚纪：《海南岛历史上土地开发研究》，第31页。

族问题从广西民族问题中分离出来，将琼州"升州为府"，海南岛政令行止得到一个有效的统筹。此间，最具发展意义的是海南岛的民族关系。在汲取元政府民族压迫政策的教训之后，明政府选择了一个积极的民族政策：

> 洪武间，在完成户口和土地调查的基础上，在黎区建立基层行政组织黎图，若干黎图为一都，若干都为一乡，并废除元代黎首世袭制，起用黎峒首为土官，从而在建置上为在黎区实行封建统治创造了有利条件。还有明初在减少对黎族大规模用兵的同时，明王朝曾对本岛采取减轻赋役的特殊政策。这都为更全面深入地开发铺平了道路。
>
> 明代建置地域的扩大和深入，并不是州县数目增加，而是表现在以少数民族的归附和受编为标志的实际统治区域的变化上……根据对熟黎统治和控制程度不同而分为两类地区，一是与当地汉人一样编入都图，载入黄册和鱼鳞图册……另一种是过去了解不够多，居地深阻，而明代已见诸于文献，经济生活接近汉人，为封建势力所控制的黎族。①

伴随行政的方式深入海南中部黎区的还有明代少数民族的教育制度以及汉黎贸易。洪武八年（1375）政府设立社学，黎族土官和首领纷纷送子孙进州县学读书，黎族子弟则有机会进入社学读书。为了推进这种对少数民族的教化，弘治十六年（1503），政府下令"以后土官应袭子弟，悉令入学，渐染风化，以格顽冥。如不入学者，不准承袭"。② 明代的黎族商品经济也有了初步发展，开始出现了一批深入黎地贸易的"行脚商"、"货郎担"，"黎人资食于田，取馔于山，其富视牛之多寡，不以金银为宝，唯外客贩赍绒线布匹入黎，男妇争以香藤等物彼此交易，广潮黠民常因此致富云"。③

---

① 司徒尚纪：《海南岛历史上土地开发研究》，第46~47页。
② （清）张廷玉等：《明史》卷三一〇《湖广土司》，第7997页。
③ 符桂花编《清代黎族风俗图（汉英对照）》，第188页。

随着商品经济的发展和墟市数量增多，黎汉互市日益兴旺。商品交换的进一步扩大，迫切要求修建山区道路与之相适应，以利于经贸的发展和民众的往来，也便于州县的管治。尤其是海南岛中部交通因贸易商路得到疏通，消解了两种文化间的隔阂和冲突。这也正印证了当初海瑞的断言："若琼则内之黎岐与外州县百姓，鸡犬相闻，鱼盐米货相通。其间虽多峻岭丛林，彼之出入往来，自有坦夷道路。"①

如果以文字记载作为鉴别文化发生的标尺的话，那么，屯昌文化的肇始应该从明代算起。当然，终明一代，海南岛中部地区开发的各项事业才刚刚起步，黎族族群的"汉化"尚未完成。但是，朱明政府对黎族部落态度上的转变，为清朝屯昌地区熟黎族群"汉化"的完成奠定了基础。所以，这一时期仍是屯昌史的发展时期，或者说海南岛的全面繁荣拉动了屯昌史的前行。

（三）活跃期

从清代前期开始至1988年海南建省前是屯昌发展的活跃期。同前两段时期屯昌滞后于整个海南发展的状况相比，本时期屯昌的发展完成了一个大逆转。明代海南的开发已几近饱和状态，虽然沿海州县仍处于繁荣态势，但海南岛向心开发的势头日渐明显。

首先，面对清政府的"异族"政治，海南岛汉族士人始终抱有一种抵制的情绪，从清代海南岛进士的数量比之明代大大减少。与此不同的是，大量社学、义学在屯昌等中部地区纷纷成立，文教事业欣欣向荣，大量熟黎因之完成汉化："今二图俱平民居住，久充里甲。光螺民亦诵诗读书，上叨国典。思河多佃户，服王化，不生事。（《采访册》）"②

其次，清廷强硬的闭关锁国政策，海南海上贸易陷入窘境，由此而引发出海南岛对外贸易向海南岛岛内贸易的转变，汉黎贸易在明代的基础之上进一步发展：

---

① （明）海瑞撰，陈义钟编校《海瑞集》上，第6页。
② （清）吴应廉修，王映斗纂《光绪定安县志》卷九《黎岐志》，第740页。

　　明中叶以前，岛上有圩市 123 处，明末增加到 179 处，以琼山、定安、文昌较多，儋州、万州、会同次之，其他州县很少，它们的分布都有向岛腹地推移之势。到清中叶，岛上圩市增加到 310 处，比明末增长了 73%。圩市间的距离缩短了，分布更加稠密。[①]

　　清末民初，海南岛沿海州县的发展在西方列强的入侵以及各级官吏的盘剥之下步履维艰。然而屯昌地区因地处海南中部，受到影响相对较少。随即进入战争时期，屯昌因为独特的交通地位，常常处于我军反抗侵略的前哨，解放战争时期，屯昌又每每成为我军引导人民解放的"中军帐"。从 1946 年 3 月，琼崖纵队司令部和主力部队进驻西昌乡芽石园和南棍园村周围的山上，至同年 5 月司令部进驻南坤孔葵头村，屯昌一直是指挥全琼解放斗争的首脑所在。正是屯昌县在战争期间所处的这一特殊军事位置，成为成立新民县这一重要决策的重要基础。

　　新中国成立后，整个海南进入一个稳定而宽松的发展环境，各项事业蓬勃发展。屯昌县的建设也步入一个新阶段。由于区域内的优势资源，屯昌县率先成为中国橡胶大会战的前沿重镇；同时，屯昌县羊角岭的优质水晶矿床也备受中央领导的关注；在"文革"时期"农业学大寨"运动中，屯昌县成为广东省"学大寨"运动的典范。改革开放再次带来整个海南岛经济的复苏，屯昌县的经济建设也被提升到一个新高度。说明，无论整个海南岛的历史语境或激越或沉寂，这一时期的屯昌县都是海南发展相对活跃的地区。

（四） 徘徊期

　　1988 年海南岛正式建省至今，屯昌进入了一个发展的瓶颈，或可称之为屯昌史的徘徊期。海南省成立以来，海南各地获得了三次发展机遇（参见第七章），但颇为尴尬的是，在这样历史的机遇中，即使屯昌县一直在积极适应新时期的经济环境，聘请高校研究机构制订自身经济计划，

[①]　司徒尚纪：《海南开发》，第 47 页。

屯昌县的发展却并不理想。创办经济特区，为沿海港口提供了绝佳的进出口贸易契机；主打旅游产业，为滨海城市的阳光海岸与中部山区的民族风情推广品牌；设立三沙市，为南海发展做战略部署。这三次机遇确实给海南各地带来发展契机，然而对屯昌来说，地处中部山区向沿海城市的过渡地带，既不占有进出口贸易优势区位，也没有极具竞争力的旅游资源。因此，屯昌并没有在这一机遇中得到和其他地区相应的发展机会。屯昌县的起步本因交通地位而获得发展，但是，如今交通行业的迅速发展，许多交通枢纽的地位被消解，屯昌就是其中之一。

从屯昌史发展的肇始期、发展期、活跃期、徘徊期四段时期中，我们不难看出，屯昌的发展总是滞后一段时间。环海市县的发展，拉动屯昌地区的发展；当环海市县发展动力不足时，发展动力便会内转，重心转向屯昌等中部地区，也就是说屯昌的发展契机往往来自海南岛沿海地区的发展饱和。由此我们将视点立足于发展的契机，将屯昌的发展和部分县市的发展做一个对比。

从中部地区说起。如今和屯昌的大致位置相当、在海南为数不多的中部市县由北到南依次是：定安县、屯昌县、白沙黎族自治县、琼中黎族苗族自治县、五指山市、保亭黎族苗族自治县。其中，定安县发展最早，据《屯昌县志》载：

> 定安古南服徼荒，秦为越外境。东汉珠崖玳瑁县，唐贞观五年改为琼山县。旋叛，讨平之，于琼山南境黎峒置忠州，随废。宋无考。至元十五年，改为琼州路。二十八年，用平章阔里吉思议，割琼山南境并新附黎峒置定安县，治在南资都南坚峒麻山界（文宗天历二年，升为南建州，文宗潜邸南黎，故升为州，而以王官世袭知州事）。迁治琼牙乡（在城隍庙东南）。至正末，隶广西。至元末，陈子瑚入寇，知州王廷金遁。明洪武元年，元守臣陈乾富纳降款，以其地归附。二年，废州为县。弘治三年，迁琼为府，始改隶广东。[①]

---

① （清）张文豹纂修，梁廷佐同修《康熙定安县志》卷一《沿革》，第17页

关于"文宗潜邸南黎",《元史》中有更为详尽的记载:

> 至治元年五月,中政使咬住告脱欢察儿等交通亲王,于是出帝居于海南。三年六月,英宗在上都,谓丞相拜住曰:"朕兄弟实相友爱,曩以小人谮愬,俾居远方,当亟召还,明正小人离间之罪。"未几,铁失、也先铁木儿等为逆,而晋王遂立为皇帝,改元泰定。召帝于海南之琼州,还至潭州,复命止之。居数月,乃还京师。①

可见,定安县的发展有一定的历史"戏剧性",因为"文宗潜邸南黎",由之获得政治性照顾而升为州县。而定安之外的其他四个县,白沙黎族自治县、琼中黎族苗族自治县、五指山市、保亭黎族苗族自治县,历史上属于黎族聚居的地区,如今属于少数民族自治县。随着近代以来,政府对民族关系的调整,这些县市才渐渐从中部山区单独析出。

1935年4月,广东省政府民政厅正式批准设置三县:乐东、保亭、白沙。白沙县是将儋州、昌江、感恩、定安、崖县部分黎区及琼中县飞地——水尾营等划设的。1958年11月并入乐东县,1961年恢复,1987年成立白沙黎族自治县。保亭县是由崖县(现三亚市)的不打、六罗、首弓、三弓、抱龙峒、同甲峒、水翁峒,陵水县的保亭、六弓、七弓、乌牙峒、巅门团、百石团、五指山、七指山、水满峒、分界岭吊罗山,万宁县的税司、南桥、西峒、北峒,乐会县的竹根峒、太平峒、茄曹峒、合水园,定安县的船埠、南引图、冬加团、母端山等地组成。

1948年2月,中共琼崖特委解放琼中地区,即此设置琼中县,隶属中共琼崖东区地委管辖,治所设于平南。

五指山市原为通什市,隶属于海南黎族苗族自治州管辖。1958年11月,根据中共广东省委的决定,撤销中共海南黎族苗族自治州州委;1986年6月,经国务院批准,通什市成立(县级),原海南黎族苗族自治州共管辖7县2市,继续享受民族区域自治政策优惠待遇。2001年7

---

① (明)宋濂等:《元史》卷三二《文宗一》,第703~704页。

月，通什市更名为五指山市。下辖冲山镇、南圣镇、毛阳镇、番阳镇、水满乡、畅好乡和毛道乡 7 个乡镇。

可以看出，海南省中部县市中，除去定安与屯昌县，其余各县都享有民族区域的优惠待遇。四县虽然发展起步晚，但是享受民族政策倾斜，再加上海南旅游岛建设主打民族文化品牌，在海南省国际旅游岛的建设中得到了长足发展。

再说沿海城市。海南岛沿海城市的兴起大致分为两种：一种是早期的港口城市，典型的如海口、三亚等。另一种是汉化较早的城市，如文昌、儋州等。

海口和三亚是全岛一南一北两大交通枢纽，处于中国至南洋诸国的海上丝绸之路上。

早期港口城市的发展基于海上贸易，然而这一对外贸易的辐射面并没有涉及海南岛中部，所以造成了所谓的经济发展的割裂。

在海南海口、三亚诸港口经济发展的同时，其周边黎族聚居州县受到经济辐射与文化"汉化"，并进一步发展。典型的如文昌、儋州。

> 文昌黎曰斩脚峒，治平已久，田地丈入版图，近有文昌无黎之说……

> 儋州黎视诸处最蕃。梁、隋间，儋耳归附者千余峒，即此类。今生熟凡五都，曰抱驿，曰黎附，曰顺化，曰来格，曰来王。弘治五年，招至桐横一处。嘉靖九年，招至修途、打松、蕃洋、下台、那姊、大落、影打、爽水头八处。东黎属土舍峒首部领，南黎属州部领，其余自耕食力，不属州束。①

类似沿海州县的"汉化"原因，还包括汉族贬谪官员的所谓的"过化"。如被贬到海南昌化军（今儋州）的苏轼。自贬后创办载酒堂，讲习诗文，使儋州陆续出现了一批如姜唐佐、王宵、黎子云等科举人才，

---

① （清）萧应植修，陈景埙纂《乾隆琼州府志》卷八《海黎志》，海南出版社，2006，第 829 ~ 830 页。

时儋州一地"书声琅琅、弦歌四起",成为海南文化的中心。如论者所言:

> 北宋苏文忠公来琼,居儋四年,以诗书礼乐之教转移其风俗,变化其人心,听书声之琅琅,弦歌四起,不独"千山动鳞甲,万谷酣笙钟",辟南荒之诗境也。当时从学之姜、王,早卜其大破天荒,问字之黎、符,常从游于桃榔林下。扬风抃雅,俯畅遥吟,动作起居,悠然适意。教化之移人,所以能化稚鲁,以诗书动黎民之丕变也。①

无论是"汉化"还是"过化",汉族对海南岛上少数民族的影响均是从经济生活开始,进而扩展到精神文化层面。正是因为经济与文化的早期发展,成就了近代海南世家大族的迅速崛起。家族的发展,固然因为汉文化中以血缘为主的"家本位"的组织形式。但近代以来,远航欧美、南洋的华侨反哺故土,给各州县的发展注入了新的生命力,其中最为著名的,当属海南文昌的宋氏家族。

对比之下,屯昌县的历史,既无文人"过化"的机遇,也无皇帝潜邸的恩遇;既非经济航线的枢纽,亦无经济政策的倾斜。就屯昌历史发展的契机来看,远逊于其他地方。

二　历史的起点

最后,让我们再次回到屯昌史的起点,重新审视屯昌在每一个历史阶段所拥有的内在因素,为其在新一轮的历史中寻找发展方向。

明代以前,屯昌的发展依靠的是其优越的自然资源。明代以前,屯昌先民的耕作生活在"峒"中。在苗瑶语中,峒指的是群山环抱中的平原。韩俊《议革土舍峒首》中谈道:"各峒地方,内若险阻而实平坦,

---

① (民国)王国宪:《重修〈儋县志〉叙》,引自(民国)彭元藻、曾友文主修,王国宪总纂《民国儋县志》,第5页。

土地之美，物产之丰，各县三分不能及一。"① 正是由于"峒"内土地肥沃，物产丰美，才形成了屯昌先民"惰耕"的生产习惯。

由明及清，屯昌的发展依靠的是其便利的交通地位。明清时期是屯昌商品经济发展的重要时期，屯昌地处汉黎交界处，交通位置便利，汉黎贸易在此间大量兴起：

> 乐会县南北二峒皆系熟黎。自县城一百余里至北峒，所辖六村（加六、中平、河滥、南昌、加福、三更），每村设黎甲一名。三更村与定安县黎峒接界，黎人贸易皆在定安南闾市、岭门墟诸处。②

四通八达的交通带来贸易便利，使南吕墟的商贸发展在民国间仍然居全定安墟市之冠。

民国以降，屯昌的发展依靠的是其廉价的物资产品。民国时期，屯昌枫木地区所产蚕丝，远销各地，正如黄强将军所记："循大道径进，十里枫林，新树葱郁，可见此乡蚕业，方兴未艾。闻山东绸皆取材此项野蚕，归常遣派技师，作具体调查。仿其制法，以增收益。"③ 在田曙岚《海南岛旅行记》中也有类似记载："据土人云：'此种枫树，可以饲蚕。琼崖著名之野蚕丝，即取自此种枫树上，每年获利不少。'"④ 当时日本军事间谍胜间田家族来屯昌地区，也是打着收购缫丝的名头。

新中国成立以来，为了发展我国的橡胶事业，屯昌县由于其适宜的生态气候，被择为第一批发展橡胶的实验基地：

> 1956 年 5 月，屯昌县进行热带亚热带农业资源勘察。通过勘察，不仅摸清热带亚热带农业资源，而且初步了解各区（含国营农场）的土壤成份和特性，为全县（含国营农场）后来的土地规划打

---

① 引自乐史等编著《地理志·海南（六种）》，第 512 页。
② （清）明谊修，张岳崧撰《道光琼州府志》卷二〇《海黎志》，第 851 页。
③ （民国）黄强：《五指山问黎记》，第 6 页。
④ （民国）田曙岚：《海南岛旅行记》，海南出版社，2011，第 49 页。

下了基础。年底，县委作出规划：西半部山林地区（即现在的南坤、黄岭、西昌、藤寨、大同西半部和国营中坤、黄岭、晨星、广青农场），南面边境万泉河上游支流北岸（即现在的乌坡、枫木、南吕、坡心和国营中建、南吕农场）为发展橡胶、槟榔地区，面积2.13万公顷。各国营农场于1957～1958年先后进行具体规划，安排0.8万公顷种植橡胶。[①]

然而，建省至今，屯昌昔日的发展势头逐渐减弱：自然资源依然丰富，但显然已不适应以高附加值经济作物为主的现代农业的需求；交通比以前更加发达，但区位优势日益消解；环境气候变化不大，但橡胶种植也失去了昔日的战略地位。屯昌发展的硬件没有变，变的是海南发展的大环境，在这样的背景下，屯昌的发展开始变得举棋不定。在房地产和旅游业的开发过程中，失去了自己应有的立场，依靠没有体现自己资源优势的地产和旅游业作为发展重心，因而在与海南其他州县发展速度的比较之下，显得捉襟见肘。

当我们回顾屯昌历史发展脉络时，或许应该把目光重新定位在推动屯昌前进的最大动力的自然资源上。以丰富的自然资源为依托，建立集现代生态农业、旅游、民族风情于一体的生态农业旅游景区，或许是打破发展困境出路之一。屯昌是传统的农业县，具有丰富的旅游资源，农业生态旅游不仅有利于保护环境，也可以有效地解决"三农"问题，还可以促进民族文化的保护与传承，一举多得。在形式上，建设有天然、野趣的生态农庄模式，发展有特色农产品的生态农业观光模式、民俗村模式、农村俱乐部模式等都可以尝试。

当然，在可持续发展的今天，在海南实现绿色崛起的口号下，自然资源受到充分保护，新能源的开发利用也是重中之重，试举其一，以备参谋。

太阳能资源：

---

① 屯昌县地方志编纂委员会编《屯昌县志》，第181页。

屯昌县年平均日照在 1990 小时～2100 小时之间，占可照时数的 45%～46%，最多年份为 2346 小时，出现在 1977 年；最少年份 1725 小时，出现在 1960 年。一年之中，夏季平均 635～667 小时，冬季平均 327～348 小时，7 月份 230～250 小时，2 月份只有 110～120 小时。

屯昌县日长变化小，4 月 26 日～8 月 20 日，日长超过 12 小时，夏至日最长 13.27 小时，冬至日最短 10.91 小时，两者相差只有 2.36 小时。

屯昌县太阳辐射量，西南部、南部年辐射量为 113.60 千卡/cm²，西北部和北部 115.5 千卡/cm²～13.30 千卡/cm²，3 月～10 月较强，11 月至翌年 2 月较弱，7 月最多，为 11 千卡/cm²，12 月最少，仅有 6 千卡/cm²。……80% 的年份太阳辐射量达到 110 千卡/cm²。[1]

值得庆幸的是，本书写作临了，屯昌县太阳能并网电站通过评估，同意并网发电：

近期，屯昌 20MW 现代农业太阳能并网电站正式并网发电。由海南省琼海市供电局和屯昌县供电局组成的联合验收小组对天能电力建设的屯昌 20MW 现代农业太阳能并网电站进行了现场验收，验收小组听取了天能电力有关负责人对项目建设情况的汇报，随后对项目使用的主要设备、设施及安装调试情况进行了细致的检查，并核查了相关文件资料后，一致认为该项目符合有关建设要求，通过现场评估验收，同意并网发电……

屯昌 20MW 现代农业太阳能并网电站是 2013 年度海南省重点项目，项目占地约 420 亩，总投资约 1.8 亿元，装机容量为 20MW，项目建成投产后每年可提供 2500 万度清洁能源，同比火电每年可节约标煤 0.82 万吨，折合原煤 1.15 万吨；减少二氧化碳（CO2）排

---

[1] 屯昌县地方志编纂委员会编《屯昌县志》，第 112～113 页。

放 2 万吨、二氧化硫（SO2）排放 160 吨。项目建成后不仅可以缓解当地用电紧张的压力，同时将起到保护环境、改善气候的作用，具有良好的经济效益和社会效益，成为天能电力发展的一个新的里程碑。[①]

在英国大英博物馆编写的《世界简史》中，编著者选取了一百件博物馆的藏品作为阐发历史的符号。当编写者在综合比较各种发明之后，选取的第一百件最具结束意义的文化符号，便是产自于中国深圳的太阳能灯具。编写者谈道：

> 如果人类能更有效地利用太阳能，一切能源问题都将迎刃而解。地球每小时获得的太阳能远远超过全世界人口一整年消耗的能量。太阳能板是最简单而实用地将无尽的太阳能转化为清洁、可靠及廉价能量的方式。[②]

出于同样的理由，我们把屯昌县太阳能的开发利用放在全书的结尾，同样也是下一个屯昌史的开端，我们希望屯昌地区能够在新一轮的发展中充分依托自身优势资源，科学发展，创造屯昌新的辉煌。

[①] http://www.sasac.gov.cn/n1180/n1583/n2814705/n2964604/16042034.html.
[②] 〔英〕尼尔·麦格雷戈：《大英博物馆世界简史》下，余燕译，新星出版社，2014，第649页。

参考文献

（一） 古代文献

（晋）陈寿：《三国志》，中华书局，1982。

（唐）魏徵等：《隋书》，中华书局，1973。

（宋）范成大著，齐治平校补《桂海虞衡志校补》，广西民族出版社，1984。

（宋）李焘：《续资治通鉴长编》，中华书局，1995。

（宋）欧阳修、宋祁：《新唐书》，中华书局，1975。

（宋）赵汝适：《诸蕃志》，中华书局，1985。

（宋）周辉：《清波杂志》，周伟民、唐玲玲辑《历代文人笔记中的海南》，海南出版社，2006。

（宋）周去非著，杨武泉校注《岭外代答校注》，中华书局，1999。

（元）马端临：《文献通考》，中华书局，1986。

（元）脱脱等：《宋史》，中华书局，1977。

（明）蔡光前等纂修《万历琼州府志》，海南出版社，2003。

（明）戴璟主修《广东通志初稿》，广东省地方史志办公室誊印，2003。

（明）顾岕：《海槎余录》，台湾学生书局，1985。

（明）郭棐纂修《万历广东通志·琼州府》，海南出版社，2004。

（明）海瑞撰，陈义钟编校《海瑞集》，中华书局，1962。

（明）梁云龙：《海忠介公行状》，《梁中丞集》，海南出版社，2004。

（明）罗曰褧：《咸宾录》，周伟民、唐玲玲辑纂点校《历代文人笔记中的海南》，海南出版社，2006。

（明）宋濂：《元史》，中华书局，1976。

（明）唐胄：《正德琼台志》，海南出版社，2006。

（明）王佐：《进〈朱崖录〉奏》，《鸡肋集》，海南出版社，2004。

（明）俞大猷：《正气堂集》，四库未收书辑刊编纂委员会编《四库未收书辑刊》第5辑第20册，北京出版社，1997。

（明）郑廷鹄：《石湖遗稿》，海南出版社，2006。

（明）钟芳：《钟筠溪集》，海南出版社，2006。

（清）范端昂著，汤志岳注《粤中见闻》，广东高等教育出版社，1988。

（清）方岱修，李有益纂修《光绪昌化县志》，海南出版社，2004。

（清）顾炎武：《肇域志》，上海古籍出版社，2004。

（清）郝玉麟等总裁《雍正广东通志·琼州府》，海南出版社，2006。

（清）胡传《游历琼州黎峒行程日记》，〔德〕史图博《海南岛民族志》，中国科学院广州民族研究所编印。

（清）焦映汉修，贾棠纂《康熙琼州府志》，海南出版社，2006。

（清）康有为：《请禁妇女裹足》，张永芳主编《历代公文选读》，辽宁师范大学出版社，1998。

（清）明谊修，张岳崧纂《道光琼州府志》，海南出版社，2006。

（清）牛天宿修，朱子虚纂《康熙琼郡志》，海南出版社，2006。

（清）阮元总裁、陈齐昌总纂《道光广东通志·琼州府》，海南出版社，2006。

（清）素尔讷等纂修，霍有明、郭海文校注《钦定学政全书校注》，武汉大学出版社，2009。

（清）吴应廉修，王映斗纂《光绪定安县志》，海南出版社，2004。

（清）萧应植修，陈景埙纂《乾隆琼州府志》，海南出版社，2006。

（清）徐松辑录《宋会要辑稿·蕃夷道释》，郭声波点校，四川大学出版社，2010。

（清）张庆长著，王甫校注《黎岐纪闻》，广东高等教育出版社，1992。

（清）张廷玉等：《明史》，中华书局，1974。

（清）张文豹纂修，梁廷佐同修《康熙定安县志》，海南出版社，2006。

（清）张岳崧：《筠心堂集》，海南出版社，2006。

（清）张之洞：《张之洞全集》，河北人民出版社，1998。

（清）钟元棣创修，张嶲等纂修《光绪崖州志》，海南出版社，2006。

（民国）陈铭枢总纂，曾骞主编《海南岛志》，海南出版社，2004。

（民国）陈元柱、黄守伯：《琼崖实业问题》，培英印务局，1937。

（民国）陈正祥：《海南岛地理》，正中书局，1947。

（民国）陈植编著，陈献荣编《海南岛新志》，海南出版社，2004。

（民国）黄强：《五指山问黎记》，商务印书馆，1928。

（民国）罗香林：《狼兵狼田考》，《广州学报》1948年第2期。

（民国）彭程万、殷汝骊：《调查琼崖实业报告书》。

（民国）彭元藻、曾友文主修，王国宪总纂《民国儋县志》，海南出版社，2004。

（民国）田曙岚：《海南岛旅行记》，海南出版社，2011。

（民国）王国维：《古史新证》，清华大学出版社，1994。

（民国）王兴瑞：《海南岛苗人的来源》，《西南边疆》1939年第6期。

（民国）王兴瑞：《海南岛之苗人》，广州珠海大学编辑委员会，1948。

（民国）许崇灏：《琼崖志略》，正中书局，1947。

（民国）朱为潮主修，李熙、王国宪撰《民国琼山县志》，海南出版社，2004。

（二）著作与文献

《新民县土改工作总结（一九四九年一月）》，中共海南省党史研究室、海南档案馆编《琼崖解放战争史料选编》下，1989。

《新民县执行配合大军渡海解放全琼的紧急指示的工作小结（一九五〇年一月三十日）》，中共海南省党史研究室、海南档案馆编《琼崖解放战争史料选编》下，1989。

《一批二干三带头》写作组编《农业学大寨先进典型一批二干三带

头——屯昌县学大寨、建设大寨县的基本经验》，农业出版社，1978。

《中共中央书记处对琼崖工作的指示（一九四〇年十一月七日）》，中共广东省委党史资料征集委员会、海南行政区委员会党史办公室编《琼崖抗日斗争史料选编》，1986。

安华涛、唐启翠：《"治黎"与"黎治"——黎族政治文化研究》，上海大学出版社，2012。

陈光良：《海南经济史研究》，中山大学出版社，2004。

冯白驹：《在琼崖东北区民主政府成立七周年纪念大会上的讲话》，中共海南省委党史研究室、海南省档案馆编《琼崖解放战争史料选编》上，1989。

符桂花编《清代黎族风俗图（汉英对照）》，海南出版社，2007。

符名凤：《日军强迫民工开采羊角岭水晶矿的惨况》，海南省屯昌县政协文史资料委员会编《屯昌文史》第3辑，1993。

甘尚武：《世纪巨变九十回顾——从陈济棠秘书到执掌大马南顺》，三联书店有限公司（香港），2007。

高日蕃、王家俊、符名凤等：《乌坡地区抗日战争时期史略》，海南省屯昌县政协文史资料委员会编《屯昌文史》第3辑，1993。

广东省地方史志编纂委员会编《广东省志·地名志》，广东人民出版社，1999。

广东省海南区亚热带资源开发委员会编《广东省海南岛热带亚热带资源勘察资料汇集（第三部份：农业、林业、水利）》，1956。

广东省民族宗教研究院、中国第一历史档案馆合编《〈清实录〉与清档案中的广东少数民族史料汇编》，广东人民出版社，2011。

海南地质六队供稿，黄家炎整理《羊角岭开发史略》，屯昌县政协文史组编《屯昌文史》第1辑，1986。

海南省档案局编《海南省况大全》，吉林人民出版社，1991。

海南省革命老根据地建设办公室编《海南省老区概况》，1997。

海南省史志工作办公会室、海南省档案局编《海南土地改革运动资料选编（1951～1953）》，2002。

韩海京主编《海南历史货币》，中国金融出版社，1992。

黄光学：《中国的民族识别》，民族出版社，1995。

黄友贤、黄仁昌：《海南苗族研究》，海南出版社、南方出版社，2008。

金立昕：《中南解放战争纪实》，人民出版社，2005。

乐史等编著《地理志·海南（六种）》，海南出版社，2006。

李勃：《海南岛历代建置沿革考》，海南出版社、南方出版社，2008。

李科史：《新村抗日战争时期革命斗争史》，中共屯昌县县委党史资料征集研究办公室：《中共屯昌县党史大事记》。

李科史：《新民县——屯昌县在斗争中诞生》、《屯昌县组织机构简况（一）》，屯昌县政协文史组编《屯昌文史》第 1 辑，1986。

李科史：《在复杂斗争中诞生的屯昌县》，政协海南省屯昌县文史资料委员会编《屯昌文史》第 4 辑，1995。

梁国武：《陈济棠、薛岳在海南的最后统治见闻》，中国人民政治协商会议广东省委员会文史资料研究委员会编《广东文史资料》第 17 辑，1964。

林日举：《海南史》，吉林人民出版社，2002。

刘剑三：《海南地名及其变迁研究》，海南出版社、南方出版社，2008。

刘统：《解放战争全记录》，青岛出版社，2010。

吕振羽：《简明中国通史》，人民出版社，1955。

毛泽东：《论人民民主专政》，《毛泽东选集》（一卷本），人民出版社，1964。

琼崖武装斗争史办公室编《琼崖纵队史》，广东人民出版社，1986。

丘刚：《海南古遗址》，海南出版社、南方出版社，2008。

申晓乐：《剑指南粤四野解放广东纪实》，广东人民出版社，2009。

师哲：《在历史巨人身边——师哲回忆录》，中央文献出版社，1991。

司徒尚纪：《海南岛历史上土地开发研究》，海南人民出版社，1987。

司徒尚纪：《海南开发》，广东省地图出版社，1992。

苏云峰：《海南历史论文集》，海南出版社，2002。

孙中山：《琼州改设行省理由书》，中国社会科学院近代史研究所等合编《孙中山全集》，中华书局，2011。

唐玲玲、周伟民：《海南史要览》，海南出版社、南方出版社，2008。

唐启翠辑点《明清〈实录〉中的海南》，海南出版社，2006。

屯昌县军事志编纂委员会编《屯昌县军事志（1948~2005）》，郑州方志印务有限公司，2010。

屯昌县南坤区编史修志办公室编《南坤区志（初稿）》，1986。

屯昌县志办公室编《屯昌县大事记长编》，1989。

屯昌县志编纂委员会编《屯昌县志》，方志出版社，2007。

王辅：《日军侵华战争》，辽宁人民出版社，1990。

王位彬：《屯昌县交通史略》，中国人民政治协商会议海南省屯昌县委员会编《屯昌文史》第2辑，1990。

王仲民：《一支精悍的抗日宣传队》，屯昌县政协文史组编《屯昌文史》第1辑，1986。

吴维松主编《屯昌县土地志》，海南省摄影美术出版社，1996。

吴永章：《黎族史》，广东人民出版社，1997。

邢治孔、王克荣主编《红旗不倒——中共琼崖地方史》，中共党史出版社，1995。

闫广林：《海南岛文化根性研究》，社会科学文献出版社，2013。

阎根齐：《论海南古代文明的起源》，闫广林编《海南历史文化》第2卷，社会科学文献出版社，2012。

叶剑英：《大力发展橡胶事业》，《叶剑英选集》，人民出版社，1996。

叶剑英：《目前橡胶工作应抓紧之重点》，广东叶剑英研究会、中共广东省委党史研究室编《叶剑英在广东》，中央文献出版社，1996。

粤汉铁路管理局编《海南岛铁路概况及修复工程计划书》，中国第二历史档案馆、海南省档案局编《海南民国档案资料选辑》，海南出版社，2013。

张朔人：《明代海南文化研究》，中国社会科学文献出版社，2013。

张兴吉：《民国时期的海南》，海南出版社、南方出版社，2008。

中共海南省委党史研究室：《琼岛星火》第19辑，1992。

中共屯昌县县委党史资料征集研究办公室：《中共屯昌县党史大事记》，1985。

中国共产党屯昌委员会等：《海南大特区屯昌经济发展战略研究》，暨南大学出版社，1992。

中南民族学院本书编辑组编《海南岛黎族社会调查》，广西民族出版社，1992。

中央文献研究室编《毛泽东传（1949～1976）》，中央文献出版社，2003。

朱东根：《海南历代进士研究》，海南出版社、南方出版社，2008。

（三）论文

〔日〕石丸藤太：《日本之南进政策与海南岛》，（民国）樊仲云编《今日之日本》，文化建设月刊社，1937。

邓小飞：《狼兵狼人刍议》，《中央民族大学学报》2002年第2期。

费孝通：《中华民族的多元一体格局》，《北京大学学报》1989年第4期。

高其荣：《近十年来关于大跃进运动成因研究综述》，《党史研究与教学》2004年第5期。

广东省博物馆：《广东海南岛原始文化遗址》，《考古学报》1960年第2期。

海南省文物考古研究所：《海南省近五十年文物考古工作概述》，文物出版社编《新中国考古五十年》，文物出版社，1999。

黄晓晨：《文化记忆》，《国外理论动态》2006年第6期。

纪宗安：《古代移民和海南的早期开发》，《暨南学报》1990年第4期。

廖平原：《海南岛黎族经济发展的人类学观察》，陈国强、林加煌主编《当代中国人类学》，三联书店，1991。

林漫宙：《明代海南城、市考》，《中国边疆史地研究》2004年第3期。

林日举：《隋朝在海南建置考略》，《海南大学学报》2002年第1期。

刘冬梅、欧阳洁：《清初海南黎族勇武抗清原因分析》，《史学集刊》2012 年第 6 期。

卢仲维：《浅论广西"狼兵"》，《广西师院学报》1981 年第 2 期。

马戎：《试论"族群"意识》，《西北民族研究》2003 年第 3 期。

史丹：《海口谈判》，《天涯》1987 年第 9 期。

王海平：《海南新石器时代考古的发现与研究》，《海南师范学院学报》1990 年第 1 期。

文坛、陈昱钰：《海南军坡节对海南旅游的功能研究》，《文学教育》2012 年第 10 期。

阎根齐、王辉山、陈涛：《海瑞祖居祖墓调查报告》，《中原文物》2011 年第 6 期。

郑群、刘子健：《叶剑英在土改过程中保护华侨》，《炎黄春秋》2007 年第 8 期。

中共海南省委宣传部：《坚定不移走绿色崛起之路——纪念海南建省办经济特区 25 周年》，《求是》2013 年第 10 期。

周兴涛：《也论清代宾兴》，《中国地方志》2008 年第 6 期。

（四）其他文献

《国务院关于恢复广东省佛冈等 29 个县市设立昌江等 3 个县和撤销定昌等 6 个县的决定》，中华人民共和国国务院公报，1961 第 14 期。

《海氏答儿公族谱》清光绪二十五年（1899）重修本，海南大学周伟民、唐玲玲私藏。

《屯昌县公路工区一九七六年学大庆规划》，1976，海南省档案馆，卷宗号：124 - 7 - 29。

http：//www. sasac. gov. cn/n1180/n1583/n2814705/n2964604/16042034. html.

附录 屯昌县屯城镇军坡节文化现状田野调查报告

李安斌　卢俊霖

一　海南军坡节概述

军坡节也叫闹军坡、发军坡、吃军坡、公期、婆期、军期，是海南东部、北部地区规模最大的祭祀节日之一，被当地人视为盛典，主要集中于每年农历正月到三月之间举行。

关于军坡节的来历，由祭祀对象不同，大致可见有三种说法。

其一，军坡节是由黎族人纪念本地峒主公而来。一则传说这一天是当地堑对、乘坡等四村峒主公诞生日；一则传说乘坡峒主公托梦于渔夫，把树干雕成他的像，抬着去各村巡游，接受香供，渔夫照此发财致富，众人都纷纷敬奉乘坡峒主公，抬峒主公像游寨。此说法以琼中地区为甚。而本次调查走访的屯城镇军坡节，祭祀对象也是当地的峒主公。其二，军坡节是由祭祀南朝平定黎乱的冼夫人而来。因而备有一说，每个地方的军坡节日期，就是当年冼夫人发兵之日，所以又称作"梁沙婆节"、"婆期"。这一说法以海口市新坡镇最著。其三，认为军坡节是为了纪念关公磨刀出征而来。解释之一是军坡的海南话发音实际更近似于"关坡"，进而传说当年关公无水磨刀，于是军民举行祭祀活动求雨，终于天降甘露，因此各地每年抬关公神像巡游出军坡。此说在琼海万泉河一带甚为流行。

从表层结构上看，上述三种阐释——本地峒主、冼夫人、关公——这三个信仰对象的演变，这三个符号间体现为由本族英雄——外来英雄——外族英雄的演变的发生逻辑，反映出海南岛多民族杂居的民族生态所呈现的特有的文化圈。进而有研究者指出，这根本是黎族和汉族两个不同的节日，只是因为时间相仿最终被视作同一个节日，只不过在民族融合的过程中民俗文化间地共享。从深层结构上看，这些信仰对象之所以能共现，因为本地人都在为各地民俗信仰和民俗行为间的矛盾冲突做出解释。比如，把峒主公解释成当年归附于冼夫人的黎族首领，或者就是冼夫人手下将帅。又如"行军"这一民俗行为，琼中地区解释成为峒主巡寨。各自都没有自居"正统"而去指摘其他村镇的军坡节"来路不明"，反映出军坡节作为民俗载体，将多个信仰熔炼糅合，更能体现出信仰的功利性。

关于军坡节的过程大致包括如下四个方面。

一是赶集。《琼山县志》："数百里内祈祷者络绎不绝，每逢诞节，四方来集，坡墟几无隙地。"由集会演变成赶集，是社会发展的产物，随着经济的发展和人们交流的需要，在保持祭祀活动的同时，逐渐融入集市交易活动，是中国市集的重要形式。

二是吃军坡。每逢军坡节，家家户户遍邀亲朋好友，于家中设宴款待，不到外面餐馆就餐。总体上是中午开宴，一至吃到"行军"仪式开始。

三是装军。这是军坡节最主要的祭祀仪式，祭祀过程被称作"行军"、"装军"，也就是信徒抬着信仰对象的神偶巡游村镇各处。王弘诲《天池草》卷二二载诗《谯国冼夫人庙诗》记有当年的盛况："年年诞节启仲奉，考钟伐鼓声渊阗。军魔俨从开府日，杀气直扫蛮荒尘……迩来豺虎日纵横，青天魑魅群妖精。愿仗神威一驱逐，阖境耕凿康哉宁。""巡视"这一行为在各地民俗活动中都有体现，而偏偏海南以装"军"的形式表现出来，这说明"军队"在海南诸族中有着深刻的集体记忆。

四是请"公"看戏。大致在军坡节傍晚，由戏班或剧团搭台演戏，主要表演琼剧，请"公"们欣赏戏曲。这一活动以前有过，现在在绝大部分地区消失，本次调研的屯城镇军坡节也没有请"公"看戏这一活动，其原因可能是现在的剧团更多是以盈利为目的，而随着特殊时期带来的信仰的断裂，也促成这一"义务"地脱落。

二 研究意义

此次调查的目的是以点带面，考察军坡节民俗信仰与祭祀仪式的现状，进而反观在自国际旅游岛建设以来新一轮的现代化过程中，军坡节民俗信仰的融合、民俗仪式的存佚以及演变状况，为海南民间信仰这一民族精神文明的传承方式提供新思路。

首先，"礼失求诸野"。田野调查的产生，原本就是为了补充文献资料不足，军坡节作为节日民俗，更是一种集体性记忆的文化载体。特别是我们此次调查的屯昌地区，屯昌地处琼山、定安、澄迈三地的交界地带，也是黎族社团与汉族社团的交界地带。既被古代汉族官方话语所忽视，现存方志等一手文献所及甚少；又被当代海南文化研究所呈现的"黎族热"所遮蔽，这使得许多文化记忆在口耳相传以及民族大融合的过程中不断磨损。正因如此，调查研究民族民俗行为的现状，不仅是深入了解从新石器时期以来屯昌精神文明历程的终南捷径，更成了治愈当地文化集体性失忆的一帖良方，甚至可以借此越位申述，直追本源，追问先民的思想观念。比如，透过"请'公'看戏"这一民俗行为，我们至少可以挖掘两条信息：一是传统观念"事死如事生"的灵魂信仰普遍存在；二是补证了戏剧的起源与祭祀关系的论述，戏剧的原发动力或为"娱神"。

其次，对于海南军坡节文化的研究，现有成果颇丰，但也存有缺陷。或者是掣肘于"节"的影响，许多研究人员要么仅仅逗留于对节日过程的勾勒，要么偏重阐发"吃军坡"等外围的文化，如林安《北京庙会和海南军坡之比较分析》、沈超《海南军坡节的文化阐释》等文，我们知道，包括逛庙、吃军坡等民俗行为都是在"祭祀"这一根本传统上扩充开来的，军坡节的核心是祭祀，而以往论者却失之偏颇。还有一类研究，如黄甲《节日文化的重构与发展——以海南军坡节为例》、焦勇勤《海南冼夫人文化节（军坡节）的文化反思》，虽然把立论点紧扣在"祭祀"范围之内，但又把阐述视野上升到民俗信仰层面，对"仪式"本身又缺乏阐述。作为信仰的载体，仪式自身有何特色，和其他如黎锦、神话等载体有何区别，这也是需要关注的。

综上缘由，触发了我们调查海南军坡节民俗现状的冲动，并于2014年3月25日（农历二月二十五）屯昌县屯城镇军坡节当天，亲身参与整个军坡节"行军"仪式，并以入户访谈和实地调查的方式为主，对当地居民进行"屯城镇军坡节现状"的田野调查。试图通过对军坡节仪式过程地探究，淘漉屯昌地区文化记忆沉淀，挖掘表象之下的深层结构，探究保存文化记忆的方式方法。

三　选择屯城镇军坡节的情由说明

选择屯昌县屯城镇作为观察点，是因为其与其他地方相比，具有诸多优势。

一是屯昌县区位文化具有交融性。

屯昌县地处琼北台地南进五指山区的必经之路，是海南岛黎汉文化圈的过渡地段，整个海南岛黎汉之间的民族融合、冲突的景象，均可在此地可以得到绝佳地观察，窥此一斑，或得全豹。以全岛来看，作为民俗信仰载体的军坡节，兼容了黎、汉各民族包括祖先崇拜、冼夫人文化、关公信仰在内的诸多民俗信仰对象。而这些信仰对象是如何糅合一体，有没有一个极具解释力的契合点，也应从屯昌县这类交界地带探寻。

二是屯城镇军坡文化具有民间性。

从符号学的角度看，与"军坡节"共现的是某某镇（村、乡）军坡节，如屯城镇军坡节、新坡镇军坡节，但是没有某某市军坡节，如没有海口市军坡节。这说明，军坡节更多的是一种民间的、地方的节日。然而，自2005年新坡镇军坡节入选海南省第一批非物质文化遗产名录以降，新坡镇的军坡节亦被官方冠以"冼夫人节"。在这种民间节日走向

"官节"的过程中，许多民间文化由官方掌握的话语"被解释"、"被官化"，但是，如果把视域扩展到全岛，"冼夫人文化节"仅为"军坡节"一支，官方的标准化解释就会不可避免地造成单一化误读。相比之下，屯城镇还保留了原始的民间性并没有被"官化"，而且规模盛况也不亚于新坡镇军坡节，这也为我们以挖掘原始记忆为目的的田野调查，摘除掉一些或具干扰的官方意识形态。

三是屯城镇军坡节调查的便捷性。

屯城镇是屯昌县的县城，"屯昌市境主庙"就在此处。屯城镇的军坡节大小村落，都会将各自的"公"请至境主庙朝拜境主。因此屯昌境内各村的"公"都可以一次性观察完备，而民间信仰中的等级观念、信仰冲突亦可借此一览无遗。再者，屯城镇交通相对便捷，1954年，从海口至榆林的海榆中线公路屯昌路段完工，途经屯城镇。因此，从海口赶至屯城镇交通相对便宜。而屯昌境内基础设施建设还有待加强，深入各乡镇调研，交通多有不便。选择屯城镇作为观察点，亦可节省时间上诸多不必要的开支。

四 屯城镇背景简述

屯城镇即屯昌镇，位于屯昌县中部，下辖文安、新南、海中、东风和新建居委会，17个经济合作社。1950年6月，县政府从南坤孔葵头迁至于此，由此，屯城镇成为屯昌县县城。

屯城镇始建于清雍正三年（1725），至今仅两百多年历史。明末清初，屯城镇仅是一个十来户的小山村，雍正间因福建、浙江等地逃避天灾人祸的难民避难屯昌，相继又有广东顺德、南海等县的人来此经商，因而人口逐渐增加。清末，属琼山县仁政乡西黎一都怀义图管辖。清末都图制为黎汉分制原则，屯城镇归属黎都，说明当时此地为黎人据地。而据2000年全国人口普查统计，全镇共有10675户，总人口达42074人（其中男22612人、女19462人），其中汉族40341人，黎族1303人，苗族234人，壮族147人，其余少数民族49人。可见，屯城镇是一个典型的以汉族为主，其他少数民族杂居的城镇。

五　屯城镇军坡节文化现状

上午八时许，海南大学人文传播学院师生一行四人驱车从海口赶至屯城镇，约莫十一时许到达目的地。从高速公路下车后，就能感受到当地氛围不同寻常、热闹非凡，堪比过年情形。

（一）赶集

众多商家抓住契机，于高速路口就已有商家设点，并向我们热情招呼，销售加多宝、天地一号等饮品以及爆竹，一路还可见爆竹残屑，据说这是上午各村的"公"进城所放。进城之后，从手工编织的斗笠，到猎捕的山雀，大大小小的商贩已经占据了半条街，与内地村镇赶集习俗无异。但唯独此处商家贩售商品中，有一件特殊的货物——方便面。方便面居然还是此地过节兜售的礼品，可见当地开发较迟，人民生活水平、商贸发展程度尚低。

屯昌军坡节还有一件有意思的事，就是居民可以免费乘坐公交车。既可看出军坡节在当地人心中的地位，也说明当地政府在军坡节这一民俗节日的传承过程中态度也是积极的。

（二）吃军坡

早上，各村各乡把祖先的神像抬进境主庙，吃完午饭后才开始闹军坡。出于和我院翁浩予老师有同窗之谊，又对我们调查之举心怀好感，在屯城镇工作的潘丰舜热情地接待了我们，并盛情邀请我们以及办公室的同事至家中"吃军坡"，他说人越多才越热闹。我们也入乡随俗，提了一点果篮和饮料到潘家做客，当天的采访亦是由他为我们协调的。

潘是当地小有名气的副镇长，三十多岁，妻子在海口上班工作，今天是特意回家过节闹军坡。二人育有一女，两岁左右，潘的同事都称之为"小龙女"，应该是龙年出生，非常可爱。小女孩非常依赖父亲，潘也不辞疲惫，几番将女儿抱在怀中。

　　潘家是公路一侧很常见的双层民居。进门厅后是一个天井，家庭主妇们正忙着做军坡。天井后为饭厅，后面是厨房，厨房后面辟出一块空地作为鸡坫，虽然屋内电器齐全，但是还保存着内地20世纪80年代的单通道式户型。

　　时至中午十二点半，"吃军坡"正式开始。当地人很有一套待客之道，以客为尊：潘的妻家以及族兄弟们在门厅吃饭，而我们与潘的父母和同事则是在里屋的饭厅用餐。潘妻则忙里忙外做饭上菜，不亦乐乎。虽然潘家都是汉族人，但是入座却没多大讲究，大家随意而坐，潘父潘母背门而坐，大家聚在一起只图热闹。据说，吃军坡前需要请示祖先，但潘说没有，可能我们这桌外人居多，不便走这过场，抑或这一过程早已在流传中简化。

　　"民以食为天"，舌尖上的中国品的更是一种悠长绵邈的文化。如中国人过年吃汤圆，喻义"团团圆圆"，必须吃鱼，喻义"年年有余"。而屯昌人过军坡节却没有特定讲究的食物，似乎节日就是"吃得热闹"，蒜泥排骨、鸽子肉、兔子肉、鱼、文昌鸡、斋菜、拍黄瓜，但凡家里有的都拿出来待客，甚至将平日里早、晚餐才吃的"炒粉"，端上正餐。

　　唯一喻意丰富的是海南斋菜，这是一道典型的汉族佛、道菜品，每逢春节大年初一、初九必用。海口方言"斋"与"净"意思相同，为洁净之解释。斋菜一般由十种菜类原料构成，祈求十全十美，表示久久吉祥如意，并按严格程序进行精炒。材料中首选花生，用油滚炒，直到爆爆声响，寓意生活爆爆起色。次选甜竹，即腐竹，寓意一年好运，节节上升。冬菇，象征金钱，寓意恭喜发财。金针，意为两头穿天，左通右通，上通下通，财路畅通。方块黄色豆腐干，象征金条金砖，家富业兴。粉丝，象征健康长寿，百年偕老。豆芽菜，意为生根发芽，人丁兴旺。水芹菜，海南方言芹和勤谐音，意为勤劳发家，勤俭持家，勤学成才。荠菜，象征好日子一年胜过一年。最后一道甜菜，意为甜甜蜜蜜，一年甜到头。有的家庭用料十二种，意为一年十二个月，月月吉祥如意，或采用发菜、黑木耳、角带子等，郊区渔民加上特殊用料，即似船形的豌豆，祈求出海平安。

吃军坡过程中还有一个小插曲，那就是刚吃没多久突然停电。潘似乎早有准备，撤下电磁炉，换上烧固态酒精的小燃具。笔者很好奇，便询问屯昌是否经常停电。潘说，平时很少停电，每年搞军坡节的时候都会停电。因为家家户户都在做军坡，用电负荷很大，而当地基础设施建设也起步没多久，所以每年此时必然停电，而且到军坡到哪个村、哪个村停电。相比之下，过年反而不会停电。原因是过年各自都回自己老家，用电压力相对分散，而不像这种情况，到哪个地方做军坡，其余各村就蜂拥而至，用电之大可想而知。其实，在吃饭的时候笔者业已感触到，潘家盛菜到后来用的是简易塑料餐盘，可见日常餐具确实不够军坡节使用。

（三）　关于军坡节节俗信仰

吃饭时，趁着潘的同事都是大学生村官，在当地也工作了一段时间，我们便随即请教了几个关于军坡节很感兴趣的问题。在中坤农场工作的叶驰女士为我们介绍，县城是最后一个做军坡节的，每个地方基本一样。笔者问及军坡节行军过程中"穿杖"情节是否都是男子穿腮，有没有女性也表演这种节目，叶介绍道，有女性穿腮，但不多，似乎这种情况只在定安有过，其他地方很少见，屯昌基本上就是男的穿腮。

于是，笔者顺势问下去，这些"穿杖"表演者之前会经过什么样的培训或者训练，才能做这种表演。在南昆园晨星农场的蔡汝丹女士立马纠正了笔者的错误："这不是训练的，这是他们的'公'亲自选出来的。"这些人表演"穿杖"之前，都会进入迷狂状态，而这一过程当地人称为"公上身"，就是祖先附身到身上，其实是"公"在穿腮，他们只是"公"的宿体。她接着解释道，每个村有每个村的祖先，当地人管祖先叫作"公"，所以"军坡节"又称为"公期"。或许为了加强自己的说服力，蔡说，她同事曾经讲过，当年有同学在上课的时候就突然癫狂起来。这样的事情真的有发生。

对于军坡节与冼夫人信仰的关系，蔡汝丹解释道，冼夫人只是当地的一位祖先。这一说法和其他地方解释的"公"是冼夫人手下的将领，或是归顺冼夫人的黎族头领又不一样。在这一解释中，外来英雄冼夫人和本土英雄处于一种"平级"关系而非"上下级"关系。这一解释可能和屯昌的地理区位有极大的关联。屯昌地处黎汉交界处，黎汉话语权力或呈均势态，在民俗信仰的过程中也便没有了高下之分。

然而，各村信仰之间又见冲突。潘为我们介绍，各村做军坡节往往还会相互比较，说我的"公"本事比你的"公"本事要大，两村之间往往便是因为这种信仰摩擦而大打出手，政府对此也很伤脑筋。

采访过程中，还有一件有意思的事情。以前家在芙蓉村的蔡汝丹为我们介绍，她们村没有军坡节，但是在正月十五也会像过"军坡节"一样，有这么一套仪式来祭祀他们的"公"，更有意思的是，他们的村是典型的汉族村落。这一句话引起了笔者一行人的关注。撇开汉黎"军坡节"和"公期"的争议，即使汉族过节，理应祭祀冼夫人，而不是当地的"公"。这可能只在屯昌这一特殊的文化地区才有的情况——"汉化"的逆命题。"黎族热"研究者常常悲观地审视民族大融合，将黎族传统文化的消失指摘为"汉化"的结果。但是，当我们切身于屯昌这一多民族混居的地区，却发现民族融合为这个地区同样带来了传统文化的双向传承。

（四） 装军巡游

下午两时许，吃完军坡，我们在潘的引导下赶至行军现场——境主庙。境主庙离潘家约二十分钟步程，沿潘家所在街道直走数分钟，折进一条小巷，这里早有交警拉起警戒线协管交通。亦可看出当地政府对这一文化传统的保护。巷口有两条岔路，都通向境主庙，一路上，顺着爆竹的红衣残屑以及摩肩接踵的人流，很容易就能找到境主庙。赶至屯昌市境主庙门时，"闹"军坡活动已经正式开始了，人山人海，场况盛大。

1. 祭祀对象

（1）境主

因为屯城镇军坡节与众不同之一就在于，军坡这一天各地的"公"都会来参拜境主这位"大公"，饶有意味的是，供奉境主的正殿永昌堂，居然供奉着汉族的关羽的神像。殿门前还挂着关老爷的旌旗，绣有"忠义伏魔、关圣帝君"字样。这样一来，黎族的祖先崇拜"公"、海南的冼夫人文化"冼夫人"以及汉族信仰的"关公",这些各地军坡节不同的祭祀对象,竟然在屯城镇的军坡节中一同祭祀,煞是有趣。再次体现了我国民俗信仰的两大典型特色:第一是信仰的功利性,第二是多神信仰。

（2）"公"

屯昌各村村民都抬着各自"公"的神龛,或四抬或八抬不等,依次出列举行"行军"仪式。各村各乡所供奉的神像虽然有男有女,形态各一,并且有人专门为自己的"公"竖着旌旗,见有"玉封灵应忠勇上将护国救民总制抬皇"、"钦命都督济世"、"大同泰华三仙圣娘"等字样,这是典型的汉人"儒道一体"的话语。

2. 仪式

（1）"公上身"

在屯昌军坡节中,我们也亲眼看见了"公上身"这一情况。先是一群人围着"公"的神龛敲锣打鼓地顶礼膜拜,然后这群人中突然有男子开始摇头晃脑、全身"不自觉"地颤抖,众人开始"噢"的欢呼起来,紧接着有人开始拿神水（用椰树牌矿泉水瓶装的无味透明液体）浇灌此人脑袋,另有一人拿出红布带给他系于额头,此人癫狂起舞,真如迷狂一般。大约起舞十来分钟后,此人坐上神龛,众人抬着他开始"行军"仪式。

（2）装军巡游

行军仪式也即绕一小圈,最后,由岔路的另一条巷道回到境主庙。行军过程中,笔者还亲眼看到了所谓的"两公斗法"。两个公的宿体彼此拿着供香在一处癫舞,两人的仪仗也停止前进,众人停下来观看二人"斗法"。不出三分钟,似乎一个"公"败下阵来,另一个"公"一手托着此人下腭,一手用供香在此"公"头上画圈。接着,众人拥上,扶走输的一方,并给其"神水"。胜利者则坐上神龛,众人抬着继续行军。这种"斗法"仪式全场笔者只遇到过一例。此举是否表征两军交战,缘何情由此二公斗法,如何断输赢则不得而知。询问随行观摩的村民,他们也摆手不答。

（3）穿杖

穿杖是整个军坡节仪式过程中最具神秘色彩的部分。笔者全程观察，屯昌镇军坡节穿杖者均为男性，年龄 20 至 50 岁不等，他们在行军过程中必定会停下来表演，将一根直径 1 厘米左右、长五六米的铝制钎管，从两腮对穿而过（也有少数人穿一腮的）。穿腮完成后，立马有人往此人口中灌神水，此人两手扶住铝钎继续行军。有信徒还将 50 元、100 元不等的大额人民币串在铝钎上，以做随手功德。

关于穿杖过程中不会出血一事，笔者亲眼所见为真。笔者好友同济大学医学院周雨薇做出解释，因为脸上血供非常丰富，不出血不大可能，此或为铝钎在穿杖过程中，堵住了血管，才没有出血。少量的出血，或者因立马喝水，稀释了血液，旁人肉眼不便分别。仅备一说。当穿杖队伍行进到特定地点（各队伍不统一）时，即进行取杖，在同行之人的帮助下，慢慢从腮中取下铝杖，也不出血，也不使用任何药物，但速度极快地抓起烧纸钱和燃香混合的灰烬一把涂于两腮处，然后泰然自若在朋友簇拥下离开。关于穿杖仪式后不会留疤一事，笔者在随行村民中，发现一位中年男子，脸颊处有伤口往外翻，或许是表演穿杖所致，因为伤口在酒窝处，所以也显得不明显。

饶有意味的是，在穿杖表演者中，有一位 50 岁上下的老者。当笔者问及能否拍照时，竟然抱拳示好，似乎他们的"公"也能理解笔者的意图。聊备一说。

六 仪式思维——军坡节仪式的文化审读

卡西尔把人定义为"符号的动物"，并指出"符号化的思维和符号化的行为是人类生活最富于代表性的特征"。仪式作为人类与他们所信奉的神的沟通符号，大致有四种表现形式——乐、舞、咒、器。军坡节作为一种祭祀仪式，这四个方面才应该是我们关注的要旨。

（一）关于仪式过程中的"乐"

整个军坡节仪式过程中，主要所用的乐器是鼓、锣、钹。

其一，从符号与符号的关系层面上看，作为打击乐器的鼓、锣、钹相对于吹奏乐器、拨弹乐器和弓弦乐器发生学意义更早。而且这种乐器与《九歌·东皇太一》"扬枹兮拊鼓，疏缓节兮安歌，陈竽瑟兮浩倡"中所记录的民间祭祀所用的乐器大致相同。说明屯城镇的军坡节的仪式乐器的发展，尚停留在相对原始的、民间的方式。

其二，从符号与符号使用者的关系层面看，锣鼓类打击乐器发出的节奏，具有迷情乱志的特点。锣鼓等节奏型器乐主要由人击打的快慢频率来控制发声，此时节律和心率很容易切合，击打急促，则心跳加快；击打放缓，则心跳平稳，因而可以左右情绪。

这一点从类型学上可以得到佐证。《礼记·乐记》说："郑卫之音，乱世之音也，比于慢矣……郑音好滥淫志……卫音趋数烦志。"而郑卫之音、楚声均为商代音乐的延续，即是巫音。这与"一音一拍"的周代乐制冲突。《周礼·大司乐》则明文禁止："凡建国禁止淫声、过声、凶声、慢声。"《礼记·乐记》载："五者（按：即五音）皆乱，迭相陵，谓之慢……慢易犯节。"因此，"慢声"即是一音未止，一音复起，也就是"抢节奏"。而锣鼓无节制的节奏，正达到了此种"趋数烦志"的效果。

（二）　关于仪式过程中的"舞"

"舞"是依靠肢体语言来表征世界。在军坡节装军巡游的过程中，虽然没有现代意义上的舞蹈，但如果将"舞"理解为肢体语言的话，那么，"公上身"时，宿体不停地摇头摆脑，颤动全身亦可视作"巫舞"。

从历时的角度来看，这一表征体系的功能发生了由"娱神"到"附身"的转化。按照文化人类学家的观点，原始的舞蹈富有性的作用，正因如此，巫舞诞生之初便存在女巫—男神、男巫—女神这一对立结构，屈原《九歌》中的人神相恋或为此种文化记忆的孑遗。而屯城镇军坡节所呈现出来的"巫舞"，这种靠两性模式娱神的方式改变，而是以一种行为状态来表征神附身的过程。

从共时的角度来看，这一符号以摇头晃脑、全身颤抖的形式，表达一种无意识状态。个人意识地抽离则是进一步模画了"神"占据主体的过程。那么，进一步，我们为何会将在这种无意识行为和"神附身"这一观念联系在一起，或者说作为信徒的我们，为何会相信宿体就是神。原因之一应该是信徒无法解释自己所信仰的神的具体形态，也就是神只是一种观念；其二，是信众无法解释，为何一个正常的人会突然癫狂，事后又恢复正常。唯一解释就是他们被选作神的宿体。

（三） 关于仪式过程中的"咒"

仪式过程中的咒原本是语言崇拜的结果。在社会发展过程中，产生出文字，进而在咒的基础上又增加了符箓等文字崇拜的载体。在绝地天通后，巫成了唯一一个能与神对话的阶层，只有他们能掌握世俗与神圣之间对话的特权。

在整个军坡节仪式中，"神"所使用的语言只有不同音高、音强无序排列的哼唱。这一种语言典型特色之一就是无法捕捉实意，世俗人无法理解"神"的旨意，也就没有完成信息传递功能，所以才必须依靠作为中介的巫。而这一能指达到了两种效果：一是神秘的神具体化。毕竟声音是可感知的，说明神不是一味的虚无，人与神之间是可以接触的；二是具体的神的神秘化。因为人无法理解神所传达的信息，也就无法获得神机，完成与神对话，这样一来就保证了神始终具有神秘感。信众面临未知世界而滋生的恐惧心理，反过来又强化了信仰。

军坡节中还有一种通往神圣语言，那就是旌旗旗号。黎族是没有文字的，无论是这种文字崇拜的形式，抑或是文字传递的"儒道"话语系统，都应该来自于汉族。这种语言的特点之一就是在神的名字前，冠以诸多张扬神灵伟大之处的定语。这种语言近似于西方基督教徒的祷告，效果在于将"神"对象化，并且赋予"神"崇高感。

（四） 关于仪式过程中的"器"

军坡节祭祀仪式中，大致有两种具有表征作用的器物，辅助"穿杖"仪式的铝钎以及"公"的塑像。

首先是铝钎。如果抬公的神像巡游是对行军过程的隐喻的话，那么铝钎则应该是兵戈武器的表征。而汉族儒家文化强调，身体发肤，受之父母，甚至连割发都视作一种耻辱，所以《山海经》称文面的黎族部落为雕题国。因而，以杖穿腮这种仪式行为反映了原初古朴的生命意识以及英雄崇拜。英雄崇拜是超道德的，进而是审美的。再加上他们的解释是，祖先"公"所寄宿的人来表演，用祖先来调和与损伤身体发肤之间的矛盾，这或许缓和了与汉文化的冲突，提高接受度。

其次是"公"的塑像。各村各乡公的塑像虽然男女不一，神情各异，但是都有一个鲜明的特点——红脸。红脸在结构主义里边往往代表公正严明，但是所有的神像都是红脸，个中因果，或与汉族关公崇拜有关。笔者推测，屯昌各神像应该是依托于关公塑像仿制而成。或许屯昌地区对神的塑形毫无概念，而偶见汉族神灵便纷纷仿造，具体原因不得而知，仅为猜测，如果此说成立，那么汉文化的扩展为各民族间文化的传承，不啻为一种载体。

后 记

　　反反复复，数易其稿，历时一年多，终于写到后记了。很坦率地说，在本书的撰写过程中，一直受到很大的争议。对我们作者来说，自然收获不少，也提高不少。

缘

　　撰写屯昌史靠的是一个"缘"字，从结果来看，这场缘分显然修得很足。缘分是修来的，一点也不假。作者之一本身在硕士阶段于云南师范大学历史系学习，主要研究云南地方史；另一位年轻的撰写者，蒙周伟民、唐玲玲两位教授指教，研究海南历史文化。所以，我们二人结缘屯昌史虽谈不上"科班出身"，也不能说"临阵磨枪"，要说也应该是"半路还俗"。因而写作的时候有一些自己的想法，过程十分纠结。

援

　　还好，纠结之余，许多专家、教授、朋友为我们提供无私的帮助和真诚的建议，屯昌县领导、各机构也为我们的资料搜集大开方便之门。

在此，我们献上由衷的谢意！

感谢屯昌县屯城镇潘丰舜镇长，从资料收集到田野调查，潘镇长都给予我们极大的帮助；县史志工作办公室许秋江、李莉花、黄思乾主任、叶股长为我们提供大量珍贵资料；海南大学人文传播学院院办公室翁浩予先生、汪韶军博士为资料的收集提供大力帮助；暨南大学黄蕊、林雅晴、骆优爱为引文的校对工作付出了辛苦劳动。

感谢海南大学周伟民、唐玲玲教授为本书的写作提供宝贵意见和珍贵材料。

感谢海南历史文化研究基地闫广林教授、李长青教授以及海南地方史研究丛书编委会全体成员为本书提出的宝贵意见以及为本书出版所做出的努力！

远

任重而道远。屯昌史的写作，我们面临的最大问题是屯昌建县历史短、资料不足，因而在写作中也一直处于传统史学与新史学的纠结之中。

叙述屯昌史，我们不得不承认一个事实，屯昌明代以前的正史文献资料是极端匮乏的，甚至可以说这是一个集体性"失忆"的时代。再加上黎族本身没有自己的文字，在传世文献中为屯昌的"失忆"寻方问药显然不行。故此，全书在明清以前的行文上，调用各种证据佐以理论，从"土方儿"家谱到西药铺里的"四重证据法"，大胆用药，重现历史原貌；明清以降，史料丰富，则必然"有一分证据，只可说一分话"（胡适语）。

当然，这些资料是否可信，如何依方下药，这关涉我们需达成的第二个共识：历史写作可以想象。科学的态度导致了文史异爨，但从发生学上看，文史哲一体是毋庸置疑的最初形态；换个方式看，中国二十四史的写作实践，本身就建立在"非原始性史料"的基础上。我想，只要我们态度是严肃的，举证是逻辑的，便不会做出一本资君茶余的消遣读物来。

限于水平，在资料处理、结构安排方面难免有不足之处，在此也恳请各位方家指正。

愿

屯昌小县的历史并非腾挪跌宕，没有骇人的政治风暴，也没有动魄的军事传奇，平平凡凡、普普通通，如你，似我，活在大时代的普通人。写屯昌史，就像写我们自己，在大时代的巨浪中思考自己简单的过去——因为思考自己，所以精彩也罢、平淡也罢都变得无足轻重。所以，全书的写作并没有从 1948 年半路杀出，而是极力维持一个完整的叙事，从古到今，将过去叙述完整。正如刘小枫在《沉重的肉身》一开始所讲的故事一样，我们靠叙事去填补时间的空白，借以战胜心中对未知的恐惧。最后，愿本书顺利出版。

著者于海南大学
2015 年 7 月

图书在版编目（CIP）数据

屯昌史／李安斌，卢俊霖著. -- 北京：社会科学
文献出版社，2016.9
　（海南地方史研究丛书）
　ISBN 978 - 7 - 5097 - 8478 - 5

　Ⅰ.①屯…　Ⅱ.①李…　②卢…　Ⅲ.①屯昌县 - 地方
史　Ⅳ.①K296.64

　中国版本图书馆 CIP 数据核字（2015）第 284695 号

海南地方史研究丛书
屯昌史

著　　者／李安斌　卢俊霖

出 版 人／谢寿光
项目统筹／宋荣欣
责任编辑／宋　超

出　　版／社会科学文献出版社·近代史编辑室（010）59367256
　　　　　地址：北京市北三环中路甲 29 号院华龙大厦　邮编：100029
　　　　　网址：www. ssap. com. cn
发　　行／市场营销中心（010）59367081　59367018
印　　装／三河市尚艺印装有限公司

规　　格／开　本：787mm × 1092mm　1/16
　　　　　印　张：17.75　字　数：262 千字
版　　次／2016 年 9 月第 1 版　2016 年 9 月第 1 次印刷
书　　号／ISBN 978 - 7 - 5097 - 8478 - 5
定　　价／75.00 元

本书如有印装质量问题，请与读者服务中心（010 - 59367028）联系